U0032432

華人左翼思辨

編輯委員會

總 編 輯：錢永祥

編輯委員：王智明、白永瑞、汪宏倫、林載爵
　　　　　周保松、陳正國、陳宜中、陳冠中

聯絡信箱：reflexion.linking@gmail.com

網址：www.linkingbooks.com.tw/reflexion/

目　次

輯一　倫理與情感

「魯迅左翼」的倫理：從同路人到獨立左翼

魯迅的左翼觀點，與其說是一種政治立場，更像是一種對左翼政治本身，以及各種左翼政治立場的態度。這裡所謂的「態度」，我解讀為魯迅左翼的倫理意識。

為「左翼的憂鬱」辯護

陷入左翼憂鬱者固然躊躇不決、無行動力，但亦以自省獲得了一種批判意識的制高點，繼而在（經典）革命終結的起點上以「否定的辯證法」延續革命的能量。

輯二　歷史實踐

左翼在馬來（西）亞：被召喚的幽靈

黃錦樹最在意的並非馬共和左翼歷史本身，而是華人和馬來（西）亞國族身分建構的難題。對於革命，他抱著極大的懷疑。黃認為革命終究輸給人性，輸給種族。

為什麼是廈門班：台灣左翼戲劇散論

由於意識形態作祟，迄今為止海峽兩岸絕大多數有關台灣新劇運動的史論著述，幾乎都有意無意地遺漏或迴避了廈門班與無政府主義思潮的關聯。

由親共到自由派的李怡？：
一段被淡化的香港左翼思想歷史

李怡把1970-80年代描繪為由共產陣營漸漸脫離，擁抱自由民主價值的過程。本文要點出，這種敘事掩蓋了比較複雜的轉折及過程。

彷彿若有光：中國大陸文化研究小傳

中國大陸文化研究的發生，並非源於理論的引介，而是因為中國社會在政治領域繼續封閉的狀況下開始領略消費主義文化的力量。當這一社會變動真實地發生，新的思想運動勢必出現。文化研究正是其中之一。

輯三　當代論辯

國際左翼與反戰

今年第三次的反戰除了批評俄國侵略外，仍然指出美國擴大北約來包圍俄國，更批評到台灣當前政府的兩岸政策（抗中保台、逢中必反），是造成台海緊張關係的一大因素。這個論點，挑動了台灣內部的政治狀態與反省兩岸關係的現況。

離散華裔左翼與中國民族主義情結

雖然華裔左翼傾向推翻西方霸權或是美國帝國主義的知識架構，但他們長期以來接受西方的影響，這也突出了一個後殖民主義理論所必要面對的困境。創造台灣的「左翼」論述也面對類似的問題。

無法達成的同志婚姻：
關於當代兩岸思想輿論場中　「左」「右」糾葛的思考

與MV中日本的強烈在場正好相反的，是中國大陸和與兩岸同志伴侶困境的相關議題在這波爭取跨國同婚權益鬥爭中的明顯缺席，或者是被刻意地避而不談。

思想評論

回憶《艷陽天》：虛構歷史中的文學教化

談《艷陽天》之於一個少年的閱讀效果，便不能不說，這是一個奇特的、滿含悖論的道德教化和文學教育過程，可以命名為「奴化社會主義」教育。但最終「奴化」還回去了，「社會主義」則潛移默化於心中，以某種倫理的感覺留了下來。

文明衝突論、薩義德與中華文明主義

近年來，文明主義成為國際關係中的一門顯學。文明主義被視為後冷戰時代針對自由主義國際秩序及全球化霸權的意識形態反應，通過強調文明自身所具有的獨特歸屬感和價值體系，抵制關於文明的自由主義標準。

激進理論的「革命中國」問題：劉康對齊澤克、巴迪歐

齊澤克的中國旅行不存在左翼的激情或憂鬱，所展現的只是西方「軟實力」在中國的勝利。當他選擇使用摻雜斯拉夫口音的英語開始他的理論表演，而全世界竟不以為意時，已然證明了全球資本主義的全面勝利。

尋找生命的基礎：讀江緒林的一本遺作

縱然家人和自我遭遇諸多不幸，但江緒林仍保持了對正義的信念、追求和實踐。遺憾的是，他在追求正義和真實的道路上沒有找到真正可信的基礎。

下社區

答案是用來終結問題的，而想法會引發更多的想法、靈感、對話。我想讓聽眾感受這個過程，而不僅僅是得到知識。

致讀者

民國史學三派與政治：
重訪首屆中研院人文學科院士評選[*]

田方萌

一、首屆院士評選與錢穆案例

　　1948年春，中央研究院舉行了首屆院士選舉，這是現代史上中國第一次評選全國範圍的學術精英。這一里程碑式的事件對中國學術史和民國史均有重大意義，標誌著院士體制和首批院士的產生。[1]根據台海兩岸的歷史文獻和檔案資料，近年來很多學者對首屆院士選舉進行了研究，涉及此次選舉的操作流程、學術體制、網路關係和現實意義，幾乎所有研究都高度評價了首屆院士評選（以下簡稱首屆評選）。[2]

　　有關首屆評選的當代研究，主要提出了兩種肯定性評價。一是

---

[*] 作者感謝維舟、呂文浩、曹聰、白彤東、鄭也夫、孟繁之、謝泳、沈衛威、郭金海、丁學良、趙超、黃紀蘇、胡曉江、姜萌和唐小兵等師友的建議和幫助，以及《思想》匿名審稿人的批評和修改建議。

[1] 陳時偉，〈中央研究院1948年院士選舉述論〉，《一九四〇年代的中國（下卷）》（北京：社會科學文獻出版社，2009），頁1026。
[2] 中研院的院士評選包括選舉環節，也包括評議環節，因此簡稱為「評選」較「選舉」為宜。

認為首屆評選的結果代表了大陸時期民國末年的學術成就，聚集了當時一流的學術精英。樊洪業稱：「依當時中國的實際狀況而言，它（首屆院士）的組成是體現了廣泛代表性的。」[3]其他學者也表達了類似評價，如張劍稱首屆院士「確實是當時中國各門科學的代表人」，[4]郭金海和羅豐認為，當選院士的成就代表中國學術的「最高水準」[5]或「最高層面的一個大致情況」。[6]

　　二是強調首屆評選完全基於學術評價，獨立於政治影響。沈衛威以「純粹學術」和「以學術立場為主」形容首屆評選，[7]謝泳認為首屆評選「體現了學術獨立和思想自由的原則」。[8]陳時偉和曹聰也做出了類似評價，[9]周雷鳴和郭金海據此將首屆評選視為學術精英選舉的典範。[10]

　　然而，首屆院士選舉舉行後不久，歷史學家向達即表不滿：「本

3　樊洪業，〈前中央研究院的創立及其首屆院士選舉〉，《近代史研究》1990年第3期，頁222。

4　張劍，〈中國學術評議空間的開創——以中央研究院評議會為中心〉，《史林》2005年第6期，頁96。

5　郭金海，〈1948年中央研究院第一屆院士的選舉〉，《自然科學史研究》2006年第1期，頁42。

6　羅豐，〈夏鼐與中央研究院第一屆院士選舉〉，《考古與文物》2004年第4期，頁87。

7　沈衛威，〈郭沫若當選首屆院士的原始文獻舉證〉，《名作欣賞》2019年第2期，頁6。

8　謝泳，〈1949年後知識精英與國家的關係——從院士到學部委員〉，《開放時代》2005年第6期，頁63。

9　陳時偉，〈中央研究院1948院士選舉述論〉，頁1043；*Cong Cao: China's Scientific Elite*, London: Routledge Curzon, 2004, p. 53.

10　周雷鳴，〈一九四八年中央研究院院士選舉〉，《南京社會科學》2006年第2期，頁83；郭金海，〈1948年中央研究院第一屆院士的選舉〉，頁33。

院（中研院）的所長，大部分的專任研究員，幾乎都是當然院士。……
令人有一種諸子出於王官之感。」[11]中研院院長朱家驊在一次會議
上也承認：「在這次院士選舉人名單中，尚有學術界知名人士，未
經選入，這是本院所認為遺憾的。」[12]1948年4月，中研院歷史語言
研究所代理所長夏鼐在通信中向傅斯年報告，少數人批評院士選舉
「遺珠甚多」，「當選者與中央研究院同仁及有關人物過多」。[13]

　　夏鼐在1948年年底撰文解釋說：「中央研究院的所長和專任研
究員，因為『近水樓臺』的關係，他們的工作和貢獻，院中同人自
然比較熟悉。又加以人類到底是感情的動物，朝夕相處的熟人之間
多少有點『感情』的關係。所以同等成績的學者，也許是院內的人
比較稍佔便宜。」[14]如果實情真如某些批評者所說的「遺珠甚多」，
首屆評選就不具有「廣泛代表性」；如果院士組成因為熟悉和感情
原因偏向中研院人員，評選結果也有可能不公正。

　　在首屆評選的「遺珠」中，最突出的未當選者可能是歷史學家
錢穆。錢穆的學生嚴耕望在回憶文章中曾為老師鳴不平：「……論
學養與名氣，先生（錢穆）必當預其列，但選出81人，竟無先生名。
中研院代表全國學術界，此項舉措顯然失當……」[15]嚴氏曾將呂思
勉、陳垣、陳寅恪和錢穆並列為「前輩史學四大家」，因其「方面
廣闊，述作宏富，且能深入為文」。他同時也稱讚了當選首屆院士
的傅斯年和顧頡剛，稱兩人推動史學發展「宣導之功甚偉」，可隨

11　夏鼐，〈中央研究院第一屆院士的分析〉，《觀察》1948年第14期，
　　頁5。
12　周雷鳴，〈一九四八年中央研究院院士選舉〉，頁84。
13　羅豐，〈夏鼐與中央研究院第一屆院士選舉〉，頁87。
14　夏鼐，〈中央研究院第一屆院士的分析〉，頁5。
15　嚴耕望，《治史三書》（上海：上海人民出版社，2011），頁259。

之筆鋒一轉：「惟精力瘁於領導，本人（傅顧二人）述作不免相應
較弱。」[16]嚴耕望顯然認為，錢穆的史學成就在兩人之上。

中研院史語所遷往台灣後，嚴耕望曾在所中工作多年，並於1970
年當選中研院院士。嚴耕望與史語所所長傅斯年只是下屬和領導關
係，作為學生他可能高抬老師錢穆。但與嚴氏同時代的另一位歷史
學家何茲全曾在北京大學學習歷史，抗戰期間也曾在史語所工作，
後來成為北京師範大學資深教授。他並未承襲錢氏的治學路徑，[17]可
他仍然將錢氏列入20世紀史學界的「大師級人物」，排在王國維、
陳寅恪等人之後，當選首屆院士的郭沫若和顧頡剛之前。[18]

歷史學是民國年間的顯學，歷史學類的院士評選是人文領域的
主項。上述兩位歷史學者的評價在不同程度上肯定了錢穆傑出的史
學地位，而他未當選首屆院士，不能不讓人懷疑評選的代表性和公
正性。錢穆自己也曾在私下抱怨說：「民國37年第一次選舉院士，
當選者多到八十餘人，我難道不該預其數！」[19]錢穆的案例尤其值
得關注，因為他直到1968年才被中研院評為院士。具有自由主義傾
向的作家李敖對錢穆的學問持批判態度，稱其史學為「反動派的史
學」，可他也為錢氏打抱不平：「……在錢穆74歲以前，他未能成
為中央研究院院士，我始終認為（中研院）對錢穆不公道。」[20]

以上言論尚不能反駁當代研究者的高度評價，但足以說明有必

16 嚴耕望，《治史三書》，頁215。
17 何茲全，《愛國一書生》（上海：華東師範大學出版社，1997年12
   月），頁55、200。
18 何茲全，〈獨為神州惜大儒（序言）〉，岳南，《陳寅恪與傅斯年》
   （西安：陝西師範大學出版社，2008年6月），頁4。
   嚴耕望，《治史三書》，頁260。
20 李敖，〈我最難忘的一位學者——為錢穆定位〉，《我最難忘的事
   和人》（北京：中國友誼出版公司，2002年1月），頁77-78。

要重審首屆評選。謝泳論稱:「對中央研究院院士的選舉是以學術為基本原則的選舉,沒有意識形態色彩。」[21]然而,曾任史語所研究員的歷史學家許倬雲在一次訪談中提及:「錢穆很晚才選上院士……是意識形態的問題。」[22]這值得引起有關學者的思考——首屆評選是否純粹基於學術立場,而無意識形態色彩?更深一層的問題在於,歷史學等人文學科是否能真正成為一種「純粹的學問」,脫離研究者所在的社會環境和政治思潮?

知識社會學的創始人曼海姆(Karl Mannheim)認為,人文社會科學的產生和發展源於某些社會歷史因素,不可能成為與現實社會分隔的自足體系,即完全按照內部邏輯發展的理論學說。他在論述這類由社會存在決定的思想時,首先列出了「歷史思想」。在他看來,歷史學的理論、方法和態度的形成「總是與特定的社會位置和社會階級或群體的思想興趣有著緊密的聯繫。」[23]這些群體吸收和創造了不同形式的歷史觀念和知識,藉此在社會鬥爭中維護和提升自身地位。

本文著眼於民國時期的歷史學派紛爭,以曼海姆的知識社會學視角重新審查中研院首屆院士評選中的人文學科部分。下文第二節略述民國時期的三大歷史學派,以及史料學派如何主導了首屆評選。第三節對比分析郭沫若和錢穆的案例,說明為何錢穆理應當選。

---

21 謝泳,〈1949年後知識精英與國家的關係——從院士到學部委員〉,頁53。

22 許倬雲,《許倬雲八十回顧:家事、國事、天下事》,2011,轉引自翟志成,〈錢穆的院士之路〉,《中央研究院近代史研究所集刊》,2019年第103期,頁108。

23 卡爾·曼海姆,《卡爾·曼海姆精粹》,徐彬譯(南京:南京大學出版社,2002),頁14-15、120。

第四節簡述三大歷史學派的政治立場。第五節首屆評選如何受到政
治因素的內在和外在影響。最後一節總結全文，並反思史料學派的
局限。

二、三大歷史學派與首屆院士評選

　　20世紀20年代末，中研院歷史語言研究所成立，郭沫若出版了
《中國古代社會研究》，標誌著現代中國史學的兩大主幹開始形成：
「以保存史料、研究史料為宗旨的歷史語言研究所團隊，以唯物史
觀指導研究中國歷史的馬克思主義歷史學群體。」[24]民國和當代一
些學者將這兩大學派簡稱為「史料學派」和「史觀學派」[25]，並以
兩派之間的升降作為20世紀中國史學發展的主線。[26]
　　史料學派繼承了清代樸學的考據傳統，並受到德國歷史學家蘭
克的影響。[27]史料學派認為歷史學應當是科學和客觀的，不受制於
任何政治或哲學體系，只是展現真正發生的史實。[28]史料學派以此

24　謝保成，《民國史學述論稿（1912-1949）》（上海：上海人民出
　　版社，2011），〈敘論〉，頁6。
25　周予同，〈五十年來中國之新史學〉，王學典、陳峰主編，《二十
　　世紀中國史學史論》（北京：北京大學出版社，2009年7月），頁
　　105；余英時，《史學與傳統》（台北：時報文化出版公司，1985），
　　頁2。
26　王學典，〈近五十年的中國歷史學〉，王學典、陳峰主編，《二十
　　世紀中國史學史論》（北京：北京大學出版社，2009年7月），頁
　　188。
27　汪榮祖，《史學九章》（北京：生活·讀書·新知三聯書店，2006
　　年3月），頁24。
28　這是史料學派對蘭克史學的解讀，蘭克本人並不如此看待史學。詳
　　見李孝遷、胡昌智，《史學旅行：蘭克遺產與中國近代史學》（上

為信條，致力於拓展新材料，拓寬新視角和使用新工具。其代表人物包括胡適、傅斯年、顧頡剛和李濟等人，根據治學風格和主要著述，陳寅恪和陳垣兩位史家也可歸入史料學派。[29]

新文化運動後，胡適發起「整理國故」運動，史料學派成果頻出，迅速成為歷史學界的主流。傅斯年領導的史語所更使史料學派成為國民政府支持的學術派別，引領著民國人文學科的走向。[30]抗日戰爭爆發後，史語所遷至中國西南地區，研究力量受到很大衝擊，可並未影響史料學派在史學界的地位。[31]史料學派的胡適、傅斯年和陳垣等人擔任著一流大學和中央研究院的領導職位，一直持續到國民政府遷往台灣。[32]

20世紀20年代末，唯物辯證法在中國開始廣泛傳播，為歷史研究提供了一種社會科學化的新範式。經過30年代初的社會史論戰後，郭沫若等學者已經能夠運用歷史唯物主義研究中國歷史，並以歷史階段論為體系，取得了一批開拓性的研究成果。他們的研究在1933年後歷經學術化的過程，發展為史觀學派，[33]代表人物還包括

（續）

　　　海：上海人民出版社，2021年9月），頁185、227、261。

29　參見余英時，《人文與理性的中國》（上海：上海古籍出版社，2007年1月），頁372。

30　王學典，〈近五十年的中國歷史學〉，頁190。

31　許冠三，《新史學九十年》（長沙：嶽麓書社，2003年9月），頁252。

32　1955年，時任中國科學院考古所副所長的夏鼐撰文指出：「胡適傅斯年輩學閥，是以研究機構和高等學校作為地盤的，成為一種排他性的宗派。」見夏鼐，〈批判考古學中的胡適派資產階級思想〉，1955，轉引自岳南，《從蔡元培到胡適：中研院那些人和事》（北京：中華書局，2010年1月），頁113。

33　德里克（Arif Dirlik），《革命與歷史：中國馬克思主義歷史學的起源，1919-1937》，翁賀凱譯（南京：江蘇人民出版社，2008年7月），

范文瀾、翦伯贊、呂振羽和侯外廬等人。[34]此派從政治和文化上挑
戰了國民黨的統治，因而不時受到國民政府的壓制，其影響多在思
想界而不在學術界。[35]不過，史觀學派的著述在20世紀40年代末也
得到了一些大學學者的肯定。[36]

在這兩大學派之外，「東南學派」發源於南京高等師範學校，
其學風延續至後來的國立東南大學和中央大學。[37]傳統史學構成了
儒家學說的重要載體，通過道德訓誡闡釋儒家倫理，助益於世道人
心。東南學派繼承和發揚了這種經世致用的史學傳統，以《學衡》、
《史地學報》和《思想與時代》等刊物為陣地，批判新文化運動的反
傳統思想，與史料學派相抗衡。由於此派具有濃厚的人文主義色彩，
《思想與時代》也自我標榜為「科學時代的人文主義」，[38]一些研究

（續）─────────────
　　　頁190-193。

34　史學史研究室，《新史學五大家》（北京：社會科學文獻出版社，
　　　1996年6月）。

35　桑兵，〈傅斯年與抗戰時期的中國史學會〉，布占祥、馬亮寬主編，
　　　《傅斯年與中國文化》（天津：天津古籍出版社，2006年3月），
　　　頁46。林同濟在1940年觀察道：「市上的書攤是第二期（史觀學派）
　　　作家的巢穴。第一期（史料學派）的『正統作風』則把占著各大學
　　　各研究所的『學報』、『專刊』而憑高姿態。」見林同濟，〈第三
　　　期的中國學術思潮〉，桑兵、張凱、於梅舫編，《近代中國學術思
　　　想》（北京：中華書局，2008年6月），頁324-325。

36　齊思和，〈近百年來中國史學的發展〉，王學典、陳峰主編，《二
　　　十世紀中國史學史論》（北京：北京大學出版社，2009年7月），
　　　頁28-31。

37　許小青，《政局與學府：從東南大學到中央大學，1919-1937》（北
　　　京：中國社會科學出版社，2009年9月），頁57-59；蔣寶麟，《民
　　　國時期中央大學的學術與政治：1927-1949》（南京：南京大學出
　　　版社，2016年8月），頁366-371。

38　何方昱，〈學人、媒介與國家：以《思想與時代》月刊創刊為中心
　　　（1941-1948）〉，《史林》2007年第1期，頁25。

者稱其為「人文主義史學」，本文將其簡稱為「人文學派」。[39]

人文學派以柳詒徵及其弟子為主要成員，包括繆鳳林、張其昀、胡煥庸和陳訓慈等人，他們於1929年初建立了「南京中國史學會」，發行會刊《史學雜誌》。[40]張蔭麟和錢穆也可被歸入人文學派。20世紀30年代初，張蔭麟即與張其昀相識，抗戰爆發後他就職於浙江大學，與張其昀共同創辦《思想與時代》。[41]1928年，人文學派主導的中央大學史地系與南京國學圖書館合辦《史學雜誌》，錢穆是主要撰稿人之一。[42]他後來與張其昀、張蔭麟、繆鳳林等人文學派成員交往密切，[43]並為《思想與時代》供稿40多篇，[44]曾被邀請擔任該刊主編。[45]錢穆屬於人文學派，除了職業上的交往，更重要的原因在於他與此派成員具有相近的學術觀點，當代學者劉夢溪即稱

39 張秀麗，《反科學主義思潮下中國現代史學的人文指向：以「東南學派」為中心》（北京：光明日報出版社，2011年4月），引言，頁1。

40 吳忠良，《傳統與現代之間：南高史地學派研究》（北京：華齡出版社，2006年12月），頁27-28；吳忠良，《南高學派研究》（南京：南京大學出版社，2022年3月），頁37-43。

41 何方昱，〈學人、媒介與國家：以《思想與時代》月刊創刊為中心（1941-1948）〉，頁19。

42 張秀麗，《反科學主義思潮下中國現代史學的人文指向：以「東南學派」為中心》，頁91。也有人稱錢穆是柳門師生的「盟友」，見吳忠良，《南高學派研究》，頁6。

43 余英時，《錢穆與中國文化》（上海：上海遠東出版社，1994），頁12。

44 陳勇，《最後一位國學大師：錢穆傳》（上海：上海人民出版社，2019年7月），頁275-276。

45 何方昱，〈學人聚合與中國學界「自組織」──以1940年代《思想與時代》學社為中心〉，《史林》2008年第4期，頁55。

錢穆為「文化史學的集大成者」。[46]人文學派的聲勢雖然遜於史料學派，在國統區內也得到了國民政府的承認，其主要成員就教於知名大學。[47]

20世紀30、40年代，三大歷史學派都致力於發展各自陣營，各派都擁有自己的刊物和讀者群體，彼此的交際網路雖有重疊，卻也壁壘分明。史料學派和人文學派在國統區學術界對峙，又分別與史觀學派為敵。史料學派和史觀學派都強調其方法的科學性，前者重視局部考證，後者闡發宏觀規律。不同於史料學派的價值中立傾向，史觀學派與人文學派均宣揚一種意識形態，並以此指導其史學研究。錢穆《國史大綱》的引言部分將史學界分為三派：傳統派、科學派和革新派。[48]傳統派可看作錢穆繼承和發展的人文學派，科學派又稱考訂派，指胡適代表的史料學派。革新派即清末民初出現的新史學，延伸至史觀學派。[49]

作為民國史學界的領軍派別，史料學派主導了1948年中研院首屆院士評選的人文學科部分，其主導地位可以追溯到中研院成立之初。1927年春，以蔣介石為首的南京國民政府建立中央研究院，並

---

46 劉夢溪，〈中國現代史學人物一瞥〉，《學術思想與人物》（石家莊：河北教育出版社，2004年1月），頁170。

47 張秀麗，《反科學主義思潮下中國現代史學的人文指向：以「東南學派」為中心》，頁86。

48 錢穆，《國史大綱（上冊）》（北京：商務印書館，2010年12月），〈引論〉，頁3-5。

49 唐德剛曾將現代中國史學劃為三派：中國傳統史學派、現代西方中國史學派和中國馬克思史學派，大略等同於本文中的人文學派、史觀學派和史料學派，詳見唐德剛，〈當代中國史學的三大主流——在中國留學生歷史學會成立會上的講辭原稿〉，《史學與紅學》（桂林：廣西師範大學出版社，2006年3月）。

委任蔡元培出任院長。[50]蔡氏隨後回應傅斯年的提議,成立中研院
史語所,並任命他為首任所長,李濟等人為籌備委員。[51]中研院的
人文學科因而在建院之始就處於史料學派的控制之下。中研院的評
議部門由評議會構成,總幹事與各研究所所長擔任「當然評議員」,
另設的「聘任評議員」從全國大專院校和研究機構中選聘。史料學
派成員在第一屆和第二屆的人文學科評議員中均占主導地位,其他
歷史學派無一人進入第二屆評議會。[52]

　　1947年3月15日,經中研院評議會商定,由胡適等七位評議員起
草院士選舉規程,後以傅斯年撰寫的草案為藍本,制定了《國立中
央研究院院士選舉規程》。[53]《選舉規程》通過後,各地評議員於
當年4月底以通信投票的方式選出了院士選舉籌備會委員,分為數理
組、生物級和人文組,其中人文組委員包括胡適、傅斯年、王世傑、
陶孟和與李濟五人。[54]5月9日,籌備會召開第一次全體會議,決定
人文組院士選舉設多個學科,其中人文部分包括哲學、中國文學、
歷史學、語言學、考古學及藝術史,經濟學等社會科學劃入另一部
分。[55]

50　陳時偉,〈中央研究院與中國近代學術體制的職業化,1927-1937
　　年〉,《中國學術》2003年第3期,頁184-185。

51　岱峻,《李濟傳》(南京:江蘇文藝出版社,2009年8月),頁55-56。

52　陳時偉,《中央研究院與中國近代學術體制的職業化,1927-1937
　　年〉,頁193;沈衛威,〈郭沫若當選首屆院士的原始文獻舉證〉,
　　頁12。

53　郭金海,〈傅斯年與中央研究院第一屆院士選舉〉,《古今論衡》
　　2009年第19期,頁45。

54　郭金海,〈中央研究院第一屆院士候選人提名探析〉,《中國科技
　　史雜誌》,2008年第4期,頁327。

55　陳時偉,〈中央研究院1948年院士選舉述論〉,頁1034。

　　籌備會隨後邀請評議員就其所在學科分別或聯合提出候選人名
單，胡適、傅斯年和李濟負責提名人文組人文學科部分的候選人。[56]
胡適擬定了人文組院士的資格條件，並於5月22日公開提交了人文組
人文學科部分的名單。這份名單上的歷史學類包括張元濟、陳垣、
陳寅恪和傅斯年，考古學和藝術史包括董作賓、郭沫若、李濟、梁
思成，語言學包括趙元任、李方桂和羅常培。[57]除了郭沫若、張元
濟和梁思成外，其餘受提名者均為史料學派成員。

　　6月20日，傅斯年從美國致信胡適，他提出的人文組名單與胡適
提交的名單相近，歷史學類多了顧頡剛和蔣廷黻，少了張元濟，考
古和美術史類完全一致。傅斯年在歷史學類還提到余嘉錫和柳詒
徵，建議在兩人中選擇一人，他傾向提名柳詒徵：「柳不如余，但
南方（人文學派）仍不可無一人。」[58]史語所後來正式提名的名單
在傅斯年的版本上略有刪減。[59]7月17日，擔任校長的胡適還代表北
京大學提交了由他簽名的提名表。其中考古學和藝術史與人文組候
選人名單無異，歷史學類少了張元濟，多了顧頡剛，也許是受到了
傅斯年的影響。[60]

　　院士的正式提名開始後，包括中研院在內的中國各大學和科研
機構共提名初選候選人510人，籌備會第一次審查通過402人。10月
中旬，評議會在分組審查後，由全體會議確定其中150人為最終候選

56　郭金海，〈中央研究院第一屆院士候選人提名探析〉，頁327。
57　胡適，《胡適日記全編》，第七冊（合肥：安徽教育出版社，2001
　　年1月），頁656-657。
58　潘光哲，《天方夜譚中研院：現代學術社群史話》（台北：秀威資
　　訊科技股份有限公司，2008年5月），頁60。
59　李來容，〈中央研究院首屆院士選舉與知識場域的建構〉，《史學
　　月刊》2013年第1期，頁85。
60　沈衛威，〈郭沫若當選首屆院士的原始文獻舉證〉，頁10。

人。[61]在此期間，胡適、李濟和夏鼐被評議會指派擬寫人文學科最終候選人的考語。[62]人文組55名最終候選人中，歷史學類包括陳寅恪、傅斯年、顧頡剛、徐炳昶、徐中舒、陳受頤、李劍農、柳詒徵和蔣廷黻，考古學類包括李濟、梁思永、郭沫若、董作賓和徐鴻寶。[63]除胡適和傅斯年兩人早先提出的學者外，只有徐中舒等五人進入候選之列，他們最後均未當選。

　　1948年3月25日至28日，中研院評議會以匿名投票方式舉行院士選舉，此前11名未能出席的評議員已進行了通信投票。在通信投票基礎上，到會的評議員對候選人進行了分組討論，確定了各組現場投票的候選人名單。其中人文組的召集人為胡適，該組確定33位候選人。隨後全體到會的25位評議員經過5輪投票（1次普選和4次補選）後，選出首屆院士81人，各組評議員也參加了其他組的選舉。詳細考證過這次選舉過程的郭金海指出：「……評議員隔行投票時，基本都尊重內行評議員的意見。」[64]

　　首屆院士包括人文組院士28人，其中人文學科類院士20人。歷史學類最終選出五人：陳寅恪、陳垣、傅斯年、顧頡剛、柳詒徵，考古學選出四人：李濟、梁思永、郭沫若和董作賓。胡適和傅斯年提名的幾位歷史學家大都當選，胡適也在中國文學類當選院士。[65]半數人文組院士與史語所都有著學術上的直接關係：六人擔任史語所

61　郭金海，〈中央研究院第一屆院士候選人提名探析〉，頁335；郭
　　金海，〈傅斯年與中央研究院第一屆院士選舉〉，頁48。

62　郭金海，《院士制度在中國的創立與重建》（上海：上海交通大學
　　出版社，2014年1月），頁182。

63　羅豐，〈夏鼐與中央研究院第一屆院士選舉〉，頁86。陳時偉，〈中
　　央研究院1948年院士選舉述論〉，頁1035。

64　郭金海，〈1948年中央研究院第一屆院士的選舉〉，頁40-46。

65　沈衛威，〈郭沫若當選首屆院士的原始文獻舉證〉，頁13。

專任研究員（傅斯年、趙元任、李方桂、李濟、梁思永、董作賓），
一人曾任專任研究員（陳寅恪），一人任兼任研究員（湯用彤），
還有五人任通信研究員（胡適、陳垣、梁思成、顧頡剛、翁文灝），
此外研究體質人類學的史語所研究人員吳定良還當選為生物組院
士。[66]

　　從歷史學和考古學類的九名院士來看，他們可以代表史料學
派，卻不能代表民國時期的歷史學界。史觀學派僅郭沫若一人當選，
人文學派也僅柳詒徵當選。其他較有影響的歷史學派均無人當選，
如文化形態學派的雷海宗、知識社會史觀派的朱謙之和食貨派的陶
希聖。[67]造成首屆院士評選中一派獨大的主要原因，在於史料學派
成員主導了從制定規程、評議資格，再到最後投票的全部過程。翟
志成稱：「中研院院士的選拔，一開始便由胡適以及胡適的學生傅
斯年主導。」[68]沈衛威也指出：「從檔案文獻可以明顯看出，從選
舉規程起草，到候選人提名及投票表決的整個過程中，胡適、傅斯
年實際上左右著人文學科的人選。」[69]那麼，史料學派的評選標準
和最終結果是否一致、公正、合理呢？

三、郭沫若與錢穆的案例對比

　　1947年10月17日，中研院評議會審查候選人名單，郭沫若的資

66　羅豐，〈夏鼐與中央研究院第一屆院士選舉〉，頁87。汪榮祖，《史
　　家陳寅恪傳》（北京：北京大學出版社，2005年），頁74。
67　雷海宗和朱謙之進入了院士初選名單，經評議會審查後排除。郭金
　　海，〈中央研究院第一屆院士候選人提名探析〉，頁341。
68　翟志成，〈錢穆的院士之路〉，頁92-93。
69　沈衛威，〈郭沫若當選首屆院士的原始文獻舉證〉，頁8。

格問題引起爭議。由於他是知名的左翼文化人士，院長朱家驊稱他參加內亂，不宜列入；總幹事薩本棟擔心他若當選會刺激國民政府。包括胡適在內的三位評議人強調應以學術立場為主，不應考慮政黨關係。列席的夏鼐本無發言資格，卻認為此事「關係重大」，起立表示「對政黨不同者不妨從寬」。最後評議員無記名投票，以十四票對七票將郭沫若列入候選人名單中。[70]此事被多數當代研究者視為首屆評選超越黨派政治，尊重學術獨立的最佳例證。[71]由於郭沫若和錢穆均為不屬於史料學派的傑出史家，對比分析他們的案例可以說明史料學派的評選標準，以及為何錢穆理應當選。

　　胡適和傅斯年在院士提名時都將郭沫若列入考古學類，而不在歷史學類。[72]根據首屆評選的原始檔案，郭沫若先後被四家學術機構提名。郭氏當時並不知情，他的當選是提名人和評議員的獨立行

70　夏鼐，《夏鼐日記（卷四）》（上海：華東師範大學出版社，2011年7月），頁150-151。

71　沈衛威，〈郭沫若當選首屆院士的原始文獻舉證〉，頁8；周雷鳴，〈一九四八年中央研究院院士選舉〉，頁84；張越，〈郭沫若給中國馬克思主義史學帶來了什麼？──以民國時期對郭沫若史學的評價為中心〉，《郭沫若學刊》2016年第1期，頁33；王戎笙，〈傅斯年與郭沫若〉，布占祥、馬亮寬主編，《傅斯年與中國文化》（天津：天津古籍出版社，2006年3月），頁320；章清，《「胡適派學人群」與現代中國自由主義》（上海：上海古籍出版社，2004年1月），頁379-380；郭金海，〈傅斯年與中央研究院第一屆院士選舉〉，頁56；張劍，〈中國學術評議空間的開創──以中央研究院評議會為中心〉，頁96；李來容，〈中央研究院首屆院士選舉與知識場域的建構〉，頁82。

72　早在1940年中研院評選第二屆評議員時，郭沫若已被列入了候選人參考名單中的考古學一欄。郭金海，〈1940年中央研究院第二屆評議員的選舉〉，《自然科學史研究》2009年第4期，頁405。

為。[73]院士最終候選人的資格說明中，郭沫若一條為：「研究兩周
金文，以年代與國別為條貫自成體系，又於殷墟中卜辭加以分析研
究」。[74]謝保成就此指出：「以十個年頭的時間推出十部為歷史語
言研究所所需要的甲骨文、金文著述，這是郭沫若被評選為院士的
最根本的原因所在。」[75]然而，郭沫若在民國年間更為人知的身分
是馬克思主義史學的開創者和領軍人物。郭氏的歷史研究既涉及對
文字器物的考證，也包括對古史的唯物史觀解釋，這兩部分是融為
一體的，首屆評選在這個意義上割裂了他的史學。

　　被評為首屆院士的董作賓同樣治古文字學，他如此評價郭沫
若：「……唯物史觀派是郭沫若的《中國古代社會研究》領導起來……
他把《詩》、《書》、《易》裡面的紙上史料，把甲骨卜辭、周金
文裡面的地下材料，熔冶於一爐，製造出來一個唯物史觀的中國古
代文化體系，……」[76]如果郭沫若主動參與評選，他很可能將自己
看作歷史學家，而非考古學家，因為他自稱：「余之研究卜辭，志
在探討中國社會之起源，本非拘於文字史地之學。然識字乃一切探
討之一步，故於此亦不能不有所注意。且文字乃社會文化之一要徵，
與社會生產狀況與組織關係略有所得，欲進而追求其文化之大凡，
尤舍此而莫由。」[77]

73　沈衛威，〈郭沫若當選首屆院士的原始文獻舉證〉，頁10-11。

74　張劍，〈中國學術評議空間的開創——以中央研究院評議會為中
　　心〉，頁100。

75　謝保成，《龍虎鬥與馬牛風：論現代史學與史家》，（北京：生活・
　　讀書・新知三聯書店，2012年9月），頁210。

76　董作賓，〈中國古代文化的認識〉，1951年，轉引自謝保成，《龍
　　虎鬥與馬牛風：論現代史學與史家》，頁209。

77　郭沫若，《甲骨文字研究》，1931年，轉引自張越，〈郭沫若給中
　　國馬克思主義史學帶來了什麼？——以民國時期對郭沫若史學的

　　民國學者已經認識到郭沫若在兩方面的學術成就，如郭湛波在
20世紀30年代中期稱：「……郭先生是用唯物史觀研究中國社會史
最有成績的人，也是研究甲骨文字最有成績的人。」[78]儘管郭沫若
當選為院士，史料學派主導的評選卻將他視為考古學家，忽視了他
領導的史觀學派的成就。郭沫若的《中國古代社會研究》等著作不被
列入候選人的資格說明，其他馬克思主義史家，如范文瀾、呂振羽、
翦伯贊和侯外廬，也因為從事唯物主義的歷史研究而無人提名。[79]

　　作為馬克思主義史學在中國的開山之作，郭沫若的《中國古代
社會研究》存在不少嚴重的問題。郭沫若自己也承認：「我的初期
的研究方法，毫無諱言，是犯了公式主義的毛病的。我是差不多死
死地把唯物史觀的公式，往古代的資料上套，而我所根據的資料又
是那麼有問題的東西。」[80]不過，傅斯年參與院士評選的代表作《性
命古訓辨證》同樣受到其他學者批評。[81]胡適在給學生的信中表示
他對此書「頗不滿意，其下篇尤『潦草』」。[82]可它仍是一部開創
性的著作，引領了以統計學和語言學研究思想史的新潮流。[83]《中
國古代社會研究》也具有類似的學術貢獻，《性命古訓辨證》後來

(續)

　　評價為中心〉，頁33。

78　郭湛波，《近五十年中國思想史》（濟南：山東人民出版社，1997
　　年3月），頁178。

79　郭金海，〈中央研究院第一屆院士候選人提名探析〉，頁341。

80　史學史研究室，《新史學五大家》，頁52。

81　許冠三，《新史學九十年》，頁250。

82　胡適、楊聯升，《論學談詩二十年：胡適楊聯升往來書札》，胡適
　　紀念館編（合肥：安徽教育出版社，2001年8月），頁226。

83　王汎森，〈民國的新史學及其批評者〉，羅志田主編，《20世紀的
　　中國：學術與社會》（史學卷），上冊（濟南：山東人民出版社，
　　2001年1月），頁93。

並未產生多少影響，尚不及此書的開山之功。[84]

如果說首屆評選對郭沫若是部分的承認，對錢穆則是全然漠視。錢穆未出現在胡適以評議會人文組和北京大學的名義提交的候選人名單中，也未出現在傅斯年開列的名單中。傅斯年雖表示「南方仍不可無一人」，也只提名柳詒徵一人，因為「……盡力想南方人士而不可多得」。[85]胡傅二人不提名錢穆，一種可能是受到院士名額的限制，因為首屆評選中競爭最激烈的學科之一就是歷史學。[86]不過，如本文第一節所述，至少有些學者認為錢穆的史學成就在當選的傅斯年和顧頡剛之上，錢穆自己可能也這樣認為，因此才有後來的抱怨。

錢穆雖無顯赫的學歷，憑藉自身的聰慧和努力，在45歲前已經完成《劉向歆父子年譜》、《先秦諸子繫年》和《中國近三百年學術史》等考證工作，贏得了當時學人的高度評價，包括胡適和傅斯年。[87]《劉向歆父子年譜》終結了晚清以來的今古文經學之爭，[88]胡適曾在日記中稱讚這篇論文「為一大著作，見解與體例都好。」[89]傅斯年在北京時，不時邀請錢穆出席史語所的宴會，「常坐貴客之旁座」，向人介紹他是《劉向歆父子年譜》的作者。[90]

---

84 參見余英時，〈學術思想史的創建及流變：從胡適與傅斯年說起〉，《古今論衡》1999年第3期，頁74。

85 沈衛威，〈郭沫若當選首屆院士的原始文獻舉證〉，頁9。

86 樊洪業，〈前中央研究院的創立及其首屆院士選舉〉，頁222。

87 陳勇，《最後一位國學大師：錢穆傳》，頁158-159。

88 參見劉巍，〈《劉向歆父子年譜》的學術背景與初始反響〉，《歷史研究》，2001年第3期。

89 胡適，《胡適日記全編（第五冊）》（合肥：安徽教育出版社，2001），頁834。

90 錢穆，《八十憶雙親 師友雜憶》，（北京：生活‧讀書‧新知三聯

　　之後錢穆的治學方向逐漸從考據轉向義理，在20世紀40年代完成了《國史大綱》和《中國文化史導論》等通史著作，遂與史料學派漸行漸遠。史料學派只重視錢穆的考據工作，忽視了他在通史方面的著作。[91]有人問錢穆為何沒有被吸收到史語所，據長期在史語所任職，也是首屆院士的李方桂稱：「他（錢穆）搞的歷史研究與我們（史料學派）不同，我們或多或少是根據史實搞歷史研究，他搞的是哲學，是從哲學觀點來談論歷史，因而跟我們搞的大不相同。」[92]中研院在評選第三屆評議員時，陳寅恪等院士甚至直接提名錢穆為哲學類的候選人。[93]樓培指出：「這種學術文化理念上的絕大差異自然也是錢穆遲遲不得『中研院』認可並入選為院士的最大原因。」[94]

　　基於史料學派的學術標準，主導首屆評選的胡適和傅斯年不承認郭沫若在馬克思主義史學方面的成就，也不可能承認錢穆在通史寫作方面的成就。然而，僅就考據方面的貢獻而言，錢穆的成就也不輸於傅斯年。在評選首屆院士時，傅斯年提出兩項代表作：一是專著《性命古訓辨證》，二是長篇論文《夷夏東西說》。[95]錢穆的專著《先秦諸子繫年》和論文《劉向歆父子年譜》至少能與傅氏的代表作比肩。錢穆當年即聽說陳寅恪在審查《先秦諸子繫年》後感

（續）────────

書店，2005年3月），頁161。

91　嚴耕望，《治史三書》，頁277。

92　李方桂，《李方桂先生口述史》，2003年，轉引自陳勇，《最後一位國學大師：錢穆傳》，頁431。

93　郭金海，《院士制度在中國的創立與重建》，頁266。

94　樓培，〈學術夾纏著政治──錢穆膺選為「中研院」院士始末考論〉，樂黛雲主編，《學衡》2021年第二輯（北京：北京聯合出版公司，2021年9月），頁244。

95　羅豐，〈夏鼐與中央研究院第一屆院士選舉〉，頁85。

慨「自王靜安後未見此等著作矣」，[96]當代歷史學家余英時也稱此
書「貢獻之大與涉及方面之廣尤為考證史上所僅見」。[97]

然而，錢穆不僅沒有當選院士，而且未能進入候選人名單，甚
至沒有獲得任何機構提名，這就是院士評議會的失職了。[98]主導人
文組評選的胡適和傅斯年都熟悉錢穆的學術貢獻，這一失職就不是
無意的疏忽，而是有意的漠視。史料學派的其他成員中，與錢穆交
好的顧頡剛未擔任評議員，他當時與胡適的關係已經疏遠，也不可
能為錢穆說項。[99]陳寅恪與錢穆來往較多，[100]也有同情人文學派的
傾向，可他因眼疾於1946年秋回到北平後即未離開，也不可能在南
京的評議會上推舉錢穆。[101]

人文學派的主要成員中，張蔭麟英年早逝，張其昀和胡煥庸未
進入初選名單。[102]繆鳳林雖被提名，在審查環節就被淘汰。[103]而在

---

96 錢穆，《八十憶雙親 師友雜憶》，頁153。此說雖出自錢氏本人，
   確有楊樹達日記中的旁證，見陳勇，《最後一位國學大師：錢穆傳》，
   頁124。

97 余英時，《錢穆與中國文化》，頁24。關於民國學術界對此書的評
   價，詳見陳勇、秦中亮，〈錢穆與《先秦諸子繫年》〉，《史學史
   研究》，2014年第1期。

98 郭金海，〈中央研究院第一屆院士候選人提名探析〉，頁341。

99 潘光哲，《天方夜譚中研院：現代學術社群史話》，頁130。

100 錢穆，《八十憶雙親 師友雜憶》，頁172、242。

101 蔣天樞，《陳寅恪先生編年事輯》（上海：上海古籍出版社，1997
    年6月），頁140-142。相對於其他史料學派成員，陳寅恪和顧頡剛
    對人文史學有著更多同情和了解，也參與了人文史學的重建。劉小
    楓將晚清以來的中國知識學路向歸納為六類，其中就以顧頡剛、陳
    寅恪和錢穆三人代表「參照西方史學和經驗科學學理重設的傳統史
    學路向」，見劉小楓，《現代性社會理論緒論：現代性與現代中國》，
    （上海：上海三聯書店，1998年1月），頁196。

102 蔣介石有一次問劉安祺，張其昀為何沒有獲得中研院院士，劉答「我

1943年舉行的教育部第二屆部聘教授選舉中，繆鳳林和柳詒徵、雷海宗三人一道進入了史學一科的決選名單。[104]在錢穆和柳詒徵兩人中，胡適和傅斯年同柳詒徵的關係表面尚好，人文學派在國統區教育界內仍有相當勢力。[105]出於維持學派平衡的目的，傅斯年想到人文學派「不可無一人」，只推舉了柳詒徵。

然而，柳詒徵當選卻打破了史料學派的評選標準，因為他在考證方面並無郭沫若和錢穆那樣的傑出作品，主要的學術作品是《中國文化史》等通史著作。[106]胡適在批評《中國文化史》的文章中直言不諱地寫道：「柳先生是一位不曾受過近代史學訓練的人，所以他對於史料的估價，材料的整理，都不很謹嚴。」[107]既然他並不符合史料學派的標準，憑藉通史著作當選院士，錢穆更有影響的《國

(續)

猜想可能與學派有關。」蔣聽後說：「一點不錯！我們就壞在學派的手裡。」見張玉法、陳存恭、黃銘明，《劉安祺先生訪問紀錄》，（台北：中央研究院近代史研究所，1991年6月），轉引自吳忠良，《南高學派研究》，頁106。

103 郭金海，〈中央研究院第一屆院士候選人提名探析〉，頁341。

104 第一屆部聘教授為陳寅恪和蕭一山，見沈衛威，〈民國部聘教授及其待遇〉，《中山大學學報（社會科學版）》，2019年第4期，頁76、82。

105 夏鼐在1947年6月12日的日記中記載：「下午周法高君在太平洋酒店結婚，同事幾全部參加，由柳詒徵及傅（斯年）所長證婚。」見夏鼐，《夏鼐日記（卷四）》，頁129。柳氏與胡適私交亦好，見柳曾符，〈柳詒徵與胡適〉，柳曾符、柳佳編，《劬堂學記》（上海：上海書店出版社，2002）。

106 院士最終候選人的資格說明中，柳詒徵一條為「主持南京國學圖書館多年，主講大學史席多年」。後一條不能構成學術資格，只能算教學成績，可見胡適等評議員無意提及柳氏的史學著作。張劍，〈中國學術評議空間的開創——以中央研究院評議會為中心〉，頁100。

107 胡適，〈評柳詒徵著《中國文化史》〉，《胡適全集》，第13卷（合肥：安徽教育出版社，2003年9月），頁120。

史大綱》等著作也應當受到評議員的認可。顧頡剛在大陸時期民國末年列舉了當時七、八部優秀的通史著作,最後稱「錢先生的書(《國史大綱》)最後出而創見最多。」[108]當代學者胡文輝亦稱:「近代以來,中國通史之作甚多,而無一完善者,《大綱》已可謂鶴立雞群。」[109]

當然,世間並無完美的學術評價機制,1948年的中研院院士評選也不例外。錢穆遭受的不公待遇尚不止於首屆評選,以後20年的歷屆評選他均未當選。1958年4月,中研院在台北選出第二屆院士14人,其中人文組院士並無錢穆。嚴耕望於當年年底致信中研院院長胡適,希望他提名錢穆參加第三屆院士評選。胡適遂提議董作賓等人擔任錢穆的主要提名人。1959年2月,中研院舉行院士候選人審查會議,結果錢穆僅得一票,未能進入最終候選人之列。1960年後,中研院在台北又舉行了幾屆院士選舉,錢穆在第四至第六屆院士選舉中皆未入選。直到1968年的第七屆院士評選,他才在蔣介石的關照下獲得了院士稱號。[110]

四、三大歷史學派的政治立場

謝泳在分析首屆院士評選時指出:「……1948年(有些學者)沒有當選院士,不是因為他們的政治態度,而是因為學術原因。」[111]

108 顧頡剛,《當代中國史學》(上海:上海古籍出版社,2002年4月),頁81。
109 胡文輝,《現代學林點將錄》(廣州:廣東人民出版社,2010年8月),頁47。
110 瞿志成,〈錢穆的院士之路〉,頁94-108。
111 謝泳,〈1949年後知識精英與國家的關係——從院士到學部委員〉,

學術原因可以分為兩種，一是學術水準不夠，二是學術範式不同。
根據上文的分析，郭沫若和錢穆的學術範式均有異於史料學派，他
們在考證方面的成績也都得到過史料學派的肯定。然而，史觀學派
的郭沫若當選院士，與錢穆同為人文學派的柳詒徵也當選院士，錢
穆卻未當選。這不是因為他的學術水準不夠，也不僅僅是因為學術
範式不同，而是由於三大學派的意識形態鬥爭滲雜其中。

　　在民國年間的三大歷史學派中，史觀學派體現了學術與政治最
為緊密的聯繫。余英時認為，史觀學派並非從純學術的立場來研究
歷史的，而是「為他們所從事的政治運動尋找歷史的依據的」。[112]
在該派發展的早期階段，郭沫若等歷史學家即以唯物史觀考察中國
歷史，以此支持當時的左翼運動。郭氏在《中國古代社會研究》的
自序中解釋了史觀學派研究歷史的動因：「對於未來社會的待望逼迫
著我們不能不生出清算過往社會的要求。」[113]潘光哲指出：「郭沫若
的這部書（《中國古代社會研究》），極力論證中國歷史的發展階段
符合馬克思主義的基本原理，實可視為另外一種表達政治意見的方
式，儼然即是一篇暗示中國必然走向社會主義的政論文字。」[114]

　　史觀學派的通史寫作也直接反映了其政治立場。范文瀾編寫的
《中國通史簡編》源於他在延安接受的編著任務，服務於社會主義
的革命目的。1941年，《中國通史簡編》在延安新華書店出版，中

（續）

　　頁58。

112 余英時，〈中國史學的現階段：反省與展望〉，《史學與傳統》，
　　（台北：時報文化出版公司，1985年1月），頁6。

113 郭沫若，〈《中國古代社會研究》自序〉，謝保成等編，《中國近
　　代思想家文庫：郭沫若卷》（北京：中國人民大學出版社，2014年
　　11月），頁224。

114 潘光哲，《天方夜譚中研院：現代學術社群史話》，頁62。

共領袖毛澤東對范文瀾說：「我們黨在延安又做了一件大事。……
我們共產黨人對於自己國家幾千年的歷史，不僅有我們的看法，而
且寫出了一部系統的完整的中國通史。這表明我們中國共產黨對於
自己國家幾千年的歷史有了發言權，也拿出了科學的著作了。」[115]

　　類似史觀學派，人文學派對古代歷史的研究也是為了指導國家
未來發展，具有濃厚的經世致用意味。錢穆明確表示：「……所貴
於歷史智識者，又不僅於鑒古而知今，乃將為未來精神盡其一部分
孕育與嚮導之責任也。」[116]柳詒徵更有針對性地指出：「……欲求
民族復興之路，必須認清吾民族何時最為興盛，其時之興盛由於何
故，使一般人知今日存亡危機之秋，非此不足以挽回潰勢。」[117]

　　不過，與史觀學派的社會主義路線相對，人文學派持有保守主
義的政治立場。除了最早進入現代社會的英國和法國，其他國家的
保守主義大都表現出存續本國文化的特殊主義傾向，以抵禦外來文
化的影響，維繫儒學精神的人文學派同樣如此。[118]該派學人論述的
對象並不止於歷史文化，而是借助史論表達立場保守的政見。他們
治史的意旨也就在於彰顯中國傳統的特殊性，以闡明中國的政治傳
統和未來走向。

　　在人文學派的代表錢穆看來，一個民族像是一個生命體，擁有
其「歷史文化精神」：「……一民族文化與歷史之生命與精神，皆

---

115 王學典、陳峰，《二十世紀中國歷史學》，頁116-118。

116 錢穆，《國史大綱（上冊）》，〈引論〉，頁2。

117 柳詒徵，〈從歷史上求民族復興之路〉，1934年，轉引自張秀麗，
　　《反科學主義思潮下中國現代史學的人文指向：以「東南學派」為
　　中心》，頁112。

118 艾愷（Guy Salvatore Aitto），《世界範圍內的反現代化思潮：論文
　　化守成主義》（貴陽：貴州人民出版社，1991年4月），頁17-20。

由其民族所處特殊環境、所遭特殊之問題、所用特殊之努力、所得特殊之成績,而成一特殊之結構。」[119]他因而指出:「……治國史之第一任務,在能於國家民族之內部自身,求得其獨特精神之所在。」[120]這一獨特精神在中國自然是儒家學說:「……欲完成建國大業,端在自本自根,……而儒家思想之復活,中國傳統教育精神之重光,尤當為新政導其先路。」[121]

辛亥革命後中國的傳統帝制已經崩潰,人文學派不能為分崩離析的現狀辯護,而是大力褒揚古代政治制度。在柳詒徵看來,漢代已經出現了類似西方的議會制度,其制度優勢甚至超過西方國會。[122]錢穆像柳氏一樣高度肯定傳統政制,他強調帝制並非專制,甚至論稱中國傳統政治也屬於一種民主政體。[123]既然國人的氣質和哲學均不同於歐美,錢穆認為中國不應效法歐美的多黨政體,而應建設符合傳統政制精神的體制,如孫中山提出的五權憲法,如此才能保證長治久安。[124]

不同於史觀學派和人文學派,史料學派標榜為學術而學術,要求學術與政治分離,甚至主張歷史學像自然科學一樣科學化。顧頡剛為《北京大學研究所國學門週刊》所寫的發刊詞聲明:「我們的

---

119 錢穆,《國史大綱(下冊)》,頁911。

120 錢穆,《國史大綱(上冊)》,〈引論〉,頁11。

121 錢穆,〈中國傳統政治與儒家思想〉,《政學私言(錢賓四全集第40卷)》(台北:聯經出版事業公司,1998年6月),頁134、142。

122 孫永如,《柳詒徵評傳》(南昌:百花洲文藝出版社,2010年3月),頁83。

123 錢穆,〈中國傳統政治與五權憲法〉,《政學私言(錢賓四全集第40卷)》,頁6、13。

124 錢穆,〈中國傳統政治與五權憲法〉,《政學私言(錢賓四全集第40卷)》,頁3-5。

機關是只認得學問，不認得政見與道德主張的。」[125]傅斯年如此解釋史料學派的準則：「史學的工作是整理史料，不是作藝術的建設，不是作疏通的事業，不是去扶持或推倒這個運動，那個主義。」[126]

　　然而，史料學派的領袖胡適和傅斯年同時也是民國時期活躍的自由主義者，他們的學術研究在一定程度上反映了其政治理念，正如章清所說：「……言及『胡適派學人群』，學術與政治是不可分隔的，這也構成中國自由主義的特色所在。」[127]一位當代學者將傅斯年擔任領導職務的中研院稱為「帶有濃厚自由主義色彩的職業學術團體」，[128]另一位則稱胡適和傅斯年等人為「自由主義史家」。[129]

　　曼海姆在論述現代意識形態時，指出自由主義伴隨著「極端的理性主義」，不願承認情感因素的作用和意義。[130]引領中國自由主義的胡適即認為，為了建設一個科學和民主的中國，需要引進建立在理性基礎上的西方現代文明，而中國傳統文化屬於應當被拋棄的思想包袱和被推開的制度障礙，他因而提出和闡發了一種整體性的反傳統思想。[131]史料學派正是在這一反傳統思想的指導下創立和發

---

125 顧潮，《歷劫終教志不灰：我的父親顧頡剛》（上海：華東師範大學出版社，1997年12月），頁104。

126 傅斯年，〈史學方法導論〉，歐陽哲生編，《中國近代思想家文庫：傅斯年卷》（北京：中國人民大學出版社，2015年1月），頁164。

127 章清，《「胡適派學人群」與現代中國自由主義》，頁230。

128 陳時偉，〈中央研究院與中國近代學術體制的職業化，1927-1937年〉，頁212。

129 王晴佳，〈台灣史學的「變」與「不變」：1949-1999年〉，王學典、陳峰主編，《二十世紀中國史學史論》（北京：北京大學出版社，2009），頁238。

130 卡爾・曼海姆，《意識形態與烏托邦》，姚仁權譯（北京：中國社會科學出版社，2009年12月），頁115-116。

131 林毓生，《中國傳統的創造性轉化》（北京：生活・讀書・新知三

展的，它像史觀學派一樣要求對傳統文化展開批判，只是依據的學理不同。

　　在當代歷史學者王汎森看來，「……新文化運動雖然不大談史學，但是它的許多主張卻對歷史研究的性質、歷史的解釋、歷史的眼光產生了微妙的影響。」[132]這種微妙的影響便是以科學化的手段來評價和改造傳統文化。[133]1919年12月，胡適在《新青年》發表〈新思潮的意義〉一文，提出發展新學術的口號：「研究問題，輸入學理，整理國故，再造文明」。[134]余英時指出，「國故」與「國粹」不同，是一個中性詞，「這個微妙的變化實際上是五四激進的反傳統情緒的一個徵兆。」[135]「整理國故」的目的在於像尼采一樣「重估一切價值」，批判中國的固有文明，重建一種西方化和自由化的新文明。

　　「整理國故」的重點在於針對中國古史的重整和考證。在新文化運動之前，儒學雖然受到西方思想的嚴重衝擊，大體維持著在精英文化和學術中的主流地位。[136]古代經典在中國國民意識中具有莊嚴的神聖性，胡適的思想史研究卻要「化玄妙為平常，化神聖為凡庸」，論證很多經典是後人偽造的著作。[137]他切斷了孔子之前的聖

（續）─────────────────

　　　聯書店，2011年5月），頁150。

132 王汎森，〈民國的新史學及其批評者〉，頁36。

133 林毓生，《中國傳統的創造性轉化》，頁184。

134 胡適，〈新思潮的意義〉，《中國近代思想家文庫：胡適卷》，耿雲志編（北京：中國人民大學出版社，2015年1月），頁539-541。

135 余英時，《人文與理性的中國》，頁365。

136 參見余英時，《重尋胡適歷程：胡適生平與思想再認識》（桂林：廣西師範大學出版社，2004年9月），頁185-186。

137 翟志成，《新儒家眼中的胡適》（香港：商務印書館，2020年9月），頁43、47。

賢譜系，只將儒家視為諸子中的一家，動搖了國人對儒家傳統的尊崇。[138]傅斯年和顧頡剛等青年學子深受胡適影響，由此開啟了疑古派的史學革命。

20世紀20年代初，顧頡剛陸續發表他針對上古歷史的研究，聲言傳說中的「黃金時代」子虛烏有，儒家經典中的大部分帝王只是神話和象徵，隨著時間被層累地建構起來。[139]顧氏的古史研究具有濃厚的政治含義，直接摧毀了傳統政治敘事的源頭，從根本上打擊了君統、道統和學統。在20世紀50年代初大陸的思想改造時期，顧頡剛辯稱他的史學研究具有「反封建」的政治意義，他的《古史辨》工作是「對於封建主義的徹底破壞」。[140]這並非全然為了迎合當時已主導學界的史觀學派，而也表明顧氏充分意識到自己研究的政治影響。

在史料學派內部，傅斯年重建古史的理念偏於「信古」，不同於顧頡剛的「疑古」，不過他們都持有反傳統的批判立場。[141]傅斯年通過史學改革政治的最大貢獻，在於他對史語所的領導之功。許冠三指出：「從大目標上看，歷史語言研究所的創立，正是以《新青年》、《新潮》為代表的『新文化』運動在人文科學界的落實……。」[142]傅氏在《歷史語言研究所工作之旨趣》中明言：「現在中國希望製造一個新將來，取用材料自然最重要的是歐美的物質文明，即物

---

138 瞿志成，《新儒家眼中的胡適》，頁63。

139 顧潮，《歷劫終教志不灰：我的父親顧頡剛》，頁40-41、70-71。

140 顧頡剛，《我與古史辨》（上海：上海文藝出版社，2001年1月），頁215。

141 王汎森，《傅斯年：中國近代歷史與政治中的個體生命》（北京：生活‧讀書‧新知三聯書店，2017），頁139。

142 許冠三，《新史學九十年》，〈自序〉，頁2。

質以外的東西也應該取精神於未衰敗的外國。」[143]王汎森對此評價
道：「他（傅斯年）的文化反傳統主義是如此徹底，以至於他宣稱
只有西方的學術才能稱為學術，而中國的傳統應該被完全拋棄。」[144]

　　法國歷史學家傅勒（Francois Furet）在評述有關法國大革命時
的史學著作時指出，面對這場革命，一個人必須表明自己的觀點，
他的研究免不了某種立場。這對於研究墨洛溫王朝的人也許無所
謂，但對於1789年發生的事件必不可少。因此，不管研究法國大革
命的歷史學家承認與否，他們都會變成保王黨、自由派或雅各賓主
義者，以使其歷史敘事獲得正當的意義。[145]類似地，民國年間的歷
史學家面對中國傳統政制及其解體，也不可避免地採取了某種政治
立場，因而成為社會主義者、保守主義者或自由主義者。

五、首屆評選中的內外政治因素

　　伴隨著工業革命、民主進程和階級衝突，西方社會出現了自由
主義和社會主義，保守主義作為對兩者的反應而產生，構成了現代
三大政治思潮。這三種思潮先後傳入清末民初的中國，激起了保守
派、自由派和社會主義者之間的激烈爭論，也影響了人文社會科學
的發展態勢。[146]三大歷史學派的分立格局在一定程度上就是三種意
識形態在中國學術界的知識化反映。並非每項歷史研究都體現著某

143 傅斯年，〈歷史語言研究所工作之旨趣〉，《中國近代思想家文庫：
　　傅斯年卷》，頁155-156。
144 王汎森，《傅斯年：中國近代歷史與政治中的個體生命》，頁228。
145 弗朗索瓦‧傅勒，《思考法國大革命》，孟明譯（北京：生活‧讀
　　書‧新知三聯書店，2005年1月），頁3。
146 郭湛波，《近五十年中國思想史》，〈重版引言〉，頁1。

種政治立場，也不是每位歷史學者都清楚地意識到其價值預設。不過，各派最重要的學者和著述仍然投射了各自的意識形態，都試圖影響國家民族的發展方向，介入了當時的政治爭論。

作為民國年間知名的自由主義者，史料學派的胡適和傅斯年批判中共領導的社會運動，也不認同人文學派復興傳統的理念。[147]傅斯年認為像人文學派那樣「追慕國故」，會就「忘了理性，忘了自己，真所謂『其愚不可及』了。」[148]史觀學派也否定人文學派的復古傾向，稱其為反動統治的「幫閒史學」，[149]同時批判史料學派，認為其考證方法只知其然，不知其所以然。郭沫若撰寫《中國古代社會研究》，便是出於對胡適整理國故的過程，「全部都有重新『批判』的必要」。[150]人文學派則同史料學派一道反對史觀學派，錢穆諷刺說：「彼（革新派）於史實，往往一無所知。彼之所謂系統，不啻為空中之樓閣。……彼對於國家民族已往文化之評價，特激發於其一時之熱情，而非有外在之根據。」[151]

由於此類批評和抗戰後發表的反共言論，毛澤東將錢穆視為支持國民黨的主要學者之一，在1949年8月發表的社論中將他和胡適、傅斯年都列為帝國主義和國民政府控制的少數反動知識分子。[152]胡

---

147 1947年2月4日，傅斯年致信胡適：「……我們與中共必成勢不兩立之勢，自玄學至人生觀，自理想至現實，無一同者。」胡適，《胡適來往書信選（下）》（北京：中華書局，1980年8月），頁170。

148 王汎森，〈民國的新史學及其批評者〉，頁41。

149 劉茂林、葉桂生，〈解放戰爭時期的中國史學傾向〉，王學典、陳峰主編，《二十世紀中國史學史論》（北京：北京大學出版社，2009年7月），頁92。

150 郭沫若，〈《中國古代社會研究》自序〉，頁224。

151 錢穆，《國史大綱（上冊）》，〈引論〉，頁4。

152 陳勇，《最後一位國學大師：錢穆傳》，頁335。

適、傅斯年和錢穆雖然都持有反共立場，其反共的學理基礎實不相同。錢穆曾公開批評胡傅代表的史料學派：「（考訂派）治史譬如治岩礦，治電力，既無以見前人整段之活動，亦於先民文化精神，漠然無所用其情。彼惟尚實證，夸創收，號客觀，既無意於成體之全史，亦不論自己民族國家之文化成績也。」[153]他還在《中國近三百年學術史》的自序中批評史料學派政治上的西化傾向：「今日者，……言政則一以西國為準繩，不問其與我國情政俗相洽否也。扞格而難通，則激而主『全盤西化』，以盡變故常為快。」[154]

這類基於保守主義立場的批評引起了傅斯年等人的痛恨，也意味著錢氏與史料學派的決裂。[155]《國史大綱》出版後，傅斯年私下對人表達了對錢穆的不屑：「向不讀錢某書文一字。」[156]抗戰勝利後北大復校，主持這一工作的傅氏沒有邀請錢穆返校。1949年國民黨潰退台灣前，由傅斯年主持的搶救學人計畫也不包括錢穆。[157]錢穆在20世紀70年代回憶說：「……彼（傅斯年）之深斥於我，特以我《國史大綱》，於我國家民族歷史傳統多說了幾句公平話。彼之意氣激昂，鋒芒峻銳有如此，亦使我警悚之至。」[158]

在這種勢成水火的緊張關係中，胡適和傅斯年自然不會提名錢穆當院士。如上節所述，中國自由主義者對傳統文化持有強烈的批判態度，對傳統文化的看法構成了自由派學者劃分敵我的主要依

153 錢穆，《國史大綱（上冊）》，〈引論〉，頁4。
154 錢穆，《中國近三百年學術史》，上冊（北京：商務印書館，1997年1月），〈自序〉，頁4。
155 陳勇，《最後一位國學大師：錢穆傳》，頁253-254。
156 錢穆，《八十憶雙親 師友雜憶》，頁218。
157 陳勇，《最後一位國學大師：錢穆傳》，頁430。
158 錢穆，〈中國知識分子的責任〉，《世界局勢與中國文化（錢賓四全集第43卷）》（台北：聯經出版事業公司，1998年6月），頁173。

據。[159]在這種價值觀的指導下,史料學派將讚揚中國傳統文化的觀點視為保守思想,持有這些觀點的學者也被看作保守勢力。翟志成對此評論道:「錢穆稽遲了二十年才當上了中研院院士,其主要原因,是緣於他的文化保守主義立場,與當時尊奉胡適和傅斯年這兩位反傳統巨擘為精神領袖的中研院,簡直是南轅北轍。」[160]

除了錢穆之外,以新儒家為代表的其他保守派學者,如梁漱溟、熊十力、馬一浮、張君勱、方東美、蒙文通和賀麟,也都沒有當選哲學類或歷史學類的首屆院士。熊十力、方東美和賀麟進入了哲學類的初選提名,但在審查階段就被評議會淘汰。[161]而在國民政府教育部舉行的第二屆部聘教授選舉中,方東美與馮友蘭、金岳霖都進入了決選名單。[162]在新儒家學人中,馮友蘭是唯一當選首屆院士的學者,而胡適提交的人文組名單和北大名單中均無馮友蘭。[163]

馮友蘭本是胡適在北大的學生,留學美國後逐漸從反傳統主義轉向保守主義。他回國後完成《中國哲學史》一書,方法和立場均異於胡適的思想史研究。[164]胡適對馮氏的不滿由此而來,早在20世紀30年代初,他即對關係尚佳的錢穆講過「天下蠢人恐無出芝生(馮友蘭)右者。」[165]胡適曾在1943年10月的一則日記中評價三位保守派學人:「張其昀與錢穆二君均為從未出國門的苦學者,馮友蘭雖曾出國門,而實無所見。他們的見解多帶反動意味,保守的趨勢甚

---

159 章清,《「胡適派學人群」與現代中國自由主義》,頁462。
160 翟志成,〈錢穆的院士之路〉,頁92。
161 郭金海,〈中央研究院第一屆院士候選人提名探析〉,頁341。
162 沈衛威,〈民國部聘教授及其待遇〉,頁82。
163 沈衛威,〈郭沫若當選首屆院士的原始文獻舉證〉,頁8、10。
164 翟志成,《新儒家眼中的胡適》,頁67-69。
165 錢穆,《八十憶雙親 師友雜憶》,頁152。

明，而擁護集權的態度亦頗明顯。」[166]胡適在日記裡透露了內心的真實想法，顯然從意識形態的角度否定三人的學術貢獻。

在胡適當選院士的中國文學類，選舉院士的標準也體現了史料學派的反傳統立場。1947年3月舉行的小組會議上，胡適等七位評議員達成共識，中國文學類院士「所選以領導文學風氣及精研經籍者為限，文藝創作家不在內」。[167]在民國時期，「領導文學風氣」是指領導現代文學的風氣，而非古典文學的舊習。胡適為自己撰寫的候選人評語中即稱：「研究中國思想史與文化史，曾有開創新風氣的貢獻。」[168]民國文學史家錢基博在文史領域造詣甚深，可謂「精研經籍」。他著有《現代中國文學史》一書，從舊文學的視角評價新文學。[169]因為不合胡適一派的文學觀念，他也像錢穆一樣未獲得任何提名。[170]

研究首屆院士評選的當代研究者常常持有一種理論假設，即政治和學術可以截然分開，其實人文社會科學與意識形態具有緊密的內在關聯。一方面，現代意識形態幾乎都以某種社會理論作為立論基礎，常常引用實證性的歷史知識構建其理論體系，中國的現代思想也從西方學習了這一論證方式。[171]另一方面，人文社會科學不同於自然科學，從基本概念到理論核心，其知識體系包含著重要的價值判斷，尤其是涉及政治和倫理的判斷。[172]即使一位學者收集和整

---

166 胡適，《胡適日記全編（第七冊）》，頁539。

167 周雷鳴，〈一九四八年中央研究院院士選舉〉，頁80。

168 夏鼐，《夏鼐日記（卷四）》，頁152。

169 錢基博，《現代中國文學史》（北京：商務印書館，2011年9月），頁710-713。

170 郭金海，〈中央研究院第一屆院士候選人提名探析〉，頁341。

171 參見劉小楓，《現代性社會理論緒論》，頁203。

172 參見列奧・施特勞斯（Leo Strauss），《自然權利與歷史》，彭剛

理純粹的史料，只要他有所取捨，便不能不基於他本人或所在群體
的價值關懷。[173]三大歷史學派的政治立場，即曼海姆所說的「視
角」，[174]在很大程度上決定著各派研究的歷史選題（經濟史或思想
史）、理論關懷（形態學或階級論）、研究對象（俗文學或古典學）、
表達形式（通史或斷代史）和寫作語體（白話或文言）。當然，這
並不意味著意識形態與人文社會科學沒有區別，也不是說後者不能
建立自主性的理論體系。

　　既然胡適和傅斯年基於意識形態考慮，排斥了錢穆等保守派學
者，為何會提名政治立場不同的郭沫若，並選舉他為院士？對於傅
斯年提名郭沫若，胡文輝的解釋如下：「一方面，郭氏在方法上趨
新，重視考古材料，而錢氏治學轉向保守立場，故傅氏在學術取向
上更認同郭氏；另一方面，錢氏性情耿介，有自卑感而致自尊心過
強，而郭氏在政治上雖與傅氏涇渭分明，但私下實甚圓滑。故傅氏
寧取左派的郭沫若，而不取反共的錢賓四。」[175]這一解釋確實有證
據支持。嚴耕望在回憶文章中提及：「先生（錢穆）性剛，從不考
慮周遭環境，……故與考證派主流鉅子之間關係並不和諧。」[176]1946
年，郭沫若在南京藉國共和談之機訪問史語所，同傅斯年首次見面。
兩人半開玩笑地互稱對方為「國師」和「太傅」，似有惺惺相惜之

（續）————————————————————
　　　　譯（北京：生活・讀書・新知三聯書店，2016年7月），頁52-54。
173 例如，柳詒徵指出：「名臣、卓行、孝友、忠義，何以定名？以禮
　　定之也。不本於禮，幾無以操筆屬辭。」離開儒學為基礎的價值判
　　斷，傳統史學就無法寫作，見柳詒徵，《國史要義》（北京：商務
　　印書館，2011年10月），11-12。
174 參見林建成，《曼海姆的知識社會學》（鄭州：河南人民出版社，
　　2011年12月），頁52-58。
175 胡文輝，《現代學林點將錄》，頁49。
176 嚴耕望，《治史三書》，頁259。

感。[177]

　　然而，根據前述分析，郭錢二人的治學路徑均有異於史料學派，也都做出了考證方面的重大貢獻。郭沫若起初進入史學領域便採取了馬克思主義的研究範式，錢穆至少還同史料學派有過一段齊頭並進的時期，很難說傅斯年在學術取向上更認同郭氏。胡文輝稱郭沫若「私下實甚圓滑」，這種品性也許博得了傅斯年的好感，卻讓胡適感到厭惡。胡適晚年回憶說：「郭沫若這個人反覆善變，我是一向不佩服的。」[178]

　　相比胡適對待顧頡剛的做法，他提名郭沫若就更令人費解了。在《古史辨》第四冊的序言中，顧頡剛表示「決不反對唯物史觀」，還指出研究古代思想和制度時，歷史學者應將唯物史觀作為基本觀念，史料學派的考證工作為唯物史觀研究準備了「初步工作的堅實基礎」。據顧氏回憶，反對唯物史觀的胡適看到後很不高興，此後與他的關係越來越疏遠。[179]顧頡剛是胡適的高足，史料學派的功臣，胡適為人文組擬定的候選人名單上卻沒有他。胡適對偏向唯物史觀的顧氏尚且如此，為何會推舉一名他不佩服的馬克思主義史家？[180]

　　當代研究者對此所作的解釋，大都強調史料學派對郭沫若考古成就的肯定。根據本文第四節的分析，以史學貢獻而論，郭沫若、

---

177 謝保成，《龍虎鬥與馬牛風：論現代史學與史家》，頁212。

178 胡頌平，《胡適之先生晚年談話錄》，頁76。

179 顧頡剛，《我與古史辨》，頁158-159、212。

180 胡適與顧頡剛在學術上的分歧始於20世紀20年代末期，可能因為胡適受到傅斯年的影響。不過，胡顧之間的分歧仍屬史料學派內部的矛盾，對唯物史觀的看法則牽涉到研究範式之爭，參見余英時，〈學術思想史的創建及流變：從胡適與傅斯年說起〉，頁71-72。

錢穆和柳詒徵屬於同一級別，柳氏還遜於郭錢二人。在1940年舉行的中研院第二次評議員選舉中，錢穆在歷史學類的初選中得票雖低（2票），仍與郭沫若持平（2票），高於柳詒徵（1票）。郭沫若雖被列入評議員候選人的參考名單，並未獲得大多數同行的選票。[181]八年之後的院士選舉中，共有25位評議員參與投票。郭沫若在首輪投票中就獲得18票，柳詒徵得17票，兩人在第一輪補選都以20票當選，相比於錢穆未獲提名可謂判若雲泥。[182]

　　郭沫若在這八年中出版的學術著作包括《青銅時代》和《十批判書》，[183]齊思和在書評中指出：「是書（《十批判書》）於先秦諸子之考證，遠不及錢穆《先秦諸子繫年》之精……。」[184]余英時甚至指控郭沫若抄襲了《先秦諸子繫年》。[185]柳詒徵主要完成了史學理論專著《國史要義》，但此書遲至1948年2月出版，此時他已被選為最終候選人。[186]這八年間錢穆除了《國史大綱》外，還出版了《中國文化史導論》。[187]三人在1940年和1948年兩次選舉中的結果差異就不能以學術貢獻解釋，而應歸因於史料學派力推郭柳二人當

---

181 郭金海，〈1940年中央研究院第二屆評議員的選舉〉，頁410、405。

182 郭金海，〈1948年中央研究院第一屆院士的選舉〉，頁44-45。

183 謝保成，《郭沫若學術思想評傳》（北京：北京圖書館出版社，1999年7月），頁355。

184 張越，〈郭沫若給中國馬克思主義史學帶來了什麼？——以民國時期對郭沫若史學的評價為中心〉，頁34。

185 余英時，《錢穆與中國文化》，頁121。此事在20世紀90年代亦有爭議，參見翟清福，〈〈一樁學術公案的真相〉發表前前後後〉，《郭沫若學刊》2014年第2期。

186 孫永如，《柳詒徵評傳》，頁161。

187 汪學群，《錢穆學術思想評傳》（北京：北京圖書館出版社，1998年8月），頁306。

選。[188]郭氏在當選後不僅沒有出席院士會議，[189]傳說還拒絕了這一稱號。[190]可見郭氏當選院士的意義，對於史料學派更為重要，而不是他本人。

分析郭錢二人在首屆評選中的不同際遇，我們不能只看學者個人的學風和性格，還應著眼於當時的政治局勢。1947年6月20日，在美國治病的傅斯年致函胡適，談到首屆院士選舉同時局的關係：「話說天下大亂，還要選舉院士，去年我就說，這事問題甚多，弄不好，可把中央研究院弄垮臺。大家不聽，今天只有竭力辦得它公正、像樣，不太集中，以免為禍算了。」[191]這段話表明，傅斯年充分考慮到了國共內戰的時局，意識到院士評選對中研院潛在的政治風險，因此他才用了「問題甚多」和「弄垮臺」兩個語氣很重的短語。

在「天下大亂」的動盪背景下，院士選舉會導致何種災禍？1947年春到1948年春，在首屆院士評選的前後，國共雙方也走向了激烈

---

188 1948年9月，中研院在102名候選人中選舉在第三屆評議員，儘管郭沫若已當選為院士，第一輪投票得票數（4票）僅比錢穆（3票）多一票，第二輪持平（均為2票），見郭金海，〈中央研究院的第一次院士會議〉，《中國科技史雜誌》，2007年第1期，頁10。

189 陳時偉，〈中央研究院1948年院士選舉述論〉，頁1043。

190 羅豐，〈夏鼐與中央研究院第一屆院士選舉〉，頁86。羅文未給出文獻出處，但可推測郭氏拒絕合乎情理。20世紀30年代初，傅斯年有意以史語所主辦的期刊上發表郭沫若的論文，他因史語所是國民政府辦的，便稱「官家粟亦雅不願食」。有學者猜測，郭沫若認為傅氏是胡適的弟子，不願在對手的期刊上發表自己的成果，見逯耀東，《胡適與當代史學家》（台北：東大圖書公司，2016年4月），頁171。在國共紛爭中，郭沫若作為中共方面的文化代表，更不可能接受國民政府頒發的學術榮譽，參見謝保成，《龍虎鬥與馬牛風：論現代史學與史家》，頁204。

191 謝泳，〈1949年後知識精英與國家的關係──從院士到學部委員〉，頁59。

的內戰,戰略形勢發生了有利於共產黨方面的逆轉,全國各大城市的學生群體也多次發起抗議國民政府的遊行活動。[192]作為西南聯大和北大校領導,傅斯年和胡適都親自處理過學生運動,感受到了背後的中共勢力。[193]

中研院是國民政府直屬的最高科研機構,承擔著指導全國學術發展的重要職能。院士選舉如果排斥郭沫若這樣知名的左翼學者,將引發社會輿論對國民政府的批評,尤其是來自共產黨方面的抨擊。1948年2月2日,身在美國的董作賓致信胡適:「春間中研院選院士,您必出席,關於考古學方面,希望您選(梁)思永或(郭)沫若,我願放棄。因為思永在病中,應給他一點安慰,沫若是院外人,以昭大公,這是早想託您的。」[194]此處「院外人」是指中研院之外的學者,董作賓還不知道胡適早已提名郭氏。胡適和傅斯年在通信中雖未點明,都心照不宣地理解郭氏當選的意義。

郭沫若是唯一符合史料學派學術標準的馬克思主義者學者。若他未當選,就會給中共方面提供批評的口實;郭氏若當選,則可以在全國輿論面前顯示評選的公正性,如董作賓所說的「以昭大公」。郭氏當選在事實上也起到了這種效果。據竺可楨日記記載,中共領導人陳毅曾看過首屆院士名錄,見到郭沫若的名字後「知(中央)研究院之能兼收並蓄」。[195]當代作家岳南對此評論道:「……郭沫

192 胡素珊(Suzanne Pepper),《中國的內戰:1945-1949年的政治鬥爭》,王海良等譯(北京:中國青年出版社,1997年11月),頁51。
193 王汎森,《傅斯年:中國近代歷史與政治中的個體生命》,頁202-203;沈衛威,《無地自由‧胡適傳》(石家莊:河北人民出版社,2015年5月),頁340、341。
194 羅豐,〈夏鼐與中央研究院第一屆院士選舉〉,頁87。
195 郭金海,《院士制度在中國的創立與重建》,頁184。

若的入圍，所謂的『自由傳統』等等不過是表面現象，更深層的原因仍然屬於政治作用耳。這一點，想來無論是胡適還是傅斯年，都比幾十年後所謂的『研究專家』要清楚明白得多吧。」[196]

在初期的評議會上，朱家驊和薩本棟出於政治考慮質疑郭氏的候選資格，二人身為中研院院長和總幹事，代表國民政府的官方態度。胡適和傅斯年則需要維護史語所的自身利益，因而不能同政府站在一邊。作為史語所代理所長的夏鼐雖無發言資格，卻起身為郭沫若辯護，正說明郭氏當選與否關係重大，夏鼐很可能也受到傅斯年「不太集中，以免為禍」的囑託。

與此相較，排斥錢穆和其他保守派學者並不會引發輿論攻擊，況且柳詒徵已作為人文學派的代表被傅斯年提名。民國政治基本上是各類激進主義的舞臺，保守主義在社會和政治層面處於弱勢地位。林毓生指出：「保守主義思想與意識形態之軟弱無力，正說明了20世紀中國缺乏可資它們成長的社會、政治、與文化的環境。」[197]錢穆不像郭沫若那樣具有明顯的政治符號意義，也就不可能以其保守派學人的身分「以昭大公」。當代研究者多將首屆評選看作學術體系內部的精英評價活動，卻忽略了科學活動，尤其是人文學科的學術活動，往往會受到外在政治環境的影響。

六、結論與反思

從本文分析可見，首屆評選的人文學科部分確實「遺珠甚多」，不能全面代表人文學科在民國時期的學術成就。它雖然保證了學術

---

196 岳南，《從蔡元培到胡適：中研院那些人和事》，頁192。
197 林毓生，《中國傳統的創造性轉化》，頁152。

精英選舉的自主性，卻採用了史料學派單一的評價標準，排斥了錢穆等保守派學者和其他學派的學者，即使當選的郭沫若在馬克思主義史學方面的貢獻也未被承認。史料學派相信自己的學術尺度是唯一有效的史學評價標準，他們在「科學化」的口號下信奉學術和政治可以分開，實際上未能擺脫歷史學與內外政治因素的關聯。

我們今天應當認識到史料學派主導的首屆院士評選也受到歷史的局限和政治的影響，而不是生活在純粹的學術世界中。史料學派成員大多出身名校，留學歐美，接受了現代人文學科的專業訓練。他們的思想意識和治學風格非常西化，痛感中國文化和學術落後於西方，表現出批判傳統的激進心態。以今天的後殖民主義視角來看，史料學派體現了一種本土化的東方主義，即以西方現代視角審視本國文明的學術話語。[198]

與史料學派相對，人文學派提出和發展了一套肯定本國文明的學術話語。曼海姆曾言：「自由主義者僅看到概念和問題的一個方面，而保守主義者僅僅看到另一個方面，這顯然與他們各自在社會、政治結構中的地位有關。」[199]作為保守主義一翼的人文學派史家多是胡適所謂「從未出國門的苦學者」，包括錢穆、張其昀、繆鳳林和陳訓慈。柳詒徵曾短期到日本考察教育，[200]胡煥庸曾赴法國進

---

198 參見齊亞烏丁・薩達爾（Ziauddin Sarder），《東方主義》，馬雪峰、蘇敏譯（長春：吉林人民出版社，2005年5月），頁136-140。金岳霖即稱胡適的《中國哲學史大綱》像是出自美國人之手：「……胡先生於不知不覺間流露出來的成見，是多數美國人的成見。」金岳霖，〈審查報告二〉，馮友蘭，《三松堂全集（第二卷）》（鄭州：河南人民出版社，2001），頁618。
199 林建成，《曼海姆的知識社會學》，頁54。
200 孫文閣，〈柳詒徵赴日事蹟考〉，《史學史研究》2005年第1期。

修，[201]只有張蔭麟曾在美國留學並取得了碩士學位。[202]

　　人文學派的共性除了本土性，還有江南地區的成長背景。除張蔭麟是廣東人外，此派學者均出生於江蘇和浙江兩省。江南在清代是傳統學術最發達的地區，繼承舊學的人文學派以東南大學為中心絕非偶然。人文學派反映了中國傳統學術在現代化衝擊下存亡續絕的努力，那些受西方文化影響較少，浸染舊學較深的學者更有可能投入這一學派。

　　民國時期知名的馬克思主義史家具有較多元的背景和經歷。郭沫若於20世紀20年代旅居日本時就受到社會主義的影響，[203]范文瀾在南開大學參與反帝愛國運動後加入中共。[204]翦伯贊、呂振羽和侯外廬三人更具經歷背景上的相似性，他們均非國內名校畢業，有過短期的留學經歷而未取得學位，所學專業也都是經濟學和其他社會科學。三人通過李大釗或李達等早期中共黨員接觸和學習了馬克思主義，這些條件使他們走上了史觀學派的研究道路。[205]翦伯贊是維吾爾人，呂振羽具有瑤族血統，並因此遭受過歧視。[206]這使他們具有較強的身分平等意識，參加左翼運動可能與此有關。

---

201 金祖孟，〈胡煥庸教授傳略〉，《地理學與國土研究》，1991年第3期，頁60。

202 朱瀟瀟，《專科化時代的通才：1920-1940年代的張蔭麟》（上海：復旦大學出版社，2011年11月），頁80。

203 謝保成，《郭沫若學術思想評傳》，頁14-16。

204 謝一彪，《范文瀾傳（上卷）》（北京：中國社會科學出版社，2015年），頁113-115。

205 王昌沛、周文玖，〈中國馬克思主義史學的學術品格——以郭、范、翦、呂、侯為對象的研究〉，《史學史研究》2009年第2期，頁68。

206 參見王學典，《翦伯贊學術思想評傳》，第一章和第二章；周文玖，〈呂振羽翦伯贊的學術交誼〉，《史學史研究》，2021年第4期。

　　關於首屆院士評選的絕大部分原始檔案收藏於位於南京的中國第二歷史檔案館，因此關於這次評選的研究大多出自大陸學者之手。如果本文的主要論題成立，即政治視角在一定程度上決定了民國三大學派的治學風格，他們的政治視角又來自主要成員的背景經歷，為何大陸史學界長期沒有認識到這點，尤其體現在對於首屆評選的評價上？這其實與史觀學派和史料學派在20世紀後半頁的興衰有關。

　　1949年後，史觀學派在中共領導下主導了大陸史學界。1955年，中國科學院舉行了一次學部委員評選，類似於1948年的中研院院士評選。陳寅恪等史料學派的少數成員當選學部委員，郭沫若等主要的馬克思主義史學家則悉數當選。[207]之後由於大躍進和文化大革命等極左運動的衝擊，不僅留在大陸的史料學派成員受到批判，史觀學派的學者也遭到迫害，[208]中研院的首屆院士選舉也逐漸被遺忘。[209]

　　20世紀80年代後，中國歷史學界反思和批評了唯物史觀對中國歷史的解釋，史觀學派的壟斷局面開始鬆動。大陸史學界出現了「回到乾嘉」的呼聲，有些學者認為史料學派成果顯著，大大超過史觀學派。冷戰結束後，社會主義運動在全球範圍內衰落，馬克思主義的歷史理論也受到冷落。90年代大陸學界興起了輕思想重學術之

---

207 陳圓圓，〈1950年代當選的哲學社會科學學部委員構成分析〉，《歷史教學問題》2010年第1期，頁83。

208 王學典、陳峰，《二十世紀中國歷史學》，頁142-147。

209 1983年出版的《郭沫若年譜》未提及他當選首屆院士之事。《郭沫若學刊》於2003年第4期刊出一條很短的資訊，作者稱他所見的幾種關於郭氏的史料均未提及當選院士之事。見王繼權、童煒鋼編：《郭沫若年譜（上）》（南京：江蘇人民出版社，1983年4月）；梁辰美，〈郭沫若民國時期曾被選定為國立中央研究院院士〉，《郭沫若學刊》，2003年第4期。

風，史料學派的學風重新主導了史學研究，[210]謝泳就用「回到傅斯年」概括了這一時期大陸歷史研究的主要特徵。[211]

　　此時中研院首屆院士評選的史料逐漸為人所知，越來越多的學者開始關注和研究這一事件。受到考證之風和自由主義重新興起的影響，他們大都以肯定的態度看待這次評選。儘管李敖和嚴耕望為錢穆聲辯的文章在90年代就傳入大陸，當代研究者卻有意無意地忽視了錢氏和其他保守派學者受到排斥的遭遇，而每每以郭沫若的案例說明首屆評選的獨立性、代表性和公正性。就本文作者所見，只有翟志成和樓培詳細分析了錢穆為何在中研院前六屆的評選活動中均未當選院士。[212]

　　本文並不想苛責主導首屆評選的胡適、傅斯年和李濟等人，他們依靠自身的才智和有利的時勢取得了中研院的學術領導地位。他們相信史料學派的學術尺度才是唯一有效的評價標準，並依此做出了至少在他們看來最好的安排。各門學科在歷史上的某一時期，難免被某一學派所主導。即使人文學派主導院士選舉，恐怕也會將該派學者選為院士，就像史料學派在20世紀50年代主持的學部委員評選。不過，我們的確有必要檢省和反思史料學派的治學標準，這不僅對於今天的學術研究具有啟示意義，也涉及到自由主義在中國現代史上的命運問題。

　　1927年，傅斯年創立中山大學語言歷史研究所，他在該所發刊詞中表示：「語言歷史學也正和其他自然科學同目的、同手段，所

---

210 王學典、陳峰，《二十世紀中國歷史學》，頁201-204。

211 謝泳，〈回到傅斯年〉，《二十一世紀》2000年10月號，頁151。

212 翟志成，〈錢穆的院士之路〉；樓培，〈學術夾纏著政治──錢穆膺選為「中研院」院士始末考論〉。

差只是一個分工。」[213]既然歷史學像自然科學一樣，它就是一門普遍性的科學。從史語所建立到首屆院士評選的二十年間，傅斯年領導的研究團隊取得了一系列重大成果，如安陽殷墟的發掘和明清檔案的整理，然而就其科學化歷史學的初衷而言，傅斯年只取得了有限的成功。近一個世紀後的今天，歷史學並沒有變成自然科學的一個分支，它依然是一門國別性很強的人文學科。

胡適發起的整理國故運動，顧頡剛領導的古史辨運動和傅斯年組織的史語所，可謂中國歷史學科學化的三波浪潮。傅斯年提出「史學本是史料學」的主張，將歷史材料等同於自然現象，獲得當代一些學者的高度評價，認為此舉「……是中央研究院在其職業化進程中努力提倡的研究方向，也是中國學術界二三十年代從傳統轉型現代，由幼稚趨於成熟的必然走向……」。[214]然而，歷史學科學化也付出了與傳統史學割裂的巨大代價。余英時在2002年發表的一篇論文中反思道：「如今看來，受西方影響較少的第一代（中國）史家，比起後來明顯更為嫻熟運用所謂科學方法的新一代史家，在史學創獲方面較為優勝。」他將原因歸結於歷史學不同於自然科學的性質，以及使用科學方法的負面作用大過正面作用。[215]

歷史學未能充分科學化的根源，在於歷史並非外在於人類的自然世界，而是內在於人類的社會活動。歷史學不僅具有科學的成分，也像藝術和宗教屬於一種人文知識。[216]對歷史的記錄、分析和探討

---

213 張秀麗，《反科學主義思潮下中國現代史學的人文指向：以「東南學派」為中心》，頁30。

214 陳時偉，〈中央研究院與中國近代學術體制的職業化，1927-1937年〉，頁190。

215 余英時，《人文與理性的中國》，頁397-398。

216 何兆武在20世紀90年代末反思道：「把歷史學歸結為科學，那是很

不可能做到像自然科學那樣客觀化，史學研究也不可能忽視人類行為的主觀意圖，需要以移情和直觀的方式體認、感悟，甚至想像。[217] 不同於自然科學家，人文和社會科學學者並不超脫於研究對象之外，他們自身也是各類群體競爭的參與者，因而總會表現出所在群體的視角和觀點。傅斯年在逝世前不久也改變了看法，認為人文社會科學的偏見很多，總歸「離不了社會的立點」，絕對客觀只是理想的境界罷了。[218]

　　史料學派的科學化運動產生的兩大弊端，導致該派在民國末年的魅力已經大為減少。一為重分析不重貫述，二為重考證不重義理。史料學派崇尚「考史但不著史」的學術風氣，在局部研究取得了很多重大發現，卻未能對中國歷史進行統觀性的理解和研究。曾經同情史料學派的歷史學家金毓黻在20世紀30年代末有針對性地批評說：「部分之研究，其手段也，整個之貫通，其目的也，不能因在手段過程中，得有大量之收穫，而遂忘其最後之目的，即不應以部分之研究，而忘卻整個之貫通……。」[219]

　　考證工作本為史學研究的基礎，民國年間的三大歷史學派雖各有側重，至少在理論上都承認這點。然而，在史料學派的學風浸染下，只有考證才被看作「學術」。顧頡剛是史料學派中能夠欣賞其

（續）

　　　不科學的。真正科學地對待歷史和對待歷史學，就必須承認歷史中以及歷史學家中的非科學的成分及其地位。」見何兆武、張麗豔，〈歷史學是科學嗎？〉，《歷史理性的重建》（北京：北京大學出版社，2005年8月），頁122。

217 傅斯年本人就使用這些方法研究歷史，詳見田志濤、陳勇，〈論傅斯年對史學客觀性的認識〉，《史學史研究》2021年第4期，頁48-49。

218 許冠三，《新史學九十年》，頁242。

219 桑兵，〈金毓黻與南北學風的分合〉，《近代史研究》，2008年第5期，頁30。

他學派的學者。1940年6月，他為《史學季刊》撰寫的發刊詞稱：「無
史觀之考據，極其弊不過虛耗個人精力；而無考據之史觀，則直陷
於癡人說夢，其效惟有謼惑眾愚，以造成不幸之局而已。」[220]可是，
在1945年出版的《當代中國史學》一書中，顧氏總結了過去一個世
紀的中國史學，幾乎沒有給予史觀學派任何地位，也只花了很少筆
墨介紹人文學派的著述。[221]

　　1946年，顧頡剛的弟子童書業撰文批評史學界重考證輕貫述的
學風，並觀察到：「抗戰以後的新史學有一個新趨勢，便是一部分
講考訂的史學家，漸漸注意於歷史大勢的研究，他們放棄了支離破
碎的小考據，而去尋求通貫全史的新理論，這確是個進步的現象。」
[222]童書業這裡是指人文學派在20世紀40年代推出的一系列通史著
作，如錢穆的《國史大綱》、張蔭麟的《中國史綱》和繆鳳林的《中
國通史綱要》。[223]同一時期史觀學派也從歷史唯物主義角度撰寫了
幾部通史著作，如范文瀾的《中國通史簡編》、呂振羽的《簡明中
國通史》和翦伯贊的《中國史綱》。[224]

　　雖然傅斯年自稱史語所「不以史觀為急圖」，[225]面對對手陣營
的通史作品逐一面世，史料學派的成員也開始動筆了。早在20世紀
30年代初，顧頡剛即籌畫編寫通史，但並未真正展開實質工作。[226]

---

220 桑兵，〈傅斯年與抗戰時期的中國史學會〉，頁42。
221 顧頡剛，《當代中國史學》，〈引論〉，頁4。
222 王學典、陳峰，《二十世紀中國歷史學》，頁108-109。
223 顧頡剛，《當代中國史學》，頁81。
224 謝保成，《民國史學述論稿（1912-1949）》，頁355-357。
225 傅斯年，〈《史料與史學》發刊詞〉，《中國近代思想家文庫：傅
　　斯年卷》，頁342。
226 桑兵、關曉紅主編，《先因後創與不破不立：近代中國學術流派研
　　究》（北京：生活·讀書·新知三聯書店，2007年5月），頁361。

及至40年代通史紛紛出版，顧頡剛在書信中感慨：「范文瀾、翦伯贊們所編的書各處暢銷，為什麼我們不能與之爭鋒呢？」[227]他邀請童書業一道編寫一部通俗性的中國通史，可惜寫到兩漢即止。[228]

1948年4月初的一天晚上，胡適在閒聊中對夏鼐說：「史學的工作，一部分是繡花針的校勘考據，一部分是大刀闊斧的通史。雖然現今的史學成績尚不夠作一成熟的中國通史，但是可以有一種看法仍可成立。」[229]可見胡適當時也意識到藉助通史闡發史觀的重要性，然而此時距離史語所遷台不到九個月了。[230]1949年來臨之即，胡適與傅斯年在南京共度歲末，兩人醉後借陶淵明詩抒懷：「枝條始欲茂，忽值山河改。……本不植高原，今日復何悔。」[231]

科學化史學更嚴重的問題在於割裂了考據和義理。胡適即使研究中國思想史，也將核心的義理問題轉換成了考證問題。學者各有所長，這本無問題，可胡適卻否定和排斥了思辨性的哲學研究。[232]1929年6月，胡適一次演講中就明確提出以前的哲學只是「幼稚的、錯誤的，或失敗了的科學」，並預言哲學將「自然消滅」，未來只有科學知識。[233]另據錢穆回憶，他到北大任教之初，擔任文學

---

227 王學典，《翦伯贊學術思想評傳》（北京：北京圖書館出版社，2000年2月），頁41。

228 王學典，《顧頡剛和他的弟子們》（北京：中華書局，2011年1月），頁170-171。

229 夏鼐，《夏鼐日記（卷四）》，頁180。

230 1932年冬，胡適曾在武漢大學演講，用戲劇性的手法簡述中國史，可以看作他的通史綱要。見胡適，〈對中國歷史的一個看法〉，《胡適全集》第13卷。

231 岳南，《從蔡元培到胡適：中研院那些人和事》，頁262。

232 翟志成，《錢穆的院士之路》，頁96。

233 胡適，《胡適日記全編（第五冊）》，頁427-429。

院長的胡適即在歷史系會議上講，辦文學院其實只是辦歷史系，並主張「哲學關門」。[234]在中研院第一屆和第二屆評議員的評選中，學科分類均未設哲學一項，致使馮友蘭等哲學家不可能進入評議會。[235]在1948年9月召開的院士會議中，馮友蘭和其他幾位院士才提出設立哲學等人文學科的研究所。[236]

史料學派將古代學問都看作歷史材料，這一科學化的處理方式只承認古代學說的思想史價值，而忽視了它們在倫理學和政治哲學上的價值。馮友蘭以哲學理論的方式研究中國傳統思想，就被胡適看作「實無所見」。因此，首屆院士評選「哲學類」的入選標準也按照史料學派的尺度劃定：「不推薦追求形而上的玄學論者，而是傾向於實證研究的哲學史家……」[237]這其實是以思想史研究代替了哲學研究，史料學派也藉此排斥了熊十力和方東美等新儒家學者。

史料學派像乾嘉樸學一樣相信「據事直書，是非自見」，其實考據不能代替義理，就像義理也不能代替考據。事實清楚並不意味著價值問題的解決，考據的重要性也只有根據義理才可判定。[238]胡適相信實驗主義是科學方法在哲學上的應用，觀念的意義在於對人

---

234 錢穆，《八十憶雙親 師友雜憶》，頁161。

235 郭金海，《院士制度在中國的創立與重建》，頁48、63。

236 郭金海，〈中央研究院的第一次院士會議〉，頁15。

237 沈衛威，〈郭沫若當選首屆院士的原始文獻舉證〉，頁8。

238 20世紀60年代以後，中研院內部也掀起了自我反思與批評的新潮流。許倬雲等一批在美國受訓的返台學者創辦了《思與言》等史學新刊物，推動史學研究與社會科學的結合。1964年，《思與言》的社論直率地批評了史料學派：「……另一大派則以史料學為史學，不談史學目的，只是點點滴滴的考訂一小段史實，一小件史料，或一小類制度。……這一派一味求真，以致把物件的重要性程度撇開不提。」見王晴佳，〈台灣史學的「變」與「不變」：1949-1999年〉，頁246-248。

生社會產生的效果，[239]這效果的優劣仍須以某種價值或某個價值體系為依託才能判斷。況且，很多思想觀念實踐後的效果是複雜多變的，需要價值層面的審慎研究才能評判。實驗主義如果排斥這類價值層面的探討，只會淪為一種粗疏的效用論。對於人文社會科學的研究，更好的做法可能不是做到價值中立，而是探討何種價值體系應作為指導和評價研究的標準。

20世紀30年代後，中國內憂外患日益深重，國家民族的前途何在，需要人文社會科學的答案，史料學派「窄而深」的研究卻不可能回答現實問題。這一空白只能由人文學派和史觀學派來填補，這兩派撰述的通史等著作提出了不同的宏觀論述，都具有解釋和指導的作用。史料學派在完成針對中國傳統的批判後，並不具有這樣的作用，於是在思想界逐漸失去了原先的優勢。[240]余英時反思說，胡適評判的態度「用之於舊傳統是有力的」，可「無法滿足一個劇變社會對於『改變世界』的急迫要求。」[241]德里克也指出：「儘管他們（顧頡剛等人）的工作為此後的史學家提供了一種可以證明的歷史研究模式，但是他們沒有提出一套取代儒家觀念並能解釋歷史現象與歷史變革動力的相互關係的綜合的史學理論。歷史唯物主義提

---

239 胡適，〈實驗主義〉，《中國近代思想家文庫：胡適卷》，頁295-296。
240 1947年3月，中央大學歷史系主任賀昌群在同夏鼐閒談時提到：
　　「……近來一般青年，即習史學者亦在其內，對於當前社會問題，頗為關注，對於史學著作，亦喜讀綜合性的，對當前社會有關的，故考據文章，如陳垣、胡適等所作者，已非現下思想界之主潮。而左派歷史學以唯物史觀而整理，雖膚淺，亦大受歡迎……」當年9月底，賀昌群又對夏鼐講：「……考據自有其地位，但不復能作思想界之主流」，見夏鼐，《夏鼐日記（卷四）》，頁113、145。
241 余英時，《重尋胡適歷程：胡適生平與思想再認識》，頁214-215。

供的正是這樣一種急需的理論。」[242]

胡適晚年的弟子唐德剛在回憶錄中談到，民國時期「胡適的正當工作，應該是在新興底社會科學的光芒照耀之下，把三千年中國的歷史經驗作一總結，從而抽出一條新的東方法則來，以成一家之言。然後有系統地引導我們底古老社會走向現代化的將來。」[243]可他也承認，胡適並沒有這方面的理論訓練和知識儲備：「……胡適之先生對中國民主政治的發展，雖然生死以之，他卻始終沒有搞出一套完整的理論來。不是他無此才華，而是他在社會科學上無此功力！沒有一套完整的理論來對近百年——乃至三千年——的中國政治經濟的演變作一番通盤的了解，而只是『頭痛醫頭，腳痛醫腳』地去搞『一點一滴的改革』，那就必然要『扶得東來西又倒』。」[244]唐氏這段議論並非苛評，在1960年同何炳棣的談話中，胡適也坦承他不懂社會科學。[245]在民國時期的中國，胡適領導的自由主義運動影響始終有限，這可以說是一個知識上的原因，雖然不是最重要的原因。1948年的首屆院士評選也就成了史料學派在大陸最後的輝煌時刻。

齊思和在20世紀40年代末觀察道：「無論研究者的態度如何客觀，方法如何謹嚴，但是在選擇材料上，解釋事實上，歷史家不知不覺地受了時代環境、個人主觀的影響。歷史家所得到的一切只是

242 德里克，《革命與歷史：中國馬克思主義歷史學的起源，1919-1937》，頁9。

243 唐德剛，《胡適雜憶》，1992年，轉引自王學典、陳峰，《20世紀的中國歷史學》，頁239。

244 唐德剛，《胡適雜憶》（上海：華東師範大學出版社，1999年1月），頁28。

245 何炳棣，《讀史閱世六十年》（桂林：廣西師範大學出版社，2005年7月），頁321。

相對的，而非絕對的。」[246]這段話也許不適用於今天的學術界，卻切合民國年間的歷史學派。我們可以從中汲取經驗和教訓，就算不能提出完美的評價標準，至少能夠不斷改進它。正如當時的另一位歷史學者周予同所言：「平心而論，一種歷史哲學或一種歷史方法論，都有其優點，也都不免有其缺點，而其優點與缺點且每每隨著社會的時代的進展而無法遮掩，只有歷史的本身才是客觀的公平的批判者。」[247]

田方萌，中央民族大學民族學與社會學學院副教授，主要研究方向為社會思想、公共政策和國際移民，著有評論集《可有一線穿今古》。聯繫方式：tianfm@muc.edu.cn，86-136-7136-0416

---

246 齊思和，〈近百年來中國史學的發展〉，頁2。
247 周予同，〈五十年來中國之新史學〉，頁132。

何以建國？：
民族主義、分離主義與民族國家之邊界

張千帆

一、引言：民主、民族主義與民族自決

2023年10月7日，伊斯蘭抵抗運動（哈馬斯）突然向以色列發射3000多枚火箭彈，並對以色列南部地區的平民發動恐怖襲擊，致使延綿不斷的巴以衝突驟然升級。在以色列發動的大規模反擊不可避免傷及大量平民的同時，世界輿論陷入了紛爭的漩渦，漢語簡體中文圈也又一次產生了嚴重的撕裂。支持以色列的一邊強烈譴責哈馬斯的恐怖主義行為，同情巴勒斯坦的一邊則認為以色列長期實施的「國家恐怖主義」也要為此次事件承擔責任。由此引申出一系列建國問題：巴以或阿以衝突早在1948年以色列建國之日即已開始，猶太人作為當時的「少數民族」是否有權建國？另一方面，巴勒斯坦人的弱勢無疑和巴勒斯坦未能和以色列同時建國——更準確地說，巴勒斯坦方面未能對其宣稱「建國」的領土有效行使統一主權——有關。巴勒斯坦是否有權建國？建立主權國家的標準是什麼？需要符合哪些條件？

在更大的尺度上，獨立建國及其引發的戰爭是殖民主義式微—民族國家興起的常見現象，巴以衝突只是二戰後分崩離析的大英帝

國在撤離巴勒斯坦這個特殊場域過程中產生的特殊後果。殖民主義
退潮後，原先權利受壓抑的「少數族群」紛紛伸張民族主義，甚至
要求民族自決並獨立建國。然而，儘管民族主義是一個讓人動感情
的話題，它也是一把「雙刃劍」。如果處理得好，共用同一種語言
文化和歷史傳統的民族自主自治、其樂融融；如果處理不好，就好
比一家人鬧掰了要分家，它也很容易讓人傷感情。站在民主的道德
高地，民族主義似乎是天經地義的；構成同一個「民族」的群體享
有當然的權利建立主權國家，排斥外來力量的殖民化統治，許多人
因而把「民主」作為民族自決的理由。另一方面，民主和民族自決
並非一回事。有時候，多數主義民主甚至是造成族群矛盾和民族主
義運動的根源。如果構成國家的60%人口利用自己的多數優勢歧視
剩下的40%，甚至剝奪他們的政治權利，這樣的「民主」不是問題
的答案，而恰恰是問題的根源。[1] 如果受歧視的少數族群行使民族
自決權，從原先的國家中分離出來，在新成立的國家中成為多數，
原先的多數及其它族群成為少數，那麼它又可能利用自己的多數優
勢去歧視其它族群。族群或民族矛盾並沒有因為踐行「民主」或「民
族自決」而得到根本解決，有時甚或因此而進一步加劇。

　　第二次世界大戰結束以來，世界的主權國家版圖一直維持穩
定。1947-91年，只有孟加拉一例成功分離。[2] 然而，隨著前蘇聯和
南斯拉夫解體，民族自決和分離主義勢頭迅猛竄升。1991年之後，
已有蘇聯、南斯拉夫、捷克、衣索比亞等國發生分離。厄爾特里爾、
前蘇聯及前南獨立運動開了分離主義先河，還有更多的第三世界乃

1　Donald L. Horowitz, Self-Determination: Politics, Philosophy, and Law, in Margaret Moore ed., *National Self-Determination and Secession*, Oxford University Press（1998），p. 204.

2　Ibid., p. 185.

至第一世界國家在排隊。[3] 人們對於這一現象的態度是矛盾的：對
民主有熱情，對分離及其隱含的暴力衝突有焦慮。即便在同情分離
主義訴求的學者中間，也對民主和分離之間的關係存在兩種性質不
同的認識：一種認為分離是民主自決的題中之義，一種則認為分離
是對民主缺失的終極救濟。如果一個轉型國家並未違背自由民主的
基本原則，卻因為歷史遺留下來的族群緊張關係而貿然行使分離
權，勢必加劇緊張衝突乃至走向內戰，並可能對其政治民主化進程
造成致命打擊。[4]

　　「民族」、「族群」、「民族主義」、「民族自決」都是經常
混淆不清的「問題概念」，且經常被別有用心者故意混淆起來以實
現其不可告人的目的。歷史上，民族主義運動既發揮過打破帝國秩
序、推動民主自治的正面作用，也產生過族群戰爭的災難。究竟什
麼樣的民族主義是「好」的，什麼樣的民族主義就「過了頭」？「民
族自決」是不是意味著但凡「民族」都有獨立建國的權利？在什麼
條件下，分離主義訴求是正當的？本文首先釐清相關概念，然後探
討界定分離主義的幾種理論。文章認為，建基於人的平等尊嚴之上
的政治自然法是鑑定一切政治訴求合法性的標準，締結社會契約、
建構憲政民主是解決一切人為災難的立國或治國之道。民族主義只
有和自由主義聯盟，才能避免誤入歧途；人權保障也有效支撐了主

3　孟加拉獨立過程中，印度支持很重要；分化東孟加拉和巴基斯坦，
　　印度樂見其成，但又怕泛孟加拉運動會造成東西孟加拉合併，也怕
　　和印度合併，因為那樣會分別增加7000多萬穆斯林和孟加拉人。參
　　見Margaret Moore, Introduction: The Self-Determination Principle and
　　the Ethics of Secession, in Moore ed., *National Self-Determination and
　　Secession*, p. 1.
4　Allen Buchanan, Democracy and Secession, in ibid., pp. 15-16.

權合法性，進而排除分離主義隱患。「民族」不是別的，就是建立
在社會契約基礎上的政治共同體。自美國獨立與法國革命以來，民
主同盟在歷經坎坷之後已取得決定性勝利；當今世界早已超越民族
國家和絕對主權時代，迎來社會契約從碎片化走向全球化的新時代。

二、概念辨析——民族、國家與民族自決

　　「民族國家」是當代政治話語中的最常用也是問題最大的一個
詞，其中「國家」和「民族」經常混淆不清，「民族」則經常和「族
群」混淆。探討民族國家首先需要釐清這些不同概念之間的關係。

1. 族群與民族

　　「族群」（ethnicity）是一個生物學和人類學概念，意指彼此
共有相同祖先、血緣、外貌、語言、歷史、文化、習俗和生活習慣
的群體。相比之下，「民族」（nation）則是一個政治學概念，其基
礎是「共同價值、制度和社會交流形態」。民族身分的主要載體不是
血緣或語言文化，而是「制度、習俗、歷史記憶和世俗理性價值」；
「不論出生和族群源頭，任何人都可以加入民族，並不要求存在共同
祖先的神話，儘管相互適應的成本會有所變化。」[5] 根據這種定義，
「在民族內部，人民不需要共用社會習俗、習慣或思維方式；民族就
是他們的共同紐帶，就和桌子對於一桌吃飯的人而言一樣。」[6]
　　因此，族群和民族顯然相關，但並非必然聯繫。族群一般和血

5　M. Keating, *Nations Against the State: The New Politics of Nationalism in Quebec, Catalonia and Scotland*, Macmillan（1996）, pp. 4-5.

6　Ibid.

緣、種族或領土等客觀因素相聯繫，而不取決於民族意識或個人意志。民族則是通過文化「想像出來的共同體」（imagined community），因而主要是集體主觀意識的產物。譬如世界各地猶太人很不一樣，卻認為自己是一個民族；各地巴勒斯坦人大同小異，卻認為自己是不同民族。[7] 二者在數量上也相差極大。民族數量很有限，當今世界總共只有34個受到聯合國承認的「民族」；族群則數量眾多，其中以撒哈拉以南非洲的族群為最多，多達362個，卻只有4個民族。拉美和加勒比海連一個獨立民族都沒有，亞洲則高達15個，占了亞洲國家近四成，構成了亞洲國家民族主義運動的主要發源地。[8] 所謂的「少數民族」其實就是族群，其和普通族群的區別在於享有一定的自治權，一般限於特定聚居地。

　　由於民族是基於地域，因而可以形成多族群的民族國家。族群則是社會的特定部分，在特定語境下推進某個特定群體的訴求，因而促進族群利益和民族主義並不是一回事。[9] 但歷史上，建立在主體族群基礎上的「族群民族主義」經常和一般民族主義混淆。族群民族主義既可以是構建國家的動力，也可以是國家解體的原因。[10] 譬如印度制憲者堅持各邦平等，未能作出任何不對稱安排，結果造成巴基斯坦分離。相比之下，巴基斯坦的族群結構簡單得多，但堅持主流宗教信仰獨霸；在軍隊統治和壓制下，巴基斯坦政治精英意識不到穆斯林社群的多元化，結果造成西部起義、東孟加拉分離。孟

7　Y. Tamir, *Liberal Nationalism*, Princeton University Press（1993），pp. 64-68.

8　Keating, *Nations Against the State: The New Politics of Nationalism in Quebec, Catalonia and Scotland*, p. 10.

9　Ibid., p. 6.

10　Ibid., pp. 4-5.

加拉的族群關係更加簡單，但也沒有滿足泰米爾建立聯邦的訴求，
導致國內常年內戰。[11] 總的來說，專制國家肯定不會在乎少數族群
的利益，但民主國家對於解決族群利益矛盾也未必做得更好。

2. 民族與國家

　　「民族」和「國家」（state）是經常混用的近義詞。嚴格意義
上，民族不是國家，而是指全體國民；國家則是一個政治地理概念，
其要素包括主權、領土和物質權力資源。因此，「國家是一個法律
和政治組織，有權對其公民要求服從和忠誠。民族則是人民的共同
體，其成員由團結情感、共同文化和民族意識凝聚在一起。」[12] 構
成民族的要素是具有主權人民的意識，這種意識尋求某種形式的民
族自決，進而形成主權國家。[13]

　　傳統上，國家和民族之間一直存在著緊張關係，國家往往建立
在削弱民族的基礎上。民族國家之前，歐洲是帝國和城邦。歷史上
的帝國都把宗教、族群、民族和政府分開，小心翼翼地維持不同群
體的平衡。然而，由於沒有明確的國界和主權概念，帝國內部的群
體平衡屢屢被打破。17世紀，天主教和新教不斷試圖改變別國的宗
教構成，導致了三十年戰爭。戰爭結束後，1648年《西法利亞和約》
承諾互不侵犯，確立了現代民族國家的邊界。條約被普遍認為是現
代主權國家緣起的標誌，「主權」的意義即在於建立領土內的終極
權威。傳統主權概念帶有神秘的宗教性，國家主權被認為是「絕對、

11　Ibid., pp. 24-26.

12　Hugh Seton-Watson, *Nations and States*, Methuen（1977）, p. 1

13　Jacques Bertrand and André Laliberté, Introduction, in Jacques Bertrand
　　and André Laliberté eds., *Multination States in Asia*, Cambridge
　　University Press（2010）, p. 1.

神聖和不可侵犯」的。[14]

　18世紀後期尤其是19世紀湧現的「民族國家」徹底終結了帝國秩序，大眾民主和社會契約論使得多民族國家很難維持。潛在的國家利用族群或語言同質性為脫離帝國提供理由，也為周邊領土擴張提供合法性。民族國家假設一個國家對應一個「民族」，民族和國家開始混同，國家成為人民意志的制度體現。譬如美國立國是建立在《獨立宣言》基礎上，聯邦憲法序言以「我們人民」開篇——儘管實際上排除了女性、黑奴和低收入人群；法國第三等級則發明了「民族國家」概念，儘管實際上排除了第一和第二等級。在單一民族國家框架內，「民族」被當做一個不可分割的整體。無論從博丹的絕對主權論、盧梭的公意論還是柏克的有機國家觀眾論，都體現了「民族」的整體主義理解。日爾曼學派也認為國家是民族的體現，而非自由意志的集體產物。黑格爾斷言民族國家是「實質理性的精神」，因而是「世界上的絕對權力」。[15]

　經歷了兩次世界大戰之後，絕對主權觀今天早已過時，取而代之的是多元靈活的主權概念。在族群民族主義壓力下，奧斯曼與奧匈帝國相繼解體。19世紀的民族自決讓位於20世紀的領土自決，而主權是指國家在憲法意義上的獨立性。1933年的蒙維的亞（Montvideo）公約第一條規定：「作為國際法人，國家應具備下列資質：永久的人口、固定的領土、政府以及和其它國家發生關係的能力。」[16]事實證明，單一民族國家框架不擅長處理多民族問題，

14 L. Gross, The Peace of Westphalia, 42 *American Journal of International Law* 20-41（1948）.

15 Tamir, *Liberal Nationalism*, pp. 61-63.

16 Hurst Hannum, *Autonomy, Sovereignty, and Self-Determination*, University of Pennsylvania Press（1990）, pp. 15-16.

致使民族國家一直處於不穩定狀態。後來在去殖民化過程中，新興
國家尋求建立文化與族群多元的政治統一和高度集權體制，以利把
不同群體整合與同化為一個核心，「民族構建」成為20世紀的時尚。
但近年來，英國、加拿大、比利時、西班牙、印度都不再熱衷於整
合與同化，即便拉美國家也賦予土著特殊地位。[17] 在國際上，主權
國家結構的多樣性並未影響主權之間的平等原則。[18]

3. 民族主義

　　民族國家和民族主義之間存在千絲萬縷的聯繫，民族主義的關
鍵要素即在於宣示主權並建立民族國家。歷史上，民族國家是民族
主義教義的產物，集中體現身分認同、文化價值和共同規範。民族
主義源遠流長。早在1320年的《蘇格蘭宣言》或莎士比亞作品，就
能發現原始民族主義蹤影。作為專用術語，「民族主義」出現相對
較晚，1844年才進入牛津詞典，一般指族群、宗教、語言群體形成「民
族」並獲得政治權力的努力。在歐洲，民族主義拒絕天主教會的普世
主張和神聖羅馬帝國殘餘，將終極權力限定於國界之內，主張在國家
之上或之外無主權；在國內，傳統特權利益必須從屬於國家。在這個
意義上，民族主義是啟蒙運動的產物，標誌著世俗理性權力的勝利。
通過民族主義，個體化的公民和國家權力建了直接聯繫。

　　在國家建構實踐上，民族主義最初來自北美，而後傳播到歐洲
大陸，經過法國革命達到巔峰。法國革命之後，拿破崙橫掃歐洲大
部分地區的封建制，國家主權意味著中央君主集權。黑格爾對當時

17　但科西嘉沒有獲得法國特殊對待，庫德人也沒有獲得土耳其特殊地
　　位。Jacques Bertrand and André Laliberté, Introduction, pp. 15-16.

18　Hannum, *Autonomy, Sovereignty, and Self-Determination*, pp. 24-26.

日爾曼民族的四分五裂極為不滿，強烈主張地方必須服從中央。相比之下，英國採取了不同的國家形態，君主和貴族聯盟形成議會制度。[19] 19世紀之後，民族國家不再是君主的產物，而是和所有人聯繫在一起，因而民族主義變成「人民主權」。在人民成為主權之後，國家變成了獲得忠誠的唯一權威。[20]「民族」和「國家」逐漸混為一體，成為滿足人類野心的替代宗教。

至此，民族主義分為兩類：「族群民族主義」（ethnic nationalism）以特定族群為主體，「公民民族主義」（civil nationalism）則以個人同意而非族群身分為標準，其基礎是「疆域定義的社群，而非疆域內群體之間的社會邊界。」[21] 如果說公民民族主義代表了個人理性主義的極端，那麼族群民族主義代表了身分政治的另一個極端。極端的族群民族主義將個人完全從屬於集體，剝奪了個人判斷、自由意志和道德能力。兩種民族主義──或更寬泛地說，自由主義與民族主義──之間是一場「理性與激情之間的戰爭」，[22] 如果理性落敗則真的可能演變為流血戰爭。

少數族群的民族主義運動有些是以種族、語言、宗教等族群為主體，有些則是基於地域的公民運動。在實踐中，兩種民族主義可以混為一體。公民民族主義不排除任何人，因而範圍更廣，卻沒有族群民族主義的感召力。因此，絕大多數民族主義運動同時利用二者。族群民族主義領袖為了獲得國際合法性並建立自由民主信譽，可能使用公民民族主義語言；公民運動領袖則可能製造一個族群身分，作為

---

19 Keating, *Nations Against the State: The New Politics of Nationalism in Quebec, Catalonia and Scotland*, pp. 16-17.

20 Ibid., p. 25.

21 Ibid., pp. 5-6.

22 Tamir, *Liberal Nationalism*, p. 5.

政治動員機制。如果能夠妥善平衡個體理性和族群政治，民族主義有
助於化解資本主義市場個人主義衍生的集體行動問題。[23]

4. 民族自決

　　1945年之後，民族主義的主要焦點是反殖民運動，主要旗幟則
是「民族自決」（national self-determination）。[24] 歷史上，民族自
決權經歷了三次浪潮：一戰之後，美國總統威爾遜提出「十四點和
平原則」，其中八點（第6-13點）都是關於國家獨立和奧斯曼與奧
匈帝國的民族自治；二戰之後，伴隨著英屬與法屬非洲的去殖民化
過程，興起了民族自決的實踐；最後，1990年代初，前蘇聯和南斯
拉夫聯盟解體後，中東歐發生社會政治革命，民族自決權再次成為
世界關注焦點，一些以往受壓迫的少數族群提出了獨立建國的政治
口號。[25] 族群、民族、民族自決、國家獨立等彼此關係剪不斷、理
還亂的概念再次絞合在一起，進而引發不同族群、大國小國之間的
政治動盪，也為「民主第三波」國家的轉型前景帶來了政治變數。
　　一戰之後，民族自決理論獲得了浪漫華麗的表達。威爾遜的「十
四點原則」尋求通過「民族自決權」，實現「公平公正的和平」；
1919年，《巴黎和約》承認舉國動員起來的族群構成行使自決權的
「人民」。但只是堅持「自決權」是不夠的，因為族群獨立建國會
涉及領土劃分、民族整合等一系列複雜問題。二戰之後，民族自決
理論雖未被全盤拋棄，但獲得了現實主義解讀。一方面，聯合國譴

23　Keating, *Nations Against the State: The New Politics of Nationalism in Quebec, Catalonia and Scotland*, pp. 9-11.

24　參見A. Margalit and J. Raz, National Self-Determination, 87 *Journal of Philosophy* 439-461（1990）.

25　Tamir, *Liberal Nationalism*, p. 68.

責對國家統一和領土完整的任何部分或全部干涉，僅承認有限的「自決權」，限於殖民地或被外國統治的領地，而不適用於已經形成的國家。另一方面，如果以國家統一為名實施殖民或外國統治，那麼當地人民仍享有自決權。

1960年以來，聯合國只承認免於殖民統治的外部自決權和免於外國影響或干涉的內部自決權，二者都不包括脫離權。[26] 在處理殖民地獨立過程中，《聯合國憲章》第55條訴諸領土上的「多數人」而非族群；殖民地往往包含多個族群，因而並不適用「少數族群」概念，劃界也不按照語言文化構成。[27] 但如果像歐洲先前那樣隨意劃分疆界，則會人為加劇族群矛盾。如羅馬尼亞即通過濫劃邊界來掌控匈牙利的馬格亞族群。1952年，馬格亞族群總算建立了自治區，但1956年支持匈牙利起義之後又被拆散。[28] 前蘇聯甚至故意「分而治之」、人為製造衝突，以便於中央掌控，但政治民主化之後難逃解體命運。

民族自決主張提出了亟需解決的問題，那就是如何通過憲法自治實現不同民族或族群的和諧相處，否則無論是國內還是國家之間都難以實現永久和平。不可否認，維持和鞏固民主體制的前提是所有族群都認同國界的正當性，並承認屬於同一個民族。一般來說，只有民族共用歷史、語言和文化特徵，才能為國家提供正當性。[29] 多族群國家的民族認同本不容易，歷史上有過節的不同族群之間尤其難以同在一個主權「屋簷」下和平生存。如一位研究亞洲族群聯邦制的印度學者指出：

---

26 Hannum, *Autonomy, Sovereignty, and Self-Determination*, pp. 48-49.

27 Margaret Moore, The Territorial Dimension of Self-Determination, in Moore ed., *National Self-Determination and Secession*, pp. 135-136.

28 Ibid., pp. 140-141.

29 Bertrand and Laliberté, Introduction, pp. 6-7.

多民族國家一直不穩定。在單一國家的邊界內，不止一個群體尋求「民族」地位造成一般難以克服的強烈緊張關係。處理這些緊張關係之手段以及國家和這些群體之間尋求妥協可訴諸的工具，很大程度上決定了多大程度上可避免暴力。[30]

其實一言以蔽之，不同族群之間的和平生存取決於他們能否認同並接受同一套政治自然法則的統治。如果不同族群能夠尊重彼此的平等尊嚴，公平處理族群利益糾紛，那麼他們沒有什麼理由不能在同一部憲法、同一個國家下生存；反之，如果族群之間相互仇恨、彼此侵漁，那麼受欺壓的弱小群體就必然要「鬧分家」，而分離主義訴求往往會引發族群內戰等流血衝突。

三、人權與主權之辯——分離主義及其批判

前蘇聯和南斯拉夫解體後，民族自決體現為中東歐國家的分離主義。1991-95年，前南爭議主要是關於邊界。斯洛維尼亞想通過脫離重劃邊界，克羅埃西亞也行使「自決權」並囊括了一大片塞爾維亞少數族群，波士尼亞的克羅埃西亞人則堅持包含在大克羅埃西亞之中，而塞爾維亞人希望重劃疆界把自己包在一起。由此可見，分離主義引發的國界重劃會產生複雜的次級族群衝突，原先的多數—少數族群衝突在分離後很可能轉化為新的多數（原先的少數）—少數（新的少數）族群衝突。歐盟建立的巴丁特仲裁委員會堅持「疆界穩定性」，拒絕考慮不涉及外部疆界爭議的「脫離中再脫離」，

---

30 H. Bhattacharyya, *Federalism in Asia: India, Pakistan and Malaysia*, Routledge（2010），p. 1.

但是前南內部拒不接受這個立場。[31] 分離主義引發了棘手的民族─國家關係問題，並對中東歐地區的和平轉型帶來了巨大挑戰。

由於族群之間的相互交融，分離主義所體現的問題其實是無解的──除非不同族群能實現絕對的物理分離，而如同熱力學第二定律預言的封閉系統必然「熵增」、不可能將不同粒子分割開來一樣，族群分離不僅涉及成本巨大的人口大遷徙，而且並不可能實現100%分離的「純種」共同體。這種訴求本身就帶有種族主義性質，執意堅持分離的目的往往是為國內族群壓迫提供便利。歷史上，嚴重的族群暴力衝突往往是剝奪基本人權引起，譬如北愛天主教徒在住房和就業上長期遭受歧視、土耳其庫爾德人無權使用自己的語言。[32] 如果少數族群的基本權利能夠得到平等保護，那麼他們的分離主義訴求可能不至於那麼強烈。

由此可見，人權與主權之間存在此消彼長的「雙重變奏」：在少數族群人權得到充分保障的國家，主權反而很穩定；人權不保，則主權也會出現危機，離心離德的受壓迫族群必然會提出主權獨立訴求，而且往往是以族群民族主義的激進方式。只有滿足自由主義訴求，才能消解少數族群的民族主義情緒。[33]

---

31 Margaret Moore, The Territorial Dimension of Self-Determination, pp. 138-139.

32 Hannum, *Autonomy, Soverignty, and Self-Determination*, p. 456.

33 L. Brilmayer, Secession and Self-Determination: A Territorial Interpretation, 16 *Yale Journal of International Law* 177-202（1991）; D. Gauthier, Breaking Up: An Essay on Secession, 24 *Canadian Journal of Philosophy* 357-372（1994）.

1. 以人權保障消解主權訴求？

　　二戰之後，許多自由主義者一度樂觀認為，消極自由即足以解決族群問題。政教分離或「色盲」（color-blind）平等提供了適當模式，似乎只要做到國家撒手宗教事務並平等對待各族就能達到目的。儘管左派支持、右派反對糾偏行動，但二者都將其作為權宜之計，都反對賦予族群永久區別對待的權利。然而，傳統自由主義無法回答許多現實問題：是否在憲法上賦予語言文化權利？如何劃界？如何實現族群分權？是否保證少數族群的全國代表和聲音？當然，規定少數群體的特殊權利有風險；這類權利容易遭到濫用，譬如曾被南非種族隔離所利用，並加劇民族或族群壓迫、極端化和不寬容。但民族和族群問題是揮之不去的，不要指望它會隨著歷史自動消失；由於歷史上遭遇不公，即便保障形式平等，少數族群也難以在同一起跑線上平等競爭，因而少數群體權利是對消極個人自由的必要補充。如金姆利卡教授指出，「少數群體權利的自由主義理論必須解釋少數群體權利如何與人權共存，以及如何被個人自由、社會正義和民主原則所限定。」[34]

　　另一方面，少數群體權利的自由主義理論雖然接受少數族群對外的特殊保護，但對於其內部限制則持懷疑態度，尤其對「民族」與族群、「自決」與獨立的常見混淆保持警惕。首先，民族國家並不能和族群主義劃等號，當今世界上幾乎沒有一個民族國家是單一族群的，也不可能以嚴格意義的單一族群建立國家。[35] 其次，「民

34　Will Kymlicka, *Multicultural Citizenship*, Clarendon Press（1995），pp. 2-6.

35　Keating, *Nations Against the State*, pp. 16-17.

族自決」也不見得要獨立建國，通過族群聯邦制等方式的自治也是
實現自決的一種方式，而地方自治完全可以保證少數族群的文化存
續。事實上，並非所有的民族主義運動都要求獨立，有些民族主義
運動要求的是自治；譬如1930年代之後的蘇格蘭民族運動確實要求
獨立，但愛爾蘭民族運動的主要訴求則是地方自治。[36] 最後，族群
意義上的「民族自決」訴求是完全不現實的。據統計，全世界有5000
多種宗教、文化、語言或方言；假如允許每個群體獨立建國，那麼
這個世界將被割裂成5000多個支離破碎的小國。[37]

　　因此，自由主義與其說是和民族主義進行一場「理性與激情之
間的戰爭」，不如說是消解民族主義激情的理性良方。如果激進民
族主義情緒高亢，自由主義方子不管用，那麼族群衝突在所難免，
而受壓迫族群的分離主義訴求也就具備正當理由了。

2. 分離主義的三種理論

　　分離主義主要有三種理論：民族自決論、自主選擇論、正當理
由論。[38] 民族自決論認為政治和族群（或文化）邊界應當重疊，決
定權在民族集體而非個人；這樣便於施行再分配正義、保護共同文
化並集體決定歸屬，因為承諾生活在一起的人民更容易相互妥協。[39]
在這個意義上，民主是內部自決，脫離則是外部自決——不讓「外

36　Ibid., pp. 19-21.

37　Hannum, *Autonomy, Sovereignty, and Self-Determination*, pp. 453-454.

38　參見H. Beran, A Liberal Theory of Secession, 32 *Political Studies* 21-31
　　（1984）; A.H. Birch, Another Liberal Theory of Secession, 32 *Political
　　Studies* 596-602（1984）; A. Buchanan, Theories of Secession, 26
　　Philosophy and Public Affairs 30-61（1997）.

39　Moore, Introduction: The Self-Determination Principle and the Ethics of
　　Secession, pp. 5-7.

人」統治自己。[40] 如上所述，民族自決論過於理想化，沒有現實可行性。目前世界上語言、方言、宗教、文化多到5000多種，不可能都成為民族國家。但面對質疑，民族自決論也並非啞口無言。如果承認自決權，似乎會造成國家結構碎片化並產生大量零散小國，但這未必是壞事，新加坡之類的發達小國多的是。[41] 當然，自決權可能在國內會產生族群政治「勒索」，不滿足要求就宣布「獨立」，似不利於民主審議，但對於不斷受中央政府欺壓的少數族群來說，也許「勒索」正是一種自我保護的制度性授權。在魁北克和斯洛伐克，承認分離權要比中央強硬姿態更有可能和平解決爭議。[42]

自主選擇論則認為，特定領土上的群體只要通過多數決定即可宣布分離，而並不要求該群體在文化上有什麼特殊性或遭受了什麼不公，也不要求其主張和領土之間有什麼必然聯繫。自主選擇有點像「無過錯離婚」，理論基礎是同意、自主權、結社自由、政治自決和民主。這些理論聽上去名正言順，但是實施效果會比民族自決論更為極端。如果實施這樣的理論，那麼世界上的國家可能遠超過5000個，進而從本質上改變目前的國際和國家體系格局。發達國家也根本不能再接受移民，因為新移民會先進來把土地占了，然後宣布「獨立」。[43] 歸根結底，選擇論不僅沒有說清楚國家的功能究竟是什麼，而且理論內部也存在矛盾，一方面從根本上挑戰現存的國

---

40 Ibid., pp. 10-12.

41 Daniel Philpott, Self-Determination in Practice, in Moore ed., *National Self-Determination and Secession*, pp. 91-92.

42 Ibid., pp. 95-97; D. Philpott, In Defense of Self-Determination, 105 *Ethics* 352-385（1995）.

43 Wayne Norman, The Ethics of Secession as the Regulation of Secessionist Politics, in Moore ed., *National Self-Determination and Secession*, pp. 36-41.

家秩序，另一方面似乎又很把「國家」當回事，好像不讓獨立建國就是莫大的不公待遇。

事實上，主權分離和家庭離婚並不是一回事，因為兩個族群並非一對個人；即便多數主張分離，但每個族群內部肯定也有不想分離的。[44] 自主選擇論堅持，民族自決體現了個人自主權；民主體制設定了對每個人的平等尊重，因而要求尊重民族獨立自治的決定。然而，民主和自決並不是一回事，個人參與投票不等於個人統治自己，而是受制於多數投票產生的政府統治；即便個人屬於少數派、投了反對票，也仍有義務接受多數統治。另一方面，個人自主未必要求政治參與，譬如許多私人事務完全可以由個人自主決定，而無需訴諸政治過程。民主對於保護個人自主而言確實具有工具價值，但這並不需要分離權。也許分離能提高民主的代表程度或個人自主程度，但沒有理由認為，小國民主或個人自由一定比大國更好。更何況平等尊重在道理上也說不通——為什麼只是尊重少數人而不是所有人的決定？[45]

恰好相反，如果承認分離權，少數人即可以此綁架多數人——不滿足政治訴求就宣布獨立，而這顯然是反民主的。如果少數族群動輒可以脫離相威脅，也會降低民主品質，因為這樣的話，少數群體就可以否決多數決定，人們也不會對爭議和審議投入很多時間精力。要讓理性公民投入，必須符合兩個前提條件：一是公民夥伴是講道理、講原則的，而非動輒以「走人」相威脅；二是政治社團的邊界是相對穩定的，他們審議的立法將對自己和子孫後代產生約束

---

44 David Miller, Secession and the Principle of Nationality, in Moore ed., *National Self-Determination and Secession*, p. 67.

45 Allen Buchanan, Democracy and Secession, in ibid., pp. 17-20.

力。如果政治共同體的邊界可以隨時重劃、地方議會開會就可以建立新的國家，民主過程作出的決定隨時都會失效，那麼政治決定的意義就會大打折扣，投資精力、時間、善意的理性動機也不復存在。事實上，脫離權就是一種逃離權——通過重劃政治疆界來擺脫政治麻煩。所謂的單一認同（single identity）共同體就是一個烏托邦幻象，堅持這樣的幻象恰恰背離了民主的出發點。任何人都沒有權利期待自己只被意氣相投的人統治，平等尊重意味著自己必須學會如何與自己意見相悖的人共同決定。

正如布坎南教授指出：「民主決策及其所支持的制度假設了多元化，並被設計來建設性地利用之，而非通過重劃政治版圖將其拒之門外。」[46] 如果將分離作為民主缺失的救濟，也就是相當於憲法革命的權利，那麼這種權利只有在持續嚴重不公的非民主不合法國家才適用。在正當的民主國家，除了談判協議或憲法授權之外，並不存在一般意義的「脫離權」；限制這樣的「權利」有助於促進對所有人的平等尊重，提高民主品質、防止少數通過行使否決權綁架多數，並促使所有國家關注民主正當性、保障基本人權。[47] 換言之，分離權的行使是有前提的；只有具備正當理由，少數族群才能主張分離並獨立建國。

3. 分離主義的正當理由

這就把我們帶到分離主義的第三種理論——正當理由論。這種理論並不承認一般意義的民族自決權，而是要求主張分離的群體證明，他們長期遭遇了占有領土、不公歧視乃至種族滅絕等嚴重侵犯

46　Ibid., pp. 21-23.
47　Ibid., pp. 29-30.

人權的虐待。譬如波羅的海三國都是被不正當占領，因而都有權要求獨立，儘管先前的不正當占領並非要求脫離的必要條件。[48] 種族滅絕顯然是對國家「主權」的嚴重濫用，足以構成脫離的充分必要條件。要具備正當理由，分離主義主張需要滿足下列條件：國家拒絕停止嚴重不公，包括侵犯人權、剝削資源和歧視性的分配政策；如果分離意味著帶走資源，則必須保證無辜第三方不會受害。剛果的加丹加、尼日尼亞伊博族的比亞夫拉和西班牙的巴斯克要求獨立時，都是富裕地區；如果他們只是想要擺脫財政負擔或獨占地方資源，可能存在道德風險問題，因而需要審慎對待其分離主義主張。[49]

分離主義的主張者必須證明自己是系統歧視或剝奪的受害者，或其族群及其領土在可記憶的歷史上被非法併入現存國家，或如果不能行使主權國家的全部權力就會危及族群文化的存續，而中央嚴重並系統忽視了族群權利。在某些極端情況下，譬如對於保護族群文化的存續絕對必須，也可以主張分離，但須保證窮盡其它救濟，分離是最後迫不得已的一步；且提出分離的特定族群本身沒有問題，譬如不是納粹或赤棉。最後，所尋求建立的國家必須是自由民主國家，且不存在第三方對領土主張有效的訴求。[50] 如果分離主義訴求是為了擺脫族群壓迫，獨立建國並成為主體族群後卻壓迫國內其它少數族群，那麼獨立訴求的正當性顯然已不存在。

正當理由論認為，只是基於土地或歷史上的占有，並不足以證明分離主張的正當性。譬如某些以色列人主張1967年前的以色列土地和西岸，因為2000多年前以色列的祖先曾居住於此；希臘民族主

48 A. Buchanan, *Secession: The Morality of Political Divorce from Fort Sumter to Lithuania and Quebeck*, Westview（1991）, p. 159.

49 Ibid., p. 16.

50 Ibid., p. 153.

義者聲稱前南斯拉夫中的馬其頓很久以前是他們的，或塞爾維亞占領90%以上是阿爾巴尼亞人的科索沃，也都如出一轍。《聖經》中多處提到猶太人是「上帝選民」，並永久賜予迦南寶地；即便西岸95%是巴勒斯坦人，也改變不了他們是入侵者的事實。美國殖民者也經常引用《聖經》為占領美洲提供理由，似乎消滅印第安人是「天意」。[51] 湯瑪斯‧摩爾早在16世紀即認為，優越人種可以從不能有效利用土地的劣等人種那裡奪取土地。洛克的勞動價值論則認為，圈地可能比公地體制更有效率。猶太復國主義者也用同樣理由使占領合法化，因為巴勒斯坦有地無人；既然他們浪費了土地，意味著他們和土地沒有聯繫，因而無權擁有。如果承認並普遍適用這樣的原則，世界無疑將永無寧日。[52]

民族自決的關鍵問題是如何處理國家內部在分離問題上的不同意見。如果分離必須獲得人民的多數同意，這個「人民」是誰？「人民」既可以指人口的多數，也可以指特定族群，而二者可能會發生截然相反的結果。[53] 如果允許特定族群的多數決定分離問題，又如何對待其中的少數？魁北克公投中，法語加拿大人本身60%贊成、40%反對，而幾乎所有非法語者都反對分離。立陶宛80%是立陶宛人，20%是俄羅斯等族群；拉脫維亞只有52%是本族人，48%是俄羅斯、白俄羅斯、烏克蘭等族群……如果處理不好，極易產生族群矛盾乃至戰爭。1991年，斯洛維尼亞90%是本族人，剩下10%外族人處於散居狀態；波士尼亞—黑塞中44%是斯拉夫穆斯林，31%塞爾

51 Moore, The Territorial Dimension of Self-Determination, pp. 145-146.
52 Ibid., pp. 147-149.
53 Moore, Introduction: The Self-Determination Principle and the Ethics of Secession, p. 3.

維亞人，17%克羅埃西亞人，5%南斯拉夫人，大多混居在一起。[54] 克羅埃西亞和斯洛維尼亞不顧塞爾維亞反對，宣布脫離。雖然歐盟對分離規定了承認標準，德國卻率先單方面表示承認，或許對後來的前南解體和波士尼亞戰爭發揮了推波助瀾的作用。[55]

由此可見，適當把握行使自決權的先決條件和承認標準至關重要。是否承認自決權屬於正當行使取決於三個因素：能否順利實現分離？分離之後能否保證公正司法？是否會產生有害後果？由於分離主義可能會綁架和破壞民主政治，改變國界、占據主權國家領土、改變公民權結構，甚至為壓迫新成立國家中的少數族群提供不受干擾的便利，對於自由民主國家的自決權行使必須慎之又慎。民主國家的退出機制應受到嚴格限制，憲法應鼓勵建設性批評和審議，而非直接賦予分離權。至少，憲法應規定嚴格的退出程序機制，加上特別退出成本、等候時間和超多數要求；在此前提下，也許在特殊情況下可以允許分離。[56]

正當理由論者據此認為，憲法最好能將分離的正當理由制度化。絕大多數憲法都是在單一民族國家框架下制定的，因而沒有包括退出條款，但退出條款或有利於穩定預期、定紛止爭。憲法退出條款需要說明適格主體、清晰的提問、多階段協商、超多數（如選民過半數）決策以及一定的生效等候時間。[57] 謹慎起見，憲法至少應規定多輪投票和超多數表決，尤其是讓擬建國中的更小族群獲得

---

54 Moore, The Territorial Dimension of Self-Determination, pp. 152-153.

55 Philpott, Self-Determination in Practice, pp. 88-89.

56 C. Sunstein, Constitutionalism and Secession, 58 *University of Chicago Law Review* 633（1991）.

57 Wayne Norman, The Ethics of Secession as the Regulation of Secessionist Politics, pp. 51-55.

單獨表達歸屬意願的權利。[58] 但正當理由論並不認為退出條款應當直接司法化，因為「正當」觀念見仁見智，或許會永遠糾纏不清，因而類似於並不適合司法審查的「政治問題」。

四、結論

20世紀末期前南斯拉夫解體，族群民族主義再度甚囂塵上，有些少數族群又回到以前的民族自決和分離主義訴求。然而，這種訴求首先是不現實的，因為它會讓整個世界變成5000多個破碎小國的「補丁」秩序，勢必極大加劇全球治理的難度。[59] 更重要的是，即便形成族群相對單一的眾多小國，引發民族主義訴求的問題並沒有解決，因為「相對單一」並不意味著絕對或純粹單一；國家規模再小，也不可能做到全體國民由某個單一「純種」族群構成，不帶一點「混血」。這類種族主義血統論思維本身就不會太平，即便國內已經實現「血統純正」，也會堅持某些血統比其它血統更「純正」，進而引發國內族群衝突乃至種族滅絕，更不用說國與國之間的種族或宗教戰爭。因此，問題不在於「民族」，而在於「自決」——無論是國內還是國際和平都只能建立在憲政民主基礎上。亞非拉之所以要實現民族獨立，並不是因為他們的「民族」有什麼特色，而是因為殖民統治必然剝奪當地居民的民主自治；如果獨立之後並沒有實現民主，只是換了一撥壓迫者，那麼所謂的「獨立」確實往往還不如不獨立。在奴役之下，膚色並不重要。孫中山的「三民主義」——民族、民權、民生——就是一個邏輯不通的大混雜，當時和當代中

---

58 Philpott, Self-Determination in Practice, pp. 95-97.
59 Hannum, *Autonomy, Sovereignty, and Self-Determination*, pp. 453-454.

國根本問題歸結起來都只有一個，那就是民主。包括中國在內，許多匆忙獨立或建立共和的發展中國家都沒有成功實現民主，獨立建國之後反而變得更加專制，或族群矛盾加劇爆發。

1.「民族」觀念之重構

當代世界仍然處於第一次世界大戰之後帝國殖民秩序瓦解的餘波之中。專制帝國體量大，本身是無法完成民主轉型的，「化整為零」勢所必然。在法國革命時代，整個世界除了北美之外全部處於專制「帝國秩序」，國界不確定、主權不完整還經常引發宗教戰爭等大規模流血衝突。在這種世界格局下，「民族國家」理念確實推動了政治民主化；如果「民族」先前不存在，那就需要「想像出來」，同時用民族主義製造統一性。猶如冰山崩塌，民族國家的建構是一個紛亂和動盪的過程。美國獨立引發拉美各國獨立，但無法形成和北美匹敵的民主合眾國。從法國革命到二戰結束這一個半世紀，民主的力量終於戰勝了專制的力量；儘管民主國家仍是少數，但憲政民主已成不可阻擋的世界趨勢。二戰之後，東西方很快形成「冷戰」兩大陣營。非洲國家紛紛獨立，但因為「冷戰」需要和自身條件局限等原因，悉數走向獨裁。1990年代「冷戰」結束，蘇東陣營瓦解標誌著憲政民主的第二次重大勝利，民主之於專制國家實現了決定性的數量反轉。當然，連同並不成功的「阿拉伯之春」，「第三波」和「第四波」民主正在艱難掙扎和鞏固過程中。

民主化之後，尤其是面對族群多元的現實，單一民族國家思維早已顯得不合時宜。族群壓迫確實是專制國家的常見特徵，但是多數主義民主並不能解決這個問題，有時甚至可能反而加劇族群歧視。如果被壓迫民族在爭取民主解放過程中仍然以狹義的民族自決為訴求，則很可能在新成立的國家內部延續對其它族群的歧視和壓

迫。在一個族群多元國家，基於宗教、語言、文化等因素的民族身分認同，必然會排斥其它少數族群。正如蓋爾納教授指出：

> 某些民族將真實或想像的遠古社群浪漫化，同時反對族群偏見，希望對所有人公平。但你不可能魚與熊掌兼得。溫馨的舊式社群就是族群中心主義的，而如果你希望以其本來面貌熱愛並延續之，那麼對外來人的偏見即必須作為一攬子浪漫交易的一部分。納粹的問題只是在於他們在這一點上過於執著了。[60]

時至今日，民族主義已經完成了它的歷史使命。鑑於單一民族國家陷入的困境，民族國家正在被超民族（supra-national）共同體替代，歐盟是一個成功的典範。在民主國家秩序得到基本鞏固之後，當今世界正在朝民族自決和主權獨立相反的方向發展——某種意義上，是對「帝國秩序」的回歸；當然不是簡單的「回歸」，而是民主範圍的擴大與聯盟。隨著國際民主秩序的誕生，國家主權不再是一個絕對概念；主權國家的國內行為也可能受到國際法限制，譬如某些基本人權已獲得國際習慣法地位，其中包括禁止種族滅絕和系統歧視。[61] 在國內，以族群聯邦制為代表的多元民主秩序足以化解民族主義情緒，地方自治制度完全可以保證多元「民族」的和平存續。[62] 事實上，除了經常和「族群」混淆之外，「民族」本身已失

---

60 Ernst Gellner, *Culture, Identity, and Politics*, Cambridge University Press（1987），p. 88.

61 Hannum, *Autonomy, Sovereignty, and Self-Determination*, p. 20.

62 H. E. Hale, Divided We Stand: Institutional Sources of Ethnofederal state Survival and Collapse, 156 *World Politics* 165-193（2004）；D.L. Horowitz, Ethnic Power Sharing: Three Big Problems, 25 *Journal of Democracy* 5-20（2014）.

去了獨立意義。既然不可能單指特定族群，民族的唯一意義只能是指稱同一個政治共同體的全體「人民」。

如果所謂的「民族」就是指政治共同體的國民，而國民之間的政治紐帶是社會契約，那麼社會契約的範圍決定了國家邊界。族群或是天然原始的感情紐帶，但並不是決定性的；在專制國家，同一族群的官民之間並無任何共同利益或共同語言。同一個族群、宗教、文化、語言未必意味著同屬一個國家，不同族群、宗教、文化乃至語言也未必不能成為同一個國家，比利時、瑞士等多族群國家都是範例。能否在一個主權下和平生存，端賴國民之間是否存在建基於平等尊嚴之上的社會契約。沒有契約，即便一家子出來的遲早也會分崩離析；有了契約，那麼不分人種膚色、信仰文化，「四海之內皆兄弟。」在憲政民主國家之間，國界早已不重要；但只要還有一個國家不自由，國界就還得像防賊一樣設在那裡。但城內失火，難免殃及池魚；在後民族國家時代，如何普及社會契約、建構憲政民主、締造永久和平，成為世界民主同盟面臨的新挑戰。

2. 以社會契約建構巴以和平

以社會契約的視角看問題，不難發現巴以衝突的根源及其解決之道。且不論1917-47年間大量猶太移民到英國委任治下的巴勒斯坦並不時引發暴力衝突，1947年聯合國大會第181號決議形成之時，巴勒斯坦土地上的猶太人作為一個顯著的「少數族群」已是既成事實。第181號決議的分治方案提議建立兩國，其中猶太國占總面積的57%，含有49.8萬猶太人和40.7萬阿拉伯人；阿拉伯國則占總面積的43%，含有72.5萬阿拉伯人和1萬猶太人。雖然110多萬阿拉伯人和近50萬猶太人占地面積比例看似不公，但猶太國大部分為沙漠，當時並不適合農業種植或工業發展。另外，猶太國中的阿拉伯人基本

上享受和猶太人同等的待遇。因此，聯大分治方案總體上應該說是公平的。在法理上，英殖民者退場後，巴勒斯坦土地上的兩大民族——阿拉伯人和猶太人——都有權建國。

然而，兩國方案背後並沒有社會契約支撐。這從聯大決議通過的票數分布即一目了然。當時，聯合國只有57個成員國。除去英國和中國等10國投了棄權票、泰國缺席，只有46張有效票，其中33票支持決議的成員國包括美蘇及其麾下的東西歐與多數拉美國家，穆斯林占主導或人口顯著比例的全部中東國家、土耳其、埃及、希臘、印度等13國則悉數投了反對票。由此可見，阿拉伯國家根本不認同聯大決議和以色列建國。雖然美蘇以自己的影響獲得了通過決議所需要的2/3多數票，看似公平的兩國方案並沒有獲得阿拉伯國家的同意。加上這些國家一直對於縱容大規模猶太移民的變相殖民政策表示強烈抗議和憤怒，以色列建國後的系列戰爭就不難理解了。

70多年的腥風血雨之後，巴以衝突陷入了仇恨—極化的惡性循環，以色列的政治強硬派和哈馬斯等巴勒斯坦極端組織成了一對相互補強的「事實聯盟」。不論希望多麼渺茫，巴以和平只有一條路可走，那就是建構巴以兩大民族之間的社會契約。巴勒斯坦和阿拉伯國家必須承認以色列國的合法存在，至少停止針對平民的恐怖襲擊；只有這樣，才能讓以色列國內政治回歸中間溫和路線。另一方面，以色列也需要尊重巴勒斯坦人的基本權利，退出1967年戰爭後占領的定居點和控制權，以此平息巴勒斯坦人的憤怒，並幫助相對溫和的巴解組織控制政局。打擊哈馬斯等極端力量只是一個手段，目的是讓雙方的溫和派啟動和解談判，以此促成巴以兩大民族之間的社會契約，進而實現巴勒斯坦土地上的永久和平。

張千帆，北京大學憲法與行政法研究中心教授。

魁奈的中國政治論

高力克

弗朗斯瓦・魁奈（Francois Quesnay, 1694-1774）是古典政治經濟學的鼻祖，18世紀法國重農學派的創始人。馬克思高度評價魁奈及重農學派在政治經濟學上的理論貢獻：「法國最末一個專制君主和法蘭西王朝沒落的代表者路易十五有一個御醫，這個人同時又是法國的第一個經濟學家。這位御醫，這位經濟學家是預言法國資產階級必然要取得勝利的先知。魁奈醫生使政治經濟學成為一門科學；他在自己的名著《經濟表》中概括地敘述了這門科學。」[1]魁奈的《經濟表》，被馬克思讚揚為「政治經濟學至今所提出的一切思想中最有天才的思想。」[2]馬克思指出：「重農學派的重大功績在於，他們在資產階級視野以內對資本進行了分析。正是這個功績，使他們成為現代政治經濟學的真正鼻祖。」[3]

魁奈創立的重農學派首倡「自由放任」，開經濟自由主義的先河，成為亞當・斯密的經濟自由主義理論的思想先導。梁啟超指出：

1　馬克思，《哲學的貧困》，《馬克思恩格斯全集》，第4卷（北京：人民出版社，1958年11月），頁138。

2　馬克思，《剩餘價值理論》，《馬克思恩格斯全集》，第26卷，第一冊（北京：人民出版社，1972年6月），頁366。

3　馬克思，《剩餘價值理論》，頁15。

「生計學之自由主義，大成於斯密亞丹，而法國之重農學派，實為
其先河。」「其排擊干涉，主張自由，實驟開斯密亞丹以後一新天
地。」[4]

　　在18世紀歐洲啟蒙時代的「中國熱」中，深受自然法理論和儒
家文化影響的魁奈，追慕中國政治傳統，以其為法國改革與振興的
「他山之石」。他推重中華帝國的「合法專制」，視其為合乎自然
秩序的開明專制的典範。

　　魁奈主張經濟自由與開明專制，其「自由經濟+有法度的集權
政治」的政治經濟學理論，熔中西思想制度於一爐，成為啟蒙時代
中西文化互鑑交融的範例，而且對當代中國的政治經濟發展不乏深
刻的思想啟示。

　　魁奈思想研究長期以來主要是一個經濟學議題，研究者多從經
濟學視角闡釋其作為重農學派創始人和政治經濟學奠基人的理論貢
獻，以及其對亞當・斯密經濟學理論的深刻影響。對魁奈政治經濟
學的中國思想淵源的探究，亦主要限於經濟學層面的分析。但隨著
談敏翻譯的魁奈《中華帝國的專制制度》[5]的出版，魁奈的政治思想，
魁奈中西合璧的政治經濟學思想體系，魁奈與中國，可望成為中國
學術界新的研究議題。

一、自然秩序與自由放任

　　魁奈所處的時代，正是法國從傳統社會向現代社會轉型的時

4　梁啟超，〈生計學學說沿革小史〉，《飲冰室合集》文集，第12冊
　　（北京：商務印書館，1979），頁24。
5　[法]魁奈，《中華帝國的專制政治》，談敏譯（北京：商務印書館，
　　2021年1月。

期。18世紀路易十五時代的法國，強化君主專制，奉行重商主義，對外戰爭連綿，窮兵黷武，橫徵暴斂，導致農業凋敝，民不聊生。作為法國啟蒙運動的政治經濟學巨擘，魁奈創立了重農主義以回應法國的經濟改革問題。

重農學派Physiocracy一詞，由希臘文Physio（自然的）與cracy（統治）合成，Physiocracy意即「自然的統治」。重農學派首創自由主義的經濟哲學，其口號即「自由放任」。[6]

有「歐洲的孔子」之譽的魁奈，深受中國儒家自然主義、重農思想、民本主義的影響，其經濟學說的理論核心是「自然秩序」。他認為，自然法則是對人類最有利的自然秩序，它確切地規定適合於一切人的自然法，這是永恆存在和不可改變的，顯而易見是最好的法則。魁奈經濟思想的核心主題，是遵循「自然秩序」的自由放任。

在《自然權利》（1865年）中，魁奈闡述了自然秩序以及自然權利。他指出，自然秩序由自然法與實在法所組成。自然法是由上帝創造的、符合普遍人性的、人類社會賴以成立的根本法則，它是先於人類社會存在的規律。實在法是保護性的，即以自然法為基礎而維護自然法運行的法則。結合成社會的人們應該服從自然法與實在法。自然法包括：物體的規律，即適應對人類最有利的自然秩序所產生的一切實際事件的運行規則；道德的規律，即適應對人類最有利的實際秩序的道德秩序所產生的一切人類行為的規律。以上兩個規律結合在一起，即所謂「自然法」。「所有的人，以及一切人類的權力，都必須遵守這個由神所制定的最高規律；這些規律是堅

6　李非，〈無形之手與自由放任的異同——斯密與魁奈的對比〉，《南開經濟研究》2001年第1期。

定不移的，不可破壞的，而且一般說來是最優良的，因此可以作為
最完善統治的基本規律，可以作為所有實在法的基本規律。因為實
在法，最明白的不過是對於人類最有利的、有關自然秩序的管理的
規律。」[7]

在魁奈看來，自由是人的根本屬性，但人總希望把自由擴大到
超過它的界限。從人的本性說是自由的，而且有理性的，但有時由
於他盲目地和缺乏理性地使用自由，會使他做出錯誤的選擇。但如
果是有理性地進行了最佳選擇，而且受形成宇宙的實際規律的秩序
所支配，那就會獲得很好的發展。[8]

關於人的「自然權利」，魁奈指出：「各人在既不損害自己，
也不損害別人的條件之下，在人所處的自然環境中，都賦有把自然
所給他們的一切能力，以感謝的心情行使的自然權利。」[9]「自然權
利」的基礎是「自然秩序」，它是源於自然法而以正義秩序所保護
的權利。

魁奈經濟思想的核心是「自由放任」。他認為，每一個人應當
根據自己的才能和居住地點，根據供其取得最有利產品的土地的狀
況，自己決定將其勞動和經費花在對他最有利的生產上。如果他選
擇錯了，那麼他本身的利益會促使他很快地發現錯誤。[10]個人在自
己力所能及的範圍內，為取得最大的收穫，有根據自己的利益、能
力和土地的性質，在自己的田地上種植產品的自由。[11]他主張「一

---

7   [法]魁奈，《魁奈經濟著作選集》，吳斐丹、張草紉譯（北京：商
     務印書館，2014年1月），頁333。
8   《魁奈經濟著作選集》，頁327-328。
9   《魁奈經濟著作選集》，頁328。
10 《魁奈經濟著作選集》，頁164。
11 《魁奈經濟著作選集》，頁261。

切貿易必須自由，使商人能夠為自己的利益，自由挑選最可靠和最有利的國外貿易部門。」[12]

魁奈自由放任的思想建基於「自然秩序」，「重農學派」意即「自然的統治」。他主張，為了認識結合成社會的人的自然權利的範圍，必須盡可能以作為最好統治基礎的自然法則為依據。這個人們必須服從的統治，對於結合成社會的人說是最有利的自然秩序，同時也是實定法的秩序。[13]

魁奈相信，自然秩序可以天然地調和私人利益與公共利益。「只有自由和私人利益才能使國家欣欣向榮。」[14]商業和農業一樣，不可能有自然秩序以外的統治。在所有的商業交易中，販賣者和購買者是相對立的，但其可以根據自己的利益自由地訂立契約。他們這樣調整的利益是和公共的利益相一致的，因為他們自己是其利益的唯一最合適的審判者。在這個情況下，任何有權力的官吏的介入都是不適當的，如果無智甚至有不良的動機，那就更加危險。[15]在魁奈看來，由於人是具有理性的，人們遵循自然秩序而獲得利益的理性行為應當是自由的，政府不應限制和干預經濟活動。魁奈這一自由放任的思想，開經濟自由主義的先河。

魁奈關於自然秩序中私益與公益相調和的思想，我們可以在後來亞當‧斯密著名的「無形之手」理論中聽到迴響：「確實，他通常既不打算促進公共的利益，也不知道他自己是在什麼程度上促進那種利益。……由於他管理產業的方式目的在於使其生產物的價值能達到最大程度，他所盤算的也只是他自己的利益。在這場合，像

12　《魁奈經濟著作選集》，頁100。
13　《魁奈經濟著作選集》，頁332。
14　《魁奈經濟著作選集》，頁166。
15　《魁奈經濟著作選集》，頁355註。

在許多其他場合一樣，他受著一隻看不見的手的指導，去盡力達到一個並非他本意想要達到的目的。」[16]斯密認為，市場秩序由於「無形之手」的支配，而具有人們在追求私益的同時可以實現公益的神奇機制。這一思想與魁奈自然秩序的思想一脈相承。

魁奈主張對外貿易自由，反對束縛貿易自由的保守的關稅政策。「必須維持商業的完全自由，因為最安全、最確實、對於國民和國家最有利的國內商業和對外貿易的政策，在於保持競爭的完全自由。」[17]荷蘭與英國被視為自由貿易的典範。他強調，荷蘭人和英國人的穀物是自由貿易的，他們的穀物價格沒有發生像法國所經受的那種巨大波動；而法國的穀物進出口是禁止的。在一個沒有自由貿易或者不能進行進出口貿易的國家裡，糧食價格不可能有任何規則，它完全是不穩定的。劇烈而經常的價格波動顯然是極端貧窮和人口縮減的一個原因。[18]只有在各國之間維持貿易關係，才能夠不斷地保證國內產品得到最高價格，保證君主和國民得到最大收入，「因此對外貿易應該是完全自由的，必須從一切的束縛下解放出來，免去一切的課稅。」[19]

魁奈「自由放任」思想的要旨是，經濟活動必須遵循自然秩序的規律，政府的職能是保障自然秩序的運行和經營者的生產自由和貿易自由。馬克思指出：「重農學派的巨大功績是，他們把這些形式看成社會的生理形式，即從生產本身的自然必然性產生的，不以

---

16 [英]亞當・斯密，《國民財富的性質和原因的研究》，下卷，郭大力、王亞南譯（北京：商務印書館，1995），頁27。

17 《魁奈經濟著作選集》，頁370。

18 《魁奈經濟著作選集》，頁134-135。

19 《魁奈經濟著作選集》，頁356。

意志、政策等等為轉移的形式。這是物理規律」。[20]耐人尋味的是，馬克思認為魁奈代表的重農學派把生產過程視為「社會的生理形式」，而另一位曾經與魁奈一樣的醫生、後來成為革命家的孫中山，則將馬克思歸為「社會病理家」而不是「社會生理家」。如果說批判資本主義的社會弊病和非人道的馬克思屬於「社會病理家」，那麼，探究資本主義市場秩序和生產過程的魁奈和斯密無疑屬於「社會生理家」。

馬克思指出，魁奈的重農主義政治經濟學具有資產階級的性質和封建主義的外觀。這個體系是同剛從封建主義中孵化出來的資產階級社會相適應的。所以出發點是在法國這個以農業為主的國家，而不是在英國這個以工業、商業和航海業為主的國家。[21]重農學派以自己的自由放任口號推翻了柯爾培爾的重商主義，並根本否定政府對市民社會活動的任何干涉。它只讓國家在這個社會的縫隙中生活。[22]重農學派是法國啟蒙運動的重要力量，「重農學派雖然有它的假封建主義外貌，但他們同百科全書派齊心協力地工作。」[23]

魁奈在經濟上主張英國式的自由放任，而在政治上則崇尚開明專制。他追尋理想的王權政治的目光，投向了遙遠東亞的中華帝國。

二、中華帝國的政治制度

路易十五時代，法國絕對王權的專制政治和貴族、教會的封建特權，使上層社會與第三等級的社會矛盾日益加劇。面對波旁王朝

20 馬克思，《剩餘價值理論》，頁15。
21 馬克思，《剩餘價值理論》，頁24。
22 馬克思，《剩餘價值理論》，頁42。
23 馬克思，《剩餘價值理論》，頁42。

的深重危機，魁奈經濟上倡言「自由放任」，政治上則主張「開明專制」。馬克思指出：重農主義經濟學家的整個體系的矛盾在於，「魁奈是君主專制的擁護者之一。」[24]這位出入凡爾賽宮的宮廷御醫，其政治傾向與法國啟蒙哲人追慕英國式君主立憲的自由主義傾向大相逕庭。

在啟蒙時代的「中國熱」中，這一東方文明古國引起了魁奈的熱烈關注。他傾慕中華帝國的專制制度，盛讚其為「世界上迄今所存在的最古老、最廣袤、最仁慈和最繁榮的國家」，[25]並以其為法國政治體制改革之楷模的「他山之石」。在《中華帝國的專制制度》（1767）第八章，魁奈對中華帝國政治制度進行了理論總結，並以中國的中央集權官僚制為自然秩序的典範，闡述了其政治制度理論。

在《中華帝國的專制制度》中，魁奈重申《自然權利》中關於「自然秩序」的理論。社會的基本法則是對人類最有利的自然秩序的法則。作為國家管理工作基礎的基本物質法則，是對人類最有利的自然秩序中一切物質現象的正常趨向。作為國家管理工作的基礎的基本道德法則，則是對人類最有利的自然秩序中的一切道德行為的正常趨向。這些法則形成所謂自然法則。自然法則是造物主一成不變地制定的，以便於人們所必需的財富的不斷再生產和分配；而人們結合在一起組成社會，服從於這些法則為其所確定的秩序。這些基本法則不是人類創造的，但又是任何人類政權都必須服從的。這些法則構成人類的自然權利，迫使他們接受公平分配的原則，促使他們建立軍隊來保護國家安全，以及建立國庫收入以維持用於保

---

24 馬克思，《剩餘價值理論》，頁42。

25 [法]魁奈，《中華帝國的專制政治》，談敏譯（北京：商務印書館，2021年1月），頁112。

證國家安全、良好秩序和幸福生活所必需的一切費用。[26]

　　魁奈認為，政府就其性質和功能而言，是一個「保護性政權」。對政治體的自然法則和基本法則的遵守，必須得到國家所建立的保護性政權的支持。建立這種政權的目的，在於運用與自然法相適應的實在法來管理國家，而建立在自然法基礎上的國家制度是決定性的和不可變更的。實在法是最高政權所頒布的具有強制性的規章，其目的在於確立政府管理的方式，保證遵守自然法，維護或改變國內流行的風俗習慣，根據國民地位來調整其個人的權利，以及制定有關公平分配的各項決議。因而，管理工作就在於使實際秩序和自然秩序相適應，這種秩序對於在最高權力統治下組成社會的人們是最為有利的。[27]

　　在西方政治思想史上，從古希臘的亞里斯多德到英國憲政主義者，皆推重君主、貴族、民主多元一體的混合政體。法國啟蒙哲人所推崇的英國君主立憲制，即一種現代混合政體。而魁奈則崇尚開明專制，視其為最適合於自然秩序的、最穩定的良好政治秩序。關於統治方式，魁奈認為，最高權力不應當授予暴君，因為暴君的統治將導致統治者一個接一個不斷地替換，使國家成為盲目而肆無忌憚的個人私利的犧牲品，這樣的君主只能是專制的掠奪者。最高權力亦不應是貴族及大土地所有者的權力，因為他們聯合起來可能形成凌駕於法律之上的權力，並可能由於爭權奪利的內訌而造成經濟破壞和秩序混亂，而導致最放肆的無政府狀態。最高權力亦不應當是民主的，因為平民由於其愚昧和偏見，極易產生放肆的欲望和突發的狂暴行為，從而使國家陷於騷動、叛亂的危險和可怕的災難。

26　魁奈，《中華帝國的專制制度》，頁125-126。
27　魁奈，《中華帝國的專制制度》，頁125。

而且，最高權力亦不應當同時是君主的、貴族的，又是民主的，因為這會被與君主分享權力的各階層的特殊利益引入歧途和紊亂狀態。在魁奈看來，在一個混合的統治形式下，國家的各個階層會相互對抗，由於各自利益的分歧而使國家陷於崩潰。這種不同的利益會割裂和腐蝕保護性政權，使其蛻變為經常發生政治傾軋和濫用職權等極其有害的現象的政權。[28]顯然，魁奈否定了孟德斯鳩的共和、君主（立憲）、專制三種政體，他亦不同意亞里斯多德關於混合政體是最優良政體的觀點，這種君主、貴族、民主的混合政體亦為英國憲政的基本特徵。

　　魁奈主張一種有法度的君主專制：「政權應當是統一的，它在做出決定和實行管理方面，應當是無私的；因此它應當集中在一個統治者的手裡，他一個人擁有執行權，並且有權執行以下的工作：使公民遵守法律，保障每一個公民的權利，使不受其他公民的侵犯；保護弱者，使不受強者的欺凌；防止和消除國內外敵人的各種侵占、掠奪和壓迫行為。」[29]

　　魁奈指出，所謂「專制君主」，指獨掌國家大權的當權者，即執行法定絕對權力的統治者。專制君主可分為合法的專制君主和不合法的專制君主，合法的「專制君主」相當於「帝王」。中國皇帝顯然屬於合法的專制君主。「中國的制度建立於明智和確定不移的法律之上，皇帝執行這些法律，而他自己也審慎地遵守這些法律。」[30]「皇帝的絕對權力受到制約」，「勸諫皇帝的風氣，一直受到中國法律的鼓勵，監察機構和高級官吏們總是直率和勇敢地進行勸

28　魁奈，《中華帝國的專制制度》，頁129。
29　魁奈，《中華帝國的專制制度》，頁128。
30　魁奈，《中華帝國的專制制度》，頁28。

諫。他們真誠而大膽地告誡皇帝,使用權力要有所節制。」[31]在中國,很少有皇帝施行暴政,相反,君主往往是樹立良好品行的典範。[32]

　　在魁奈看來,中國政治是建立在理性和知識基礎之上的,而無知往往是導致政府失誤和國家衰敗的主要原因。中國依靠學問,經常能夠成功地防止這些錯誤,而在學問的幫助之下形成了國家的第一階層,這些學問非常適合於通過理智的光輝來領導人民,使政府完全服從於那些確立社會制度基礎的自然的和顛撲不破的規律。[33]魁奈高度評價中國以科舉制選拔官吏的文官治國傳統。

　　魁奈認為,中華帝國的政治道德制度是遵循自然秩序的典範。中國政府的基本法建立在無可非議的和備受重視的自然法的基礎之上。自然法的存在使君王不敢違法作惡,能夠保證他合法地行使權力,保證最高權力人物積德行善。結果這個權力對統治者來說是個福音,對臣民來說也是一個受到崇拜的力量。[34]「廣大的中華帝國建立在科學和自然規則上的政治制度和道德制度,這種制度也就是科學和自然規律的發展結果。」[35]正是這種遵循自然法則的政治制度,使中華帝國得以長治久安,它表明確立自然秩序的那些規律是永恆的和顛撲不破的。「中華帝國不是由於遵守自然規律而得以年代綿長、疆域遼闊、繁榮不息嗎?那些靠人的意志來統治並不得不靠武器來征服人的民族,難道不會被人數眾多的中華民族完全有根據地看作野蠻民族嗎?這個服從自然秩序的疆土遼闊的帝國,不就是一個穩定而持久不變的政府的範例嗎?……它的政府所以能維持很長的時

31　魁奈,《中華帝國的專制制度》,頁84。
32　魁奈,《中華帝國的專制制度》,頁85。
33　魁奈,〈中國的專制制度〉,《魁奈經濟著作選集》,頁457。
34　魁奈,《中華帝國的專制制度》,頁93。
35　魁奈,〈中國的專制制度〉,《魁奈經濟著作選集》,頁431-432。

間，並不是由於局部的情況，而是本質上的穩固的秩序。」[36]

魁奈所處的18世紀中葉，大清帝國正值鼎盛的「康乾盛世」。這一遙遠的東方文明古國，成為魁奈改革法國弊政的「他山之石」。中國皇帝乾綱獨斷的「合法專制」和親民的「仁政」，帝國政府中央集權的有效的行政治理，由科舉制選拔的官吏遵循理性和知識治理的文官治國，這使中華帝國由此而成為繁榮富強和長治久安的世界帝國。中華帝國的政治制度，成為魁奈追慕的東方「啟蒙烏托邦」。他還敦請法王路易十五仿效中國皇帝出席「親耕」儀典。

魁奈以中華帝國的「開明專制」為理想的政治制度。路易·A.馬弗里克在《中華帝國的專制制度》英譯本緒論中指出：「魁奈著手運用中國的經驗教訓來處理法國各種迫在眉睫的問題。他的理想是一個開明的專制政府，在這個政府的統治下，制定『實在』法（各種法規）是為了貫徹自然法即一套崇高原則的精神。」[37]魁奈的中國式「開明專制」，即「合法專制」或「開明君主制」，意指君主遵循自然法而統治的、有法度的、以文官藉知識治理國家的君主制。

在近代歐洲民族國家興起的王權國家時代，古老的中華帝國被視為君主制的典範。對孔子思想和中華帝國君主制度的崇尚，在17、18世紀歐洲形成了「中國熱」。英國通過1688年「光榮革命」率先實現了現代政治轉型，但英國處死查理一世的弒君革命和「王在法下」的君主立憲制度，並不是魁奈政治改革的目標。他理想的政治制度是中華帝國的君主制度。

魁奈經濟上倡言英國式「自由放任」，政治上則崇尚中國式「開

---

36 魁奈，〈中國的專制制度〉，《魁奈經濟著作選集》，頁458。
37 馬弗里克，〈英譯本緒論〉，收在魁奈，《中華帝國的專制制度》中譯本，頁17。

明專制」，其實這一看似相互矛盾的經濟和政治主張具有共同的基礎，即「自然秩序」和「自然法則」。在魁奈看來，政府的職能是制定與自然法相適應的實在法來管理國家，並發揮保障自然秩序運行的「保護性政府」的功能，而中華帝國正是以自然法則實行統治的國家的典範，甚至中國皇帝亦為自然法則的組成部分。魁奈認為：「中國是有一個專制的君主，但是他要按照自然法則來實行統治，他本人也隸屬於這個法則，如果他邁錯了步，偏離了正確的道路，忠實的大臣們會立即向他指出來，結果是他得糾正自己的行為。這就是『開明的』專制統治。」[38]魁奈不同意孟德斯鳩關於中國皇權反對法制的批評，他認為中國皇帝遵循法律，依據自然法則而治理國家。

三、魁奈與孟德斯鳩的分歧

作為路易十五的首席宮廷御醫，魁奈在政治上持溫和保守的觀點。他崇尚英國的經濟自由，但在政治上則與英國人分道揚鑣。在自由主義興起的啟蒙時代，魁奈的開明專制論顯然不合時宜。

在法國啟蒙時代的政治思想中，影響最大的是孟德斯鳩的自由主義和盧梭的民主理論。孟氏崇尚英國式的君主立憲制度，他承襲洛克的自由主義，闡發了其分權制衡的自由憲政理論。他把政體分為共和、君主、專制三類：共和政體的性質，是人民全體或某些家族掌握最高權力；君主政體的性質，是君主掌握最高權力而依據法律行使權力；專制政體的性質，是君主依據個人意志和反覆無常的

---

38 馬弗里克，〈英譯本緒論〉，魁奈，《中華帝國的專制制度》，頁20。

愛好而治理國家。共和政體的原則是品德，君主政體的原則是榮譽，專制政體的原則是恐怖。孟氏以英國式分權制衡的君主立憲制為君主政體的典範，而批判法國絕對王權的專制政體。

對於大清帝國的君主專制政治，孟德斯鳩持嚴厲的批判態度：「中國是一個專制的國家，它的原則是恐怖。」「中國的專制主義，在禍患無窮的壓力之下，雖然曾經願意給自己帶上鎖鏈，但都徒勞無益；它用自己的鎖鏈武裝了自己，而變得更加兇暴。」[39]旅華的巴多明神父的書簡「使我們看到那裡經常施行的暴政，和依據常規——也就是無情地——對人性進行殘害的大略情形。」[40]

然而，孟德斯鳩的中國政體觀亦不無矛盾性：他雖然在政治價值上批判大清帝國的專制主義，但他關於中國專制政體的政治社會學分析則肯認了其歷史合理性。他認為，政體與國家的疆域大小相適應。「一個廣大帝國的統治者必須握有專制的權力。君主的決定必須迅速，這樣才能彌補這些決定所要送達的地區的遙遠距離；必須使遙遠的總督或官吏有所恐懼，以防止他們的怠忽；法律必須出自單獨的個人，又必須按照所發生的偶然事件，不斷地變更。國家越大，偶然事件便越多。」「因此，如果從自然特質來說，小國宜於共和政體，中等國宜於由君主治理，大帝國宜於由專制君主治理」。[41]據此，疆域遼闊的中華帝國宜於由專制君主治理。

關於中華帝國的君主制，魁奈顯然與孟德斯鳩存在深刻分歧，在《中華帝國的專制制度》中，魁奈對孟氏《論法的精神》中的中國論述作了辯駁。孟魁二氏之中國觀的分歧在於：孟氏反對專制，

---

39 [法]孟德斯鳩，《論法的精神》，上冊，張雁深譯（北京：商務印書館，1995），頁129。

40 孟德斯鳩，《論法的精神》上冊，頁127。

41 孟德斯鳩，《論法的精神》上冊，頁126。

魁奈則反對不合法專制而肯定合法專制,中國被視為合法專制的典範。魁奈認為,孟氏關於法律與專制主義不相容的觀點是混亂而自相矛盾的。「孟德斯鳩先生在談到中國政府這個世界上迄今所存在的最古老、最廣袤、最仁慈和最繁榮的國家時,竟把這種自相矛盾的說法湊合在一起!為什麼在這位著者的心緒裡,中國的統治會引起那麼大的困擾?這是因為中國是由專制君主統治,而在他看來,專制主義總是專橫和殘暴的統治。雖然在中國,各種違反法律規定的弊端受到嚴厲制裁,但是這些弊端仍然成為攻擊這個帝國統治的主要理由。」[42]顯然,魁奈認為法律與專制是可以兼容的,中華帝國的專制政治是一種君主遵循法律統治的合法專制。

在19世紀,托克維爾承襲和發展了孟德斯鳩的自由主義,他通過反思法國大革命與舊制度的關係,揭示了中央集權與專制主義隱秘的內在聯繫。對於魁奈的中國中央集權式開明專制論,托氏指出,魁奈及重農學派(經濟學派)崇尚中央集權的開明專制,「他們在四周找不到任何與這種理想相符的東西,就到亞洲的深處去尋找。我毫不誇張地說,沒有一個人在他們著作的某一部分中,不對中國倍加讚揚。只要讀他們的書,就一定會看到對中國的讚美;由於對中國還很不瞭解,他們對我們講的盡是些無稽之談。被一小撮歐洲人任意擺布的那個虛弱野蠻的政府,在他們看來是可供世界各國仿效的最完美的典範。他們心目中的中國政府好比是後來全體法國人心目中的英國和美國。在中國,專制君主不持偏見,一年一度舉行親耕禮,以獎掖有用之術;一切官職均經科舉獲得;只把哲學當作宗教,把文人奉為貴族。看到這樣的國家,他們歎為觀止,心馳神

---

42 魁奈,《中華帝國的專制政治》,頁112。

往。」[43]

　　在托克維爾看來，重農學派崇尚中華帝國的政治倫理，是將自己的理想投射到東方，即一種「想像的東方」。這種啟蒙時代以中國為文明借鏡的「中國熱」，在托克維爾和密爾等19世紀的自由主義者那裡發生了逆轉。在鴉片戰爭中被英國人轟開國門以後，大清帝國已由盛而衰，淪為西方殖民勢力的魚肉。1840年4月20日，當《論美國的民主》第二卷在巴黎和倫敦同時出版時，托克維爾歡呼英國占領中國舟山是偉大的行動。在《舊制度與大革命》（1856）中，他鄙夷衰落的大清帝國是一個任憑少數歐洲人擺布的虛弱野蠻的政府。

　　在魁奈之後兩百多年，中國藉改革開放而迅速崛起，古老中華帝國之中央集權傳統再度引起世人的關注。1989年曾預言後冷戰時代「歷史的終結」而聲譽鵲起的美國日裔學者福山，日後受到中國崛起的挑戰，而修改了其理論，轉而關注政治發展中的國家建構問題，以及中國政治秩序之強國家傳統。他在《政治秩序的起源》（2011）中指出，良好的現代政治秩序是國家、法治和負責制政府三位一體的制度組合。西元前221年中國的秦王朝已建立了強大的國家，秦漢政制是官僚制帝國的典範，西漢政府幾乎已符合現代官僚機構的全部特徵。依馬克斯·韋伯的標準，中國國家的現代程度無與倫比：中國人建立了希臘羅馬未曾有的統一和多層次的官僚行政機構。中國人發明了明確反家族制的政治原則，其早期統治者刻意削弱豪門和親戚團體的力量，提倡非人格化的行政機構。中國建立了強大且統一的文化，足以承受兩千年的政治動亂和外族入侵。中國政治和

43　[法]托克維爾，《舊制度與大革命》，馮棠譯（北京：商務印書館，1992年9月），頁198。

文化所控制的人口遠遠超過羅馬帝國。[44]在福山看來，中國早熟的
國家形成了東方專制主義和強國家弱社會的傳統。所謂「東方專制
主義」不過是政治上現代國家的早熟出世。中國是創造現代國家的
第一個世界文明，中國的強國家傳統自有其優勢，其重大遺產是高
品質的威權政府。幾乎所有世界上成功的威權現代化國家和地區，
包括韓國、新加坡、中國大陸、台灣地區，都是分享中國共同文化
遺產的東亞國家，絕非偶然現象。[45]

　　耐人尋味的是，魁奈和福山皆肯認中華帝國政治傳統，二者所
處的18世紀康乾盛世和21世紀初改革開放時期，都是中國作為世界
大國的繁榮富強的時代。而中央集權的治理傳統，被歸為中國政治
成功的獨特因素。福山將以中國秦王朝為原型的「國家」視為現代
政治秩序的首要元素，並將中國的強國家傳統歸為中國現代化之重
要的制度遺產。

四、魁奈與中國

　　魁奈是18世紀法國傑出的啟蒙思想家，古典政治經濟學奠基
人。在啟蒙時代歐洲的「中國熱」中，享譽「歐洲的孔子」的魁奈
和伏爾泰一樣，從中國文化中汲取思想養料，以東亞中國為法國改
革的借鏡，創立和發展了其重農學派的政治經濟學理論。歐洲啟蒙
運動的思想資源，不僅有彼得・蓋伊所指出的回到古希臘的文藝復
興式「古代的追慕」，以及追尋英國政治經濟現代性的「崇英癖」，

44　[美]法蘭西斯・福山，《政治秩序的起源：從前人類時代到法國大
　　革命》，毛俊傑譯（桂林：廣西師範大學出版社，2012年10月），
　　頁91-92。

45　福山，《政治秩序的起源：從前人類時代到法國大革命》，頁308。

而且還有不容忽視的追慕東方的「中國熱」，它表明啟蒙運動伴隨
著一個開放的東西方文明互鑑交融的過程。魁奈中西合璧的政治經
濟學說，可謂啟蒙運動之文明互鑑的一個範例。

晚明以降，漢學在歐洲興起，羅明堅以拉丁文翻譯《四書》，
義大利赴華傳教士利馬竇根據朱熹《四書集注》翻譯《四書》，《利
馬竇日記》以義大利文、拉丁文、法文、德文出版，其後歐洲漢學
家研究中國哲學、思想和文化的著作層出不窮，在歐洲興起了崇尚
中國思想文化的「中國熱」。萊布尼茨盛讚孔子熠熠閃光的思想和
格言超越了幾乎全部希臘哲學家的時代。

17、18世紀歐洲這場由萊布尼茨肇其端的崇尚中國文明的運
動，在法國啟蒙運動中達到了高潮。伏爾泰利用中國的榜樣，來向
他在長期鬥爭中所反對的不容異己的法國天主教會，展示一個最具
有宗教寬容精神的國家。仰慕中國文化的，還有經濟學家杜爾哥和
地理學家蘇爾熱。而魁奈的《中華帝國的專制制度》則是推崇中國
運動的巔峰之作。魁奈的一些重要觀點如自然秩序概念、農業思想、
合法專制主義、經濟循環理論都深受中國思想的影響。美國學者馬
弗里克將其魁奈研究的一部著作題為《中國：歐洲的模範》。沃勒
爾斯指出，在18世紀，遙遠的中華帝國成為很多法國改革家心目中
的典範，而這種普遍的情感影響著經濟學家，使他們更願意去讚揚
中國的經濟政治制度。[46]

魁奈寫作《中華帝國的專制制度》所採用的資料，來源於歐洲
傳教士著述的中國報告。其中主要有魯斯洛‧德‧蘇爾熱的地理學
著作，還有杜赫德神父的《中華帝國全志》，這是一部關於中國知
識的百科全書，書中採用了27位傳教士的著述，其中有法國耶穌會

46　魁奈，《中華帝國的專制制度》，頁13。

士李明的《中國近事報導》。魁奈《中華帝國的專制制度》的大部分關於中國的資料，源於李明的《中國近事報導》。[47]

　　歐洲啟蒙運動的「中學西漸」和中國啟蒙運動的「西學東漸」，相映成趣。17、18世紀的歐洲啟蒙學者和19、20世紀的中國啟蒙學者，分別以來自遙遠的中國文化和西方文化為其推動文明進步可資借鏡的他山之石，取長補短，互通互鑑，東西文明的匯流推動了人類現代文明的演進，構成了一幅東西方文明相互激蕩、相互融合的文明大匯流的壯闊思想景觀。

　　法國啟蒙運動的思想泰斗、被譽為「法蘭西思想之王」的伏爾泰，對中國文化推崇備至。他尤為崇尚中國的宗教寬容精神，其畢生不懈戰鬥而追求的理想，是將法國變成一個具有宗教寬容精神的國度。而在他看來，中國正是這種理想國的最優秀典範。伏爾泰盛讚中國是一個最古老、最廣闊、最美麗、人口最多、管理得最好的國家，而且道德上堪任歐洲人的導師。

　　18世紀法國啟蒙時代正值清王朝鼎盛時期的康乾盛世。伏爾泰和魁奈都推崇中華帝國的政治制度，尤為欣賞中國科舉制的文官考選制度和中央集權的科層制行政制度，這是令歐洲啟蒙哲人追慕的東方先進的政治制度。但二者的政治思想亦不無分歧：在政體上，魁奈崇尚中華帝國的開明君主專制制度，伏爾泰則心儀英國「光榮革命」後馴服王權的君主立憲制度。伏爾泰曾受法國專制政府迫害而流亡英倫三年。和孟德斯鳩一樣，伏爾泰崇尚英國君主立憲政體。在其寫於英國的《哲學通信》中，他盛讚「英國是世界上抵抗君主達到節制君主權力的唯一的國家；他們由於不斷的努力，終於建立

47　參閱周燕，《傳教士與中外文化交流：李明《中國近事報導》研究》，（杭州：浙江大學出版社，2018）。

了這樣開明的政府：在這個政府裡，君主有無限的權力去做好事，倘使想做壞事，那就雙手被縛了；在這個政府裡，老爺們高貴而不驕橫，且無家臣；在這個政府裡，人民心安理得地參與國事。」[48]英國「建立了一個舉世唯一的政府，這個政府保存了專制政府中有用的部分和一個共和國所必需的部分。在戰爭中，在法律中，在藝術中，在商業中，它都是高超的。」[49]

亞當・斯密是英國古典自由主義的先驅，其經濟自由思想與魁奈經濟思想一脈相承。但斯密的中國觀則更多受孟德斯鳩的影響，而不同於魁奈。在斯密看來，中國一直是一個最富有的國家，但其經濟發展停滯，重農業輕對外貿易，重貯藏輕資本積累，而官員太多阻礙了其經濟發展。造成中國經濟停滯不前的原因，是重農抑商和閉關鎖國。斯密的政府理論崇尚經濟自由原則，將政府職能歸為維護公共秩序、安全、基礎設施建設和公共服務，主張以「看不見的手」自發調節自由市場，反對政府運用行政手段干預經濟過程。在政體問題上，斯密是一個崇尚君主立憲制的自由主義者，他推重以法治為基礎的現代個人自由，認為自由的保障來自封建制度中議會、法律等獨立的多元權力對王權的限制，這種多元權力的分立制衡，正是英國君主、貴族、民主三位一體的混合憲制的精髓所在。[50]

與伏爾泰和斯密崇尚英國君主立憲政體的自由派觀點不同，作為路易十五的宮廷御醫，魁奈在政治上更為溫和保守。他欣賞英國的經濟自由制度，但並沒有接受英國式的君主立憲制度。他理想的

48 [法]伏爾泰，《哲學通信》，高達觀等譯（上海：上海人民出版社，2019），頁37。

49 伏爾泰，《哲學通信》，頁47。

50 高力克，〈商業時代的自由政治：論亞當・斯密的政治理論〉，《學術月刊》2013年第12期。

政治制度是中華帝國有法度的開明君主制度。魁奈的政治思想不同於法國啟蒙運動主流的「崇英癖」的自由主義,其《中華帝國的專制制度》代表了18世紀洲「崇尚中國運動頂峰之作」,他以「英國經濟,中國政治」為理想的政經制度模式的政治經濟學,在法國啟蒙思潮中獨樹一幟。

魁奈推崇中華帝國中央集權的開明專制制度,適應了16世紀以降歐洲中央集權國家興起的歷史趨勢。中華帝國以郡縣制破除封建制的中央集權化的國家建構,以科舉制為基礎的官僚治理系統,成為魁奈之國家建構的理想典範。在21世紀,福山在其政治秩序理論中強調了國家建構的意義,將秦王朝歸為人類歷史上最早的國家,並且讚揚中國秦制的強國家傳統在現代化發展中的政治優勢。

路易十五時代,法國經濟政治危機四伏,波旁王朝已現外強中乾的末世衰象。魁奈改革的要旨,是經濟自由與開明專制。他在經濟上倡言自由放任,反對阻礙經濟發展的封建壁壘和橫徵暴斂的關稅制度。他在政治上崇尚中華帝國的開明專制,倡言以「仁政」和法制改革法國絕對王權的暴虐專制。彼時,海峽西岸的英國完成了政治轉型,並迎來了工業革命的繁榮時代。在東亞,康乾盛世延續了古老的中華帝國獨步世界的繁榮穩定。英國的經濟自由和中國的有法度的集權政治,成為魁奈經濟改革與政治改革的楷模。

兩百多年來,魁奈所心儀和追慕的古老中國,經歷了鴉片戰爭以來由盛而衰、復由衰而盛的艱苦卓絕的現代化和民族復興過程。改革開放以來,中國藉由市場化改革而實現了舉世驚歎的經濟騰飛,從一個貧窮的國家躍升為世界第二經濟體。美國社會學家喬萬尼・阿里吉在《亞當・斯密在北京》一書中,以斯密的理論闡述了全球經濟中心從北美向東亞的轉移。隨著斯密理論在中國的風行,魁奈這位斯密的思想導師的理論意義亦正在顯現。

　　如果說斯密的市場經濟理論在中國經濟轉型中發揮了巨大影響，那麼，魁奈正是啟發斯密的政治經濟學的奠基人，而魁奈思想又有著深刻的中国淵源。斯密的經濟學理論深受魁奈重農主義的影響。關於政治經濟學，誠如法國經濟學家夏爾・季德所言：「魁奈和他的門徒們應被認為是這門科學的真正奠基人……重農主義者開拓了道路，使斯密和此後一百年間所有的學者沿著它前進。」[51]張旭、王天蛟認為，被譽為「歐洲的孔子」的魁奈，其思想的形成受到中華傳統文化的深刻影響，帶有濃重的中國色彩，其思想又深刻地影響了後續的亞當・斯密、馬克思等經濟學家。魁奈身處中、西、馬三種思想體系的交匯點。[52]魁奈思想所融匯的中國文化、斯密和馬克思，正是轉型時代中國政治經濟發展的三大思想元素，這顯示了一位啟蒙先知跨越時空的雋永思想魅力。

　　魁奈倡言的中華帝國的政治制度，是其啟蒙時代的政治理想的投射，其中不乏將古典中國政治制度理想化的「想像的東方」色彩。這種法國啟蒙哲人的中西合璧的中國政治制度論，對當代中國政治發展仍不乏現實的啟示意義，如：政府依循法律而非意志而治理國家；保護性政府必須遵循自然秩序的規律並保障自然秩序的運行；政府官員依靠知識、理性而決策和行政。魁奈的政治經濟思想涉及市場經濟與集權政治的組合，這也是轉型中國政治經濟的核心問題。

　　在21世紀的中國，「魁奈在北京」的意義在於：這場跨越歐亞兩個多世紀的「孔子──魁奈──斯密──馬克思──中國」的漫

---

51 夏爾・季德、夏爾・利斯特，《經濟學說史》，徐卓英等譯（北京：商務印書館，1986年9月），頁14。

52 張旭、王天蛟，〈魁奈經濟思想的批判性審視與中國溯源──以中國特色社會主義政治經濟學建構為關照〉，《當代經濟研究》2020年第11期。

長思想之旅，表徵著東西方文明匯流的趨勢。我們可以在魁奈這一身處中、西、馬三種思想的交匯點上，尋覓關於中國文明現代轉型的思想啟示。

　　高力克，浙江大學國際文化學系教授，研究領域為中國近代思想史，著有《調適的智慧：杜亞泉思想研究》、《五四的思想世界》、《自由與國家：現代中國政治思想史論》、《啟蒙先知：嚴復梁啟超的思想革命》、《新啟蒙：從歐化到再生》等。

華人左翼思辨

莫忘同路人：
「華人左翼思辨」專題弁言

王智明

　　1930年代有一位名叫蔣希曾的左翼青年，在美國默默創作小說、詩歌與戲劇，希望為中國與世界革命貢獻香火。他原是廖仲愷麾下的一員，但因為不滿國民黨反共，又因為1925年廖被刺殺後，擔心自己的安危，決定赴美留學，先後在史丹佛大學和哥倫比亞大學求學。他雖然是個留學生，但志不在此，而是希望透過創作與行動，關心美國華人與工人的境遇，推展革命的理想。然而，他儘管創作不斷，亦與不少美國的左翼文人（如Upton Sinclair）交好，卻一直未能獲得出版社的青睞，只能自費出版，或以激情澎湃的詩歌鼓舞群眾，或以諷刺的文體自況處境與批評資本體系。但他的作品聞者寥寥，知者少少，直到十多年前才有學者重新發掘和出版。[1]不

1　見羽離子編，《蔣希曾檔案》（濟南：齊魯書社，2008）。目前蔣希曾之作仍未見中譯；英文作品*The Hanging on Union Square*及*And China Has Hands*則由Kaya Press重新出版。關於蔣希曾生平，見Hua Hsu, "Introduction: Thanks No Thanks But Thanks," *The Hanging on Union Square*, by H. T. Tsiang（New York: Kaya Press, 2013）, 1-4; *A Floating Chinaman: Fantasy and Failure across the Pacific*（Cambridge, MA: Harvard University Press, 2016）; Floyd Cheung, "Afterword," *The Hanging on Union Square*, by H. T. Tsiang（New York: Kaya Press, 2013）, 223-237。

過，對絕大多數的華人讀者來說，蔣希曾仍是一則陌生的傳奇。

　　1930年代，像蔣希曾這樣的左翼青年當不在少數，他們多半充滿熱情，才思敏捷，對社會不公與貧苦大眾有著天然的義憤與同情。或許出於一種素樸的意念與情感，也或許受到了社會主義理想的感召，他們以筆以身投入了革命，希望締造一個公義的社會與人民不受欺壓的國度。在1930、1940年代間，他們有些人北向蘇俄、再而奔赴延安；有些人則經香港下南洋、或東渡日本與台灣。不管去哪裡，他們都懷著改變世界的理想。於是我們有了馬共、台共的故事，有了1949年的社會主義革命。當然，歷史的發展並不如想像般美好：在英國殖民政權與馬來政權的雙重打壓下，馬共遁入地下，成為一頁難以訴說、不便再提起的「我方的歷史」；台共也遭到白色恐怖的蕭清，只能藉著「幌馬車之歌」娓娓低吟；就連勝利了的共產革命最終也走了調，轉向後革命的發展。改革開放與中國崛起帶來的不只是全球經濟的變化，更是革命與左翼思想的震盪與徬徨，於是陳映真在小說《山路》中借了蔡千惠的口發出沉痛的揣想，「如果大陸的革命墮落了……會不會終於成為比死、比半生囚禁更為殘酷的徒然……」；[2]作家王蒙亦以浪漫的筆調遙想蘇聯，宣稱「青春就是革命，就是愛情，就是文學，也就是蘇聯」。[3]在香港，1970年代的保釣與中文教育運動曾經激起左翼青年的愛國熱情，乃至出現了期待「民主回歸」的一代知識人。然而，1997年後，反國教運動、雨傘運動、反送中運動高潮迭起，國家主義的跨境干預不只壓垮了香港左翼，一般人更是失去了「何謂左翼，為何革命」的判準，以

2　見陳映真，〈山路〉，收錄於《鈴璫花》（台北：洪範，2001），頁88。

3　見王蒙，《蘇聯祭》（北京：作家出版社，2006）。

致於「左」（如左膠、左統）成了負義詞。中國大陸改革開放後，「左」也成為許多人想要撥亂反正，拋諸腦後的歷史錯誤和痛苦記憶，而這個仍然充滿社會主義印記的中國，則成為台灣極度抗拒的他者。但即今在台灣，也有年輕世代想要通過史明重新打造「左獨」的旗幟。可以說，現代中國的百年歷程，不論在境內或境外，左翼仍然完而未了，英靈不散。

　　不論對之的態度如何，「左」的歷史、思考與實踐，與華人——而不僅僅是「中國人」——這個略顯曖昧的身分，高度相關，亦與「中國」自清末以來的發展與變化有著多重交錯，卻又不能完全疊合的複雜關係。這迫使我們思考，在不同的華人政體（body-politic）當中，「左」究竟意味著什麼？如蔣希曾的故事提醒我們的，華美左翼固然有著中國的影子，但它的實踐與意義並不能等同於中國的革命，而忽略了海外的處境。那麼，在華人的歷史與政治實踐中，「左」是不是一個理念、一種情感，一組實踐與行動的軌跡，乃至一種獨特的倫理意識？除卻革命的宏大敘事外，「左」還可以是什麼？

　　之所以從蔣希曾說起，是因為這個專題有意將「左翼」的問題放在華人脈絡裡思考。這一方面是因為海外華人與左翼一直是構築現代中國的兩個要素，另一方面是因為華人的想像與生活世界大於中國，這裡不僅有港澳台的差異性，更有南洋與北美華人與兩岸三地的多方互濟與互滲。不只1912年民國的創建有賴僑胞的捐助，社會主義革命的力道也在僑社與港台發揮影響，改革開放的中國發展亦少不了港台資本的挹助，中國崛起的影響更將之含括其中。當然左翼的實踐不能，也不必局限在國家的行為上，但是國家，作為政治行動與政治歸屬的載體，仍然對左翼行動發揮著引領的作用。因此，華人「左翼」的思考就不能不考慮到華人政體的多元存在以及

彼此之間的競合關係。是左是右，還是「形左實右」的問題也就必須回到這些特定的脈絡中來理解和思辨。當然，真正關鍵的是，華人左翼的命題能否在兩岸三地與華人社群的歷史發展和變化中提煉出思想的意義與行動的可能？這才是這個專題的關切所在。

　　然而，何謂左翼或左派，並不容易給出一個完整和準確的定義。一方面，所謂「左」「右」實是一個相對的問題，平等期待中其實也有自由的向度，自由的嚮往中也不乏對平等的要求。另一方面，理念與實踐常有著理想豐滿而現實骨感的巨大落差，這也就使得理念的意義與評價不能脫離現實與脈絡的尺度。從這個角度來說，與其將「左」「右」單純地視為一種政治派別或是政治主張，還不如從**倫理與情感**、**歷史實踐**與**當代論辯**等向度去求索其實質的意涵。是以本專題收錄的九篇文章大體從以上三個方向來展開討論，力求呈現「左」的意涵、實踐與局限。

　　錢永祥延續王得后與錢理群兩位先生提出的「魯迅左翼」命題，以「立人」──「讓人成為人」──的反壓迫思想來重新定位魯迅之於革命與左翼政治的態度，並由此定位一種「倫理意識」來理解魯迅關於革命「同路人」的思考。他認為，「同路人」的觀念有助於說明魯迅左翼的倫理，因為它指向了一種不同於革命者「專注而無情」的精神氣質，而呈現了一種比較「柔軟豐潤」的狀態，既對反壓迫的主張予以關注和支持，但又充分體會到節制的必要，以避免暴力成為遂行理想的手段。他從韋伯談政治倫理的角度切入左翼實踐，重新將人性放回政治的場域來討論，以構造一種左翼的倫理觀。這不只觀照政治行動者的生命品質，更指向革命底限何在的反思。同樣涉及魯迅，年輕學者涂航則透過魯迅的「徬徨」闡述「左翼憂鬱」的命題。他強調，相較於西方的左翼憂鬱源於替代性方案的崩毀，現代中國知識分子與作家之憂鬱則「發自親歷親為的革命

實踐的回環曲繞」，是回顧革命歷史，在與之和解的嘗試中產生的困惑和哀思。憂鬱因而不是對左翼政治的放棄，而是對其教條式的宏大敘事的滌盪，是一種否定辨證的憂懷，既不能全面繼承，也不忍輕易揚棄，而形成一種道德情感對現實的迂迴針貶。雖然處理的題目不同，錢、涂兩位都指向了一種同路人的左翼思考和倫理立場。不是放棄平等與公義的理想，而是在深切反省中，火中取栗，鍛造一種立基於左翼歷史的政治倫理與行動準則。

因此，若不將嬰兒一起和洗澡水倒掉，回顧華人左翼的歷史實踐就有必要。蘇穎欣、林克歡、葉蔭聰、羅小茗四位分處不同世代與地理空間的學者從不同側面來思考左翼的實踐。出身馬來西亞的年輕學者蘇穎欣談的是華人左翼如何陷落於馬來（西）亞的民族與國族糾葛之中，以及文學場域如何召喚與建構左翼歷史的問題。戲劇史學者林克歡則追索「廈門班」的身影，重敘一頁無政府主義左翼戲劇在台灣發展的歷史。如果說左翼馬來（西）亞突出了馬華與中國左翼在人事與政治上的多重糾葛，那麼「廈門班」的故事則明示了20世紀初台灣左翼的想像與實踐與一衣帶水的廈門密不可分，其中廈門班所代表的無政府主義思路實是台灣反殖民想像的重要元素，不應遺忘。林克歡指出，廈門班的意義絕不僅止於遞送新劇的角色，而是透過演劇活動進行反殖民統治鬥爭宣傳和動員民眾。這頁左翼歷史的浮現，提醒我們，臺灣新劇的內涵是左翼政治劇，而且百年前臺灣的反殖民鬥爭，非但與世界範圍的民族解放運動相呼應，更有一股無政府主義的黑色流脈，值得正視。

葉蔭聰和羅小茗則回到當代思考左翼實踐。葉蔭聰討論的李怡，是過世不久的香港左翼行動者與出版人。他編輯與出版的《七十年代》（後改名為《九十年代》）是重要的華人左翼刊物，他所創辦的天地圖書公司亦是當年香港重要的文化機構。葉蔭聰檢視李

怡的《失敗者回憶錄》以及《七十年代》，思考李怡自身政治認同
（從親共宣傳者到自由派）的變化以及其中複雜的轉折，如何呈顯
左翼政治在香港的起伏。羅小茗則藉著追索文化研究在中國大陸的
發展，反思左翼實踐如何在改革開放的時空環境中延續與生長。相
較於左翼政治的落潮直接促成了李怡的立場轉折，世紀之交的自由
主義與新左派之爭更深刻地影響文化研究這個領域在中國大陸的發
展。雖然羅文並不直接涉及左翼立場的表述，但文化研究的關懷卻
無一不觸及左翼的當代意義：不論是「中國向何處去」的大哉問、
文化的商品化邏輯，或消費文化中的公民身分與知識工作，都是左
右論辯的核心問題。「左」的意義與價值也必須在這些論辯中去追
索，在知識與體制（國家和市場）的互相制約中去衡量其作用。

　　也因此，專題的末三篇就以論辯為線索來組織，分別涉及台灣
的反戰運動、中國民族主義情結以及同志婚姻等至今論辯不休的話
題。傅大為先生是2023年三月反戰聲明的發起人之一，這份聲明掀
起了一場關於反戰與備戰的論辯，至今方休。雖然不以左翼自居，
傅大為藉著思考反戰聲明引起的爭議，提醒我們國際左翼的反戰與
反帝思考仍然重要：非但台灣不該無視「美國因素」的影響，更應
該積極認識到台灣反戰意識的薄弱亦有國際左翼忽視台灣問題的因
素。台灣的反戰運動因此涉及的不僅是左右立場的選擇，更根本的
是如何看待中國，如何在國際上思考台灣的問題。劉文和丘琦欣也
有類似想法，但從不同的立場出發。他們認為中國新左翼與西方左
翼彼此共構，因而排除了對台灣主體的思考，是故所謂的「國際左
翼」本質上無法同感於台灣刻正的處境。所以，他們主張一個「左
獨」的立場，在「立足於台灣主權的基底上，同時必須批判中國民
族主義、漢人墾殖殖民主義，以及美國帝國霸權」，並且在「左」
與「獨」的共同目標中，「提出合理的社會分析，並與兩國中受到

政權壓迫的少數族群建立連線政治」。在某個意義上，傅大為的思路與劉文和丘欣琦的並沒有那麼大的差異，可是他們卻在當前的政治光譜中處於對立的位置，這無疑是當代台灣左翼實踐的一大弔詭，這也使得台灣關於「左」的種種論辯同時也涵納著對中美兩國的不同評價，以及對民主與自由的差異想像。以「無法達成的」兩岸同志婚姻為題，施東來清楚說明了兩岸華人社會間的左右分野往往是「高度語境化了」的。他指出，台灣婚姻平權的主流論述，雖然看似左翼，但也夾帶了自詡進步的「『右翼』暗流」；同樣的，大陸的同志運動近年來雖然受到保守的、維穩的國家主義威脅，空間大幅緊縮，但是1980年代以降的中國同志運動，其實和台灣相同，也是受益於歐美啟發，「由資本和消費主義支撐的、並以城市、白人和男性為中心的」論述，但這之於中國政府而言，只能是右翼，而非左翼。換言之，我們面對的不只是如何判斷左右的認知困難，更是理想與現實、話語與秩序之間的錯位，有賴於兩岸社會放下成見，在「難以與共」的極限狀態中相互觀照與理解，沿著具體的、自反的、動態的左翼認同尋找接近彼此的道路。

　　由此觀之，以「立人」為指歸的「魯迅左翼」就有了更為豐厚的現實意義。「無法達成的」兩岸同婚者其實是台灣合法同婚伴侶的「同路人」，一如大陸的同性戀運動亦是台灣同志運動的「同志」。他們或許無法處在同一個語境和空間之中，但彼此的追求（愛與生活、接納和歸屬）是相似，甚至是相連的。誠如魯迅所說，「我們自己想活，也希望別人都活」。[4]若真能如此，我們就不該輕率地否

4　魯迅，〈隨感錄38〉，《熱風》，見https://zh.wikisource.org/zh-hans/
%E7%86%B1%E9%A2%A8/%E9%9A%A8%E6%84%9F%E9%8C%
84/%E4%B8%89%E5%8D%81%E5%85%AB。

定海峽的他方，不能忘記他們的掙扎也與我們相關。如此，我們才可能像錢理群先生說的，永遠站在被壓迫者的一邊，永遠不滿意現狀，永遠對自己保持警醒與批判，並且永遠在行動中尋找與實踐左翼的價值。[5]重思華人左翼這個命題的意義，或許就在於「莫忘同路人」吧。

　　王智明，中央研究院歐美研究所研究員，本刊編委，以及《文化研究》學刊主編。研究興趣為情感與認同政治以及外文研究建制史。近期編有《從科學月刊，保釣到左翼運動：林孝信的實踐之路》（2019）和 *Precarious Belongings: Affect and Nationalism*（與吳佩松合編，2017），著有《落地轉譯：臺灣外文研究的百年軌跡》（2021）。

5　引自本刊錢永祥文。

輯一

倫理與情感

「魯迅左翼」的倫理：
從同路人到獨立左翼

錢永祥

一、前言

　　記得是在2009年，我在主持錢理群先生在台北的一次演講時，第一次聽到了「魯迅左翼」一詞。當時雖然有所觸動，但是並沒有跟著錢先生的解說去進一步追索研究，只是擱在心裡。最近讀到錢先生所「選評」的王得后先生文集《魯迅研究筆記》[1]，所選的五輯文章中第四輯談「魯迅文學與左翼文學的異同」。當年錢先生在台北演講時，已經說明了這個觀念來自王得后先生。如今有機會讀到王先生關於魯迅左翼的原始文章，自然倍感興奮。拜讀了王先生的書之後，我接著又讀錢理群先生本人關於魯迅左翼的發揮，特別是《魯迅與當代中國》[2]裡所收當年他在台北的演講。

1　王得后著，錢理群選評，《魯迅研究筆記》（北京：商務印書館，2021）。

2　錢理群，《魯迅與當代中國》（北京：北京大學出版社，2017），〈在台灣講魯迅：2009年10月30日在「與魯迅重新見面」台社論壇上的主旨演講〉，頁159-194。

　　我對魯迅的作品只是一般的閱讀，並不曾真下功夫研究。對魯迅跟當年左翼文學圈、跟中共的關係所知只是皮毛，更不曾深入幾十年積累下來的浩瀚魯迅研究文獻。所以我身在「魯迅研究」的行外，談魯迅更多是為了藉魯迅開展一些一般性的問題，而不是「魯迅研究」。我要特別關注王、錢兩位先生所談的「魯迅左翼」，直接的原因是，我跟王、錢兩位先生有些過往，對他們一向尊敬。他們身為新中國的第一代大學生，經歷建國以來一場接一場的風雨，目睹新中國歷史的各幕，可以說是中國最經淬鍊的一代知識分子。這一代人跟中國革命的關係太緊密，他們的人生跟國史同步，於是不得不保有一份連結，但是他們也經常是看得更深、更透的批評者。我認為，由他們來談左翼，藉著「魯迅左翼」發揮他們自己對左翼的觀點，當然值得重視。

　　另一層原因則是，我自己對「左翼」作為思想，作為政治運動，一直有一份關注。我在年輕的歲月種下了左翼的興趣，相信某種左翼的理論或者綱領可以回答我對於現實的許多困惑。經過一些探索，我接觸過的各種左翼版本似乎都無法讓我滿意或者放心；我甚至於不敢確定，「左翼」在21世紀的今天是否還是一個有意義的概念。不過我不願意輕言否定或者拋棄；我仍然相信左翼的存在有其真實的社會基礎，而左翼凝聚著一種樸素的人道主義熱情，也是亂世中寄託人性價值的一座磐石。到今天，我的學術工作仍然偏向用左翼設定的價值去詮釋、解讀自由主義。但20世紀左翼運動的浩劫性失敗，也提醒我左翼的倫理意識特別需要重新整理省視。這應該是在今天談「左翼」不能忽視的一個面向。在這方面，我相信魯迅左翼能提供一些參考。

　　當然，魯迅的左翼意識屬於中國的30年代；他所面對的左翼問題也屬於1920-30年代世界左翼革命的時代。那種環境之下的「左翼」

概念，已經無法直接移用到今日。不過在革命的年代，各種考驗愈是真實，於是各種左翼的線條跟輪廓也愈是清晰。用一個相對清晰的時代來對比今天的曖昧含糊，多少還是有一些啟發的。

二、「魯迅左翼」：王得后與錢理群的重建

魯迅並不曾發展出一套完整的左翼理論或者論述；他也不會以綱領的形式宣揚自己的左翼觀點。這些都不是他的習慣。那麼「魯迅左翼」的具體內容是什麼？王、錢兩位熟讀魯迅的著作，引述了大量的文本佐證，並且提供了自己的闡釋，整理出了魯迅的左翼觀點，堪稱系統而且深刻。

王得后先生眼中的魯迅左翼倫理，核心的觀念是「立人」，追求「全面的人性，理想的人性」，或可理解為「讓人成為人」。這裡的「人」並不是某種高抬人類地位的人類崇拜。相反，魯迅深受達爾文進化論的影響，人首要是一種生物，「第一要緊的是生命」。生命所要求的則是生存、溫飽，以及發展。這些都是平實的人性需求，卻正是魯迅的立人理想所在。生存與發展要追求個性的張揚、個人的發展，因此也要針對妨礙生存、溫飽與發展的勢力展開戰鬥。魯迅的「立人」目標非常樸素平實。從「立人」思想出發，抨擊眼前的各種壓迫，所用的形象語言是主子與奴隸、闊人和窮人、吃人者和被吃者。

1920年代後期，魯迅接觸到了馬克思主義，接受了經濟史觀和階級鬥爭等觀點，他原先的立人思想也轉而改用馬克思主義的詞彙來表達。在認識馬克思主義之前，魯迅用奴隸、吃人等等一般性的字眼，批判各種壓迫人性，阻礙「立人」的力量和制度。一旦掌握了馬克思主義的理論工具，他改用階級的概念，不僅賦予各種壓迫

更為明確的社會、經濟內容，並且也用階級鬥爭的概念表述反抗跟戰鬥。這個轉變，明確標誌著他進入了馬克思主義的左翼立場。但是轉變前後，他站在受壓迫者立場這一點並沒有改變。魯迅是在「立人」的思想基礎上接受馬克思主義的，因此他的左翼立場包含著一些屬於他自己的限定，跟當時的中共式的左翼有一些分歧，甚至於引發激烈的衝突。

王得后先生整理魯迅的左翼思想，得出了幾項特徵。

第一，魯迅完全接受了階級論，卻不是唯階級論。關於文學的階級性，乃至於人的階級性，魯迅的觀點是「以為若據性格感情等，都『受支配於經濟』之說，則這些就一定都帶著階級性。但是『都帶』，而非『只有』。」換言之，魯迅承認階級乃是一定歷史階段的必然產物，對人性造成了重大的影響；但在階級性之外，不能不承認人性的存在。階級的壓迫、剝削窒息了人性，而從事階級鬥爭，為的正是恢復和發揚人性。

其次，魯迅認同革命，尤其是無產階級的革命，但是他對革命的手段、目的、性質，都有自己的想法。魯迅眼中當時左聯的左翼以為打打殺殺，消滅敵對階級即是革命。但魯迅強調，「革命並非叫人死而是叫人活的」。王先生認為這句話是「魯迅獨特而卓越的思想，也是切中中國革命的要害的思想。」魯迅自己親歷的歷史情狀是，「革命，反革命，不革命。……革命，革革命，革革革命，革革……」。這是一種盲動而虛無的革命觀，不是求解放被壓迫者，而是求消滅敵人，取而代之。魯迅珍惜生命，「我們自己想活，也希望別人都活」。何況激進的革命未必是真誠的革命：「激烈得快的，平和得也快，甚至於也頹廢得快。」

第三，魯迅選擇了暴力反抗和暴力革命。但是他強調，暴力帶有「被迫性」，「立意在反抗」，暴力革命是在壓迫之下的必然反

應。但是暴力本身，魯迅認為並不是好事情。因為暴力反抗的代價
太高，成果有限，同時暴力會激發人的仇恨跟殘暴性。暴力必然有
所破壞，乃至犧牲人的生命，所以魯迅戒慎恐懼。他要「革新的破
壞者，因為他們內心有理想的光」；不要「寇盜奴才」，只求取而
代之或者「占些小便宜」的暴力。

　　第四，魯迅的歷史觀深受進化論的影響，強調過程即是一切，
不接受歷史的終結或者有其終極目標，反而強調「在進化的鍊子上
一切都是中間物」。因此他不設計關於未來「黃金世界」的行為法
則，不相信有「止於至善」的革命。即使革命之後實現了無階級的
社會，歷史也不會停止。另一方面，他也因此把自己看成中間物，
希望自己的思想「速朽」，「世界絕不和我同死，希望是在於將來
的」。他毫無霸占世界的氣息。

　　綜合言之，王得后先生筆下的「魯迅左翼」雖然認同革命，但
這種革命觀有四項特點：革命只是局部的（革命旨在消除階級壓迫，
但不等於實現完整的人性），革命只是工具（革命追求人的解放，
革命本身並不是目的），革命帶來倫理的質疑（革命的暴力帶來倫
理的難題，必須警惕），以及革命只是過渡（任何革命都只能創建
中間物，不會達到終極的黃金世界）。簡單說，王得后先生筆下的
魯迅，雖然接受了馬克思左翼的基本主張，卻在關鍵點上都加了限
定。結果魯迅左翼跟黨版馬列主義大異其趣，相去不可以道里計。

　　錢理群先生早在他的《北大演講錄》[3]裡，已經討論過魯迅跟創
造社、太陽社的激烈論戰，整理魯迅對這些激進左翼人物的嘲諷和
批評。當時錢先生並沒有用到「魯迅左翼」一詞，不過他的著重點

3　錢理群，《與魯迅相遇：北大演講錄之二》（北京：三聯書店，2003），
　　〈魯迅與創造社、太陽社的論戰〉，頁291-317。

就是魯迅對於「革命」以及「民眾」兩個左翼概念有自己的認知，跟當時的左翼「革命知識階級」有很大的不同。

到了錢先生在台灣講「魯迅左翼」的時候，他的表述更為系統。在演講中他從四個面向，分析他心目中的「魯迅左翼」。

一、永遠不滿意現狀，因此是永遠的批判者，保持黨外、體制外的獨立性和主體性。

二、永遠站在平民的一邊，也就是站在被壓迫者的一邊。

三、強調實踐、行動，和學院裡的左翼有其差別。

四、身為「歷史的中間物」，自己亟需批判，別人「打鬼」，魯迅「鬼就在我心中」。

我們可以說，錢先生筆下的魯迅左翼，所突出的是革命者本身的一些特色，這包括了他們的批判態度，跟被壓迫者站在一起，重視實踐與行動，以及身為「中間物」的過渡角色。

綜合兩位先生的描述，所謂魯迅左翼，主要是提出一種對左翼革命這件事的看法，也勾勒出這種左翼革命者本身的精神特色。它跟一般所理解的左翼不同，並不是一套革命理論；事實上，魯迅本人並沒有提出完整的革命理論，沒有設定革命的主體，沒有關於革命終極目標的想像，他當然也不會有最起碼的政治綱領。這種左翼接受了馬克思主義，卻又對馬克思主義的革命觀提出了幾個方面的限制。魯迅的左翼觀點，與其說是一種政治立場，更像是一種對左翼政治本身，以及各種左翼政治立場的態度。這裡所謂的「態度」，我解讀為魯迅左翼的倫理意識。

三、「左翼」的倫理？

細想一下，如果把左翼限定在馬列主義，那麼「左翼的倫理」

乃是一個曖昧甚至於矛盾的概念。左翼當然帶有明顯的道德性格。左翼的動力是一種強烈的道德熱情，同情弱者，對社會的不公義感到憤慨。左翼的目標，高懸公平正義，打倒壓迫與剝削，也以理想性為特色，具有強烈的道德色彩。在**基本動力**以及**終極目標**兩個方面，左翼的主要訴求都包含著濃烈的道德氣息。愈是激進的左翼，其動機和目標的道德性格也更形高亢刺耳。

但是另一方面，左翼卻又排斥道德，對社會上的種種道德觀，抱持著嘲諷、批判的態度，認為一切道德規範其實都屬於上層支配結構的一部分，是統治階級的意識形態工具，支撐自身的霸權地位，不僅對弱勢者不利，並且哄騙他們繼續接受壓迫，麻痺反抗的意志。愈是激進的左翼，對主流道德的不信任和對抗也更形激烈而徹底。換言之，左翼並不輕易認同「倫理」或者「道德」；反而。在馬克思、恩格斯的著作中，隨處可以見到他們對近代的各種道德觀念例如人權、正義、平等之屬，都是嘻笑怒罵，嘲諷以對的。

這種情形，英國學者陸克斯稱為馬克思主義的「詭論」：一方面強調自身所追求的目標具有高度的道德性，賦予自身高度的使命感，甚至於挾帶著一種道德優越感；另一方面卻質疑一般的道德，特別是不承認道德可以拘束他們的革命事業。[4]這中間的矛盾，到了革命政治的行動時刻，往往形成了一種目的跟手段的分裂：革命的動機跟目的是設法實現再無壓迫與剝削的美好世界，因此道德色彩濃厚；可是手段上卻可以無所不用其極，拒絕任何道德的拘束。在當年，布爾什維克革命時採取激烈的手段，從農村的血腥集體化，

---

4 Steven Lukes, *Marxism and Morality*（Oxford: Oxford University Press, 1985），pp. 1-4.

古拉格體制，特別是到了斯大林時代的大清洗以及莫斯科大審，引起了外界的許多批評。指責之一，就是布爾什維克高舉革命目標的神聖，將革命高度道德化，行動上卻是不擇手段，違反了一般的道德規範。以革命的目的為名，「為了目的不擇手段」，成為許多人批評布爾什維克的理由之一。

以真正布爾什維克自居的托洛茨基，身為斯大林主義的受害者，接下了這個問題。他認為道德確實分成兩種：但區分並不是「目的的道德」跟「手段的道德」割裂，而是「他們的道德」跟「我們的道德」的截然不同。[5] 布爾什維克基於唯物論，認為道德必然帶有階級的性格，在資本主義時代，主流的道德觀為資產階級服務，維繫著資本主義的剝削體制，這些都是「他們的道德」，對於革命者當然沒有拘束力。至於「我們的道德」，也就是馬克思主義政黨的革命倫理，並不是「為了目的不擇手段」的。革命者的道德是：「凡是真正趨向於人類之解放的手段，都是允許的。」他的行為規範，來自社會發展也就是階級鬥爭的法則，允許甚至於要求一切有利於工人階級解放的手段，但是鄙棄那些分裂工人階級、破壞鬥爭意識的手段。換言之，托洛茨基認為，「我們的道德」是一種很明確的道德；它並不是「為了目的不擇手段」，而是「根據目的決定手段」；既然它的目標在道德上是正當的，因此達成這個目標所需要的手段在道德上也就是正當的。

正如當年的杜威以及後來的陸克斯針對托洛茨基的批評所言，

5　Leon Trotsky, John Dewey, and George Novack, *Their Morals and Ours*（NYC: Pathfinder Press, 1973）；亦可見 https://www.marxists.org/archive/trotsky/1938/morals/morals.htm。王凡西先生的中譯見https://www.marxists.org/chinese/trotsky/marxist.org-chinese-trotsky-19380216a.htm。

這種辯詞有兩個問題。第一，革命行動的後果，跟採取這個行動時想要達成的目標，並不是同一件事；為了追求革命的目標所採取的一件行動，得到的後果很可能是相反的、甚至於嚴重錯誤的。而托洛茨基之所以天真地相信革命的目標跟後果是同一回事，只是因為第二，他深信「一切法則的法則——階級鬥爭的法則」，保證了「目的與手段之辯證式的相互依存」，也就是既保證了革命的目標可以清楚地證明手段是對的，也保證了這個手段確實可以實現革命的目標。但是左翼革命的歷史跟高昂的代價顯示，「階級鬥爭的法則」不會有這種神奇的效果：目的決定手段，但是手段所帶來的後果，跟目的之間的關係是完全不確定的。布爾什維克式的左翼認為自己有一套「我們的道德」。但是這套道德並沒有擺脫上面所說的「馬克思主義的詭論」，也就是在高度道德化的目的，跟不受道德節制的手段之間的緊張矛盾。[6]我們要如何瞭解這種明顯矛盾的道德心態呢？

四、「同路人」：魯迅的左翼定位

魯迅本人並沒有對「階級鬥爭的法則」表示過懷疑，不過他也不會以唯物史觀為根據，全盤接受階級革命的目的和手段。他當然支持無產階級的革命，但是如前面我根據王得后先生的說法所綜合出來的四點，魯迅式的左翼對革命分別在其局部性、工具性、倫理性，以及過渡性四個方面有所限定跟保留。這些限定跟保留，已經表示魯迅對唯物史觀以及階級鬥爭的接受是有限度的。如果如此，

6　杜威的評論 "Means and Ends"，見上引書pp. 67-73，陸克斯的批評見上引書pp. 117-124。

那麼魯迅左翼還能算是一種「左翼」嗎？這樣的「左翼」，又是用什麼樣的倫理態度，去看自己的左翼介入的？

晚近長堀祐造[7]以及楊姿[8]的著作，都指出魯迅的左轉深受托洛茨基《文學與革命》[9]一書的影響，從1925年開始，魯迅不僅進入了馬克思主義的理論，也從托洛茨基書中的「同路人」概念，找到了自己的定位。魯迅學界在多大的程度上接受「同路人魯迅」的說法，我身在行外，並沒有把握；王得后與錢理群兩位也不曾談過這個問題。不過我認為這個說法有一定的可信。而由於「同路人」的觀念有助於說明魯迅左翼的倫理，我願意把它作為一個暫時的假設。[10]

托洛茨基是這樣說明同路人的：

7　長堀祐造著，王俊文譯，《魯迅與托洛茨基：《文學與革命》在中國》（台北：人間出版社，2015）。

8　楊姿，《「同路人」之上：魯迅後期思想、文學與托洛茨基研究》（上海：三聯書店，2019）。

9　里昂‧托洛茨基著，惠泉（王凡西）譯，《文學與革命》（香港：信達出版社，1971）。據譯者自述，譯本在1960年已經完成，但沒有機會出版。

10　必須注意，在1920年代初期，托洛茨基對「同路人」是高度肯定的。在當時的國際共運內外情形如何，我沒有讀到確切的材料，不敢斷言。但是進入1930年代以後，「同路人」逐漸變成了一個不光彩的字眼。反共的人用此名來醜化那些附和、支持蘇聯以及各地共產黨的知識分子，而在共產主義運動內部，也並不信任同路人，往往視他們為不徹底甚至於投機的小資產階級粉紅左翼。1935年共產國際改採「人民陣線」，大舉接納西方的左傾文化人。但從西班牙內戰可以看出，共產黨不會容忍有獨立意見的同情者。到了冷戰年代一直到今天，「同路人」一詞只剩下了貶義。今天再用「同路人」來定位魯迅，可能會引起很多人側目。但是不用這個詞，我們很難掌握魯迅左翼在當年的淵源以及跟布爾什維克的對比。關於「同路人魯迅」的各種問題，我只能請讀者參考長堀祐造跟楊姿的專題著作。

他們全都接受革命，各人以各自的方式接受它。不過在各個不同的接受中，有一個共同的特點，將他們和共產主義分隔開來，且常使他們有反對共產主義的危險。他們不是將革命當作一個整體來把握的，而對共產主義的理想又格格不入。所以同路人的問題是：他會走得多遠？[11]

魯迅本人則這樣介紹同路人：

同路人者，謂因革命中所含有的英雄主義而接受革命，一同前行，但並無徹底為革命而鬥爭，雖死不惜的信念，僅是一時同道的伴侶罷了。[12]

長堀祐造跟楊姿認為，「同路人」這個概念給魯迅提供了重要的幫助。綜合他們兩位的意見，加上我自己的解讀，這可以分幾方面談。第一，如托洛茨基所言，同路人具有兩面性，雖然面向未來，但也回顧過去，甚至於保留著過去。因此「同路人」讓魯迅能夠坦然接受自己的身分定位：他出身舊社會，對舊社會雖然激烈批判，卻並不否定身上的舊社會、舊階級的烙印。相反，新舊之間的這種身分，反而讓他自許可以發揮積極的「中間物」功能，成為新舊之間的橋梁。其次，托洛茨基認為，同路人的文學，幾乎是蘇聯革命時期唯一可以稱道的文學成就；「清除了他們，我們還剩下什麼？」[13]他並不認為有所謂無產階級的文學，革命當下不會有，革命成功

11　《文學與革命》，頁47-48。

12　魯迅，《南腔北調集》，頁16-17。這句話出在魯迅給他所編譯的蘇聯同路人作家短篇小說集《豎琴》寫的〈前記〉（1932）。

13　《文學與革命》，頁200。

了進入無階級社會,由於已經消滅了階級區分,一樣沒有無產階級
文學可言。托洛茨基對同路人的肯定,為魯迅以及他的許多文學同
道找到了自身的正當性,可以坦然面對所謂革命文學家的攻擊。[14]第
三,托洛茨基反對馬克思主義者對同路人採取「驕傲蠻橫態度」;
他認為「藝術一定要走它自己的道路,運用它自己的方法。馬克思
主義方法,與藝術方法並不是一個東西。黨領導無產階級,但不領
導歷史的全部過程。」藝術領域「不是靠黨的號令行事的。」他要
求黨在藝術方面的政策「清楚明白地規定自己的活動界限」,「寬
廣而融通」,「不應該帶有小派別的惡毒意氣的」。黨能夠而且必
須保護藝術與幫助藝術,尊重文學的自由和自主。[15]這完全符合魯
迅最根本的內心自由與創作自由的信念,也幫他找到了自己和中共
黨的不疏遠但也不必親近的關係。

五、「性格與氣質」:政治人的精神面貌

    為什麼我要談到魯迅作為「同路人」的身分和定位?同路人有
很多種,魯迅充其量只是其中的一類,遠不足以說明他的左翼有何
特殊。但是魯迅找到自己的同路人身分,很大程度上是受到托洛茨
基的影響。而托洛茨基在說明同路人跟布爾什維克左派的對比時,
強調的差別之一,就是兩者在性格、氣質上的不同。我認為,魯迅
在「性格與氣質」這一點上的獨特,正好跟革命左翼形成鮮明的對
比。性格、氣質的不同包括了不同的倫理觀,一方面可以說明上述

---

14 直到1928年,托洛茨基一直被視為蘇聯革命最重要的領導人之一,
   在中國左翼陣營中也有莫高的地位。托洛茨基成為異類甚至於反動
   派,在中國要到1930年代才廣為人知。
15 《文學與革命》,頁201-203。

馬克思主義的道德詭論，另一方面也說明了魯迅左翼的獨特性格。

談到倫理觀，一般會著眼於一套抽離出來的道德原則，很少有人談到精神氣質的層面。但20世紀初葉，韋伯談政治倫理的時候，便認定不能從「是不是服膺一般道德法則」看政治倫理，而是從另外兩個角度評量政治行動：信念，以及後果，並由此提出了「訴諸信念的純潔高貴」以及「對後果負責任」的兩種政治倫理。從這個角度看，前面談到過革命左翼的道德詭論，確實抓到了革命左翼的弱點。韋伯對意圖倫理的批評，認為意圖不能保證後果，已經足以說明革命左翼無法用目的的道德性來為自己的手段辯解。托洛茨基的「我們的道德」，則是一種企圖將意圖跟後果混為一談的解套方式：由於唯物史觀「階級鬥爭的法則」的保證，意圖跟後果是注定合一的，從而革命理想跟革命行動的後果也是合一的。但是即使相信「階級鬥爭法則」的存在，誰能保證一件政治行動完全符合這套法則的要求呢？韋伯的後果倫理，相對忽視意圖跟信念，但是也不要求後果必須符合道德的要求。韋伯所要求的是：革命者不要去吹噓動機多麼純潔，理想多麼高貴，後果多麼輝煌偉大，而是要考慮到後果是自己所造成的，要對後果負起責任，承擔其代價。換言之，韋伯認為政治行動者本身的責任意識，負責任的心態，才是政治倫理的核心。

韋伯談政治倫理的角度，竟然切入了心態、意識的面向，可以幫助我們給魯迅的倫理觀找到定位。我認為，魯迅左翼跟革命左翼之間的區別，同樣不是在原則、意圖、結果這些屬於行動的層面上。這是因為，無論是原則、意圖，還是對後果的考慮，都是圍繞著行動而談的。但是魯迅左翼跟革命左翼的區別，並不在用這些角度可以描述的層次上，而是在行動者本身的心態、性格上。魯迅不是理論家，也不會抽象思考道德問題。他身為文學家，反而會注意到心

態、性格的層面上，毋寧說是很自然的。

所以，我們必須跳出規則、動機以及後果這三方面的考量，而進入心態、性格（或者精神氣質）的層面，來了解左翼的倫理觀。確實，在政治立場、政治行動的背後，還有另一個範疇的問題有待探討。事實上，無論政治行動者是不是有固定的道德觀點，也無論他遵守哪些道德規範，行動者在行動中都會表現出自己的性格、情感、心態、做事情的方式，也就是他是一個什麼樣的人。最激進的職業革命家，其實正是最能貫徹一種革命者心態、性格的人。但是這一類問題，一般談政治倫理的時候很少受到重視。我們要如何從這類問題出發，理解魯迅左翼的特色呢？

最近讀到一位美國年輕學者契尼斯的新著《黑暗時代的自由主義：20世紀的自由主義氣質》[16]，對上述「對政治的態度」，提供了一個比較複雜的思考架構，給了我一些啟發。契尼斯注意到，20世紀出現了一種新型態的政治運動，不惜以極端的暴力，追求極端崇高的理想，從人道主義出發，卻導致反人道的結局。18世紀法國大革命中的恐怖時期堪稱先行者，20世紀的共產主義和法西斯主義則是經典的例子。這一類運動的意識形態、主張、目標雖然南轅北轍，相差極大。不過積極參與這類行動的人，往往表現了一種契尼斯稱為「專注而無情」ruthlessness的心態或者說氣質，專注地追求某種終極的目標，某種最高的理想，即使代價是對他人或自己造成了嚴重的犧牲或者傷害，也毫無猶豫、懷疑、躊躇、懊悔。契尼斯認為，無論意識形態上的左右，凡是具有強烈理想主義、全心追求理想的人，都有可能沾染上這種「專注而無情」的心態。對比之下，

---

16 Jushua L. Cherniss, *Liberalism in Dark Times: The Liberal Ethos in the Twentieth Century* (Princeton, NJ.: Princeton University Press, 2021).

自由主義則往往意識到了「節制」的必要：不僅在制度上設計了權力分置、法治、基本人權等障礙，也認為「有所節制」是一種針對個人性格以及為人處事方式的根本要求，鼓勵人們培養有所節制的習性。在契尼斯看來，「專注而無情」的態度，跟強調「節制」的政治態度，其實表現了兩種政治倫理，兩種從事「政治」這件事的態度。由於「政治態度」一詞過於含混，為了具體的分析，契尼斯借用了古希臘哲學的一個字眼，稱之為兩種「精神氣質」ethos。這個概念揭露了一些含義豐富的議題，有助於我們回頭去充實和發展「魯迅左翼」的含意。

從事政治需要考慮所謂的「氣質」嗎？政治的範圍很廣，包括了主張什麼學說、理論、意識形態，包括了制度的選擇跟安排，策略跟戰術的考量，說服和動員群眾，政治要分配利益，還要設法維繫和捍衛手裡的權力。但是，當一個人或者一群人在做這些事情的時候，他們難道不會表現出自己的心態、情感、性格，以及做事情的方式？不會表現了他的價值觀，他是如何判斷是非、對錯、好壞的？不會顯現出他對於自己作為政治參與者有什麼看法跟要求嗎？換言之，在從事政治的時候，除了上述那些政治活動本身之外，行動者的情感傾向，性格傾向，簡單說他是一個什麼樣的人，也在發揮著作用。但是這些問題，在政治哲學、政治理論裡不會受到注意。談政治氣質，正是要正面思考這些問題。

六、魯迅左翼與革命左翼的氣質差異

我用「性格與氣質」翻譯 ethos 這個字眼，未必能夠達意。契尼斯在書裡用到了諸如性格、風格、心態、性向、做事情的方式等一系列字眼，設法掌握一個人的精神面貌，最重要的就是這個人是

什麼樣的一個人，什麼情感在推動著他，他是用什麼樣的態度和方式去從事政治行動。無論「性格與氣質」能不能達意，這個概念想要指出來的廣泛現象顯然很真實：政治行動者的精神氣質，確實會表現在他們的主張跟行動之中，甚至於決定了他們的信念，他們的作為。上面引用契尼斯所談的「專注而無情」，作為布爾什維克革命左翼的精神特徵，也並不離譜。

果然，在《文學與革命》書中，托洛茨基指出，十月革命的基本特點，羅列出來就是

> 目的明晰，現實主義，思想發揮出物理的力，無情的一貫性（merciless consistency），路線的明確與堅定。可是這些特點完全不為「同路人」所理會（foreign to，對同路人來說是陌生而無法理解的）。這就是他們祇能成為同路人的緣故。[17]

托洛茨基列出十月革命的基本特點，著眼點居然是布爾什維克的精神氣質，而不是任何馬列主義的信條。在另一方面，這些基本特點，跟契尼斯所描繪的「專注而無情」也若合符節。重要的是，托洛茨基雖然在一些方面相當肯定了同路人，卻也看出了同路人並不具有這種精神面貌；甚至於會排斥職業革命家的這些性格跟心態。

那麼魯迅是不是在這個精神氣質的層面上拒絕了革命左翼呢？要真正回答這個問題，需要對魯迅的著作以及生平進行細緻、深入的分析。不過參考王得后、錢理群兩位整理出來的「魯迅左翼」對革命的態度，我相信肯定的答案雖不中亦不遠。魯迅自認是「黨外的布爾什維克」，接受了馬克思主義的主要學說，對中共的革命高

17　托洛茨基，《文學與革命》，頁95；英文本，p. 104。

度同情和支持。但是他自始至終不願意入黨，跟左聯的關係緊張，對左翼文學家的攻擊毫不遲疑地以嘻笑怒罵的方式猛烈反擊。換言之，他認同左翼的革命本身，卻不認同革命左翼的革命方式與革命作風。

在這些態度的後面，魯迅這個人的政治氣質，跟托洛茨基所描述的布爾什維克氣質，構成了鮮明的對比。相對於目的的明晰，魯迅拒絕將革命的目的絕對化，掩蓋了人性的其他價值和理想；相對於現實主義，魯迅不會只考慮暴力、策略，和輸贏得失，無視道德和情感的要求；他也想要將思想當成武器，可是他仍堅持每個人思想的自主；至於「無情的一貫性」，魯迅的考慮總是太多，毫無英雄主義的心態；最後，在路線問題上，無法想像魯迅謹守一條「路線」，特別是由黨所制定的路線。

魯迅如何形成了這樣的政治氣質，是很難回答的問題。但一個關鍵，可能就在於他看事情總是從兩面性著眼：例如對於自己不能不追求的理想，他有所懷疑；對人民充滿憐憫和關懷，但經常擔心「暴民」和「愚民」；相信進化論，不過所謂「進步」似乎並不真實；甚至於他對自己也充滿懷疑，「我也吃過人」，一般的啟蒙思想家要「打鬼」，他卻要打自己心中的鬼。一個人如果把自己界定為「中間物」，認為一切都注定是中間物，有正與反、舊與新、好與壞、進步與異化等等兩面性，當然不可能秉持清晰的目的，明確而堅定的路線，「無情的一貫性」；他的政治氣質注定做不到「專注而無情」，而是有所節制，有所疑慮，無法「勇往直前」的。這些，構成了魯迅左翼的特色。

七、結語

寫作這篇文章的動機很有限，只是想根據王得后、錢理群兩位所描述的魯迅左翼，提出一點自己的領會跟思考，作為今天想像「左翼」的一種參考。上文對魯迅左翼的理解跟描述，當然很浮面，很一般，對於「魯迅左翼」的倫理含意也許稍有體會，但是「魯迅左翼」在今天的環境之下究竟具有什麼政治意義和政治可能，我並沒有答案。在革命的時代，它有同路人這條從他人借來的道路可以走；到了後革命的時期，已經無路可同，魯迅左翼能不能從同路人進展成有現實意義的獨立左翼，就是很大的考驗了。

不過文章得找個結尾，還是回到「氣質」。錢理群先生在談〈陳映真和「魯迅左翼」傳統〉時，引用了陳映真先生的一段話：

> 從文學出發的左傾，從藝術出發的左傾，恐怕會是比較柔軟，而且比較豐潤，不會動不動就會指著別人說，是工賊、叛徒、是資產階級走狗，說魯迅的阿Q破壞了中國農民的形象，像那種極「左」的。我想我比較不會走向枯燥的、火柴一划就燒起來的那種左派。

錢先生引伸說：「魯迅大概也是屬於『比較柔軟，而且比較豐潤』的左派吧。」[18]魯迅是不是「柔軟、豐潤」，我想會很有爭議。

---

18 錢理群，〈陳映真和「魯迅左翼」傳統〉，《魯迅與當代中國》，頁208，註4。不過隔年錢先生在文章後面追加了一段話：「（在文章中）我對陳映真的政治行動性有些估計不足，在這一點上，他顯然比魯迅要更為積極和主動，因而對陳映真和政黨政治、國家政治

我倒是認為，魯迅給許廣平信中的自我解剖，也許更能點出魯迅左翼的氣質所在，也值得今天的左翼參考：

> 希望我做一點什麼事的人，也頗有幾個了，但我自己知道，是不行的。凡做領導的人，一須勇猛，而我看事情太仔細，一仔細，即多疑慮，不易勇往直前，二須不惜用犧牲，而我最不願使別人做犧牲，也就不能有大局面。[19]

王得后先生曾用毛筆將這段話錄寫送我。暫時，我就用魯迅這段話來作為本文的結語。

錢永祥，中央研究院人社中心兼任研究員，並擔任《思想》總編輯。研讀政治哲學、近代思想史，以及道德哲學和動物倫理學。近年來回溯中國革命裡的「同路人」，尋找一種獨立左翼的倫理氣質。著有《縱欲與虛無之上》、《動情的理性》《人性之鏡：動物倫理的歷史與哲學》，翻譯過韋伯的兩篇「志業」演講、彼得辛格的《動物解放》等書。

（續）————————————————————

關係的複雜性也估計不足。」，頁217。

19 《兩地書》，信上日期是1925年3月31日。王先生的題字寫於2007年，原件他並沒有給我，後來搬家的時候找不到了。幸而複印本現收在《魯迅研究筆記》卷首。

為「左翼的憂鬱」辯護

涂航

一

　　「左翼的憂鬱」（Left Melancholy）是全球左翼文化研究中一項歷久彌新的話題。1989之後，隨著柏林墙的倒塌、蘇東劇變、以及席捲全球的新自由主義浪潮，激進主義思潮陷入前所未有的範式危機。東歐異見者反荼斯大林主義的流弊和古拉格群島的殘暴，頭頭是道；雷蒙・阿隆痛陳「知識分子的鴉片」，剖析法國左翼「親暴政」（tryannophilia）的嫌疑，義正言辭；大洋彼岸，雷根—柴契爾主義的信徒論及「歷史的終結」與自由民主的大同世界，豪言壯語溢於言表。[1] 面對每下愈況的革命大業，如何書寫、追憶和反思20世紀的社會主義運動，成為「西馬」理論界爭論不休的話題。回望革命實踐的「言」與「行」之間的巨大落差，不少道上同志以「自嚙其心」的姿態，傷悼往事，守護破碎的政治理想。他們從本雅明的憂鬱美學和阿多諾的「否定的辯證法」中汲取靈感，企圖以自我

1　見Raymond Aron, *The Opium of the Intellectuals*（New York, NY: Routledge, 2001）.

坎陷重啟更為激進的理論姿態。[2]

另一方面，多有反對者提出「抵抗左翼憂鬱症」之必要：馬克思主義者只能從未來，而不是「黃金古代」，汲取自己的革命詩情；如若放棄「改變世界」的行動哲學，沉溺於理論的「深淵大飯店」（Grand Hotel Abyss），則不可避免地帶來政治癱瘓。[3]於是乎，阿蘭・巴迪歐、齊澤克和阿甘本等革命的激進論者反其道行之，動輒以「潛能」、「顛覆」、「真理—事件」乃至「聖保羅主義」將革命信仰再魅化，油然呈現出一種弔詭的神學色彩。[4]兩方看似南轅北轍，但在各自尋找讓共產主義重新「綻出」的求索中，卻每每有「兩極相近」之處：無論是化自我質疑為隱晦執念，還是化唯物主義為解放神學，兩者均以「知其不可為而為之」的勇氣延續革命的一線生機。

西方新左翼的歷史經驗根植於1960年代席捲資本主義世界的青年造反運動：從「五月風暴」到「休倫港宣言」，左翼人士心繫第三世界的反殖反帝鬥爭，認為「馬、恩、列、毛」提供了一種外在於資本主義知識生產體系的批判意識，因此具有無與倫比的解放潛

2　關於「左翼的憂鬱」的細緻梳理，見Enzo Traverso, *Left-Wing Melancholia: Marxism, History, and Memory*（New York, NY: Columbia University Press, 2017）.

3　見Wendy Brown, "Resisting Left Melancholia," in *Loss: The Politics of Mourning*, ed. David L. Eng and David Kazanjian（Berkeley, CA: University of California Press, 2003）, pp. 458-465.

4　比較有代表性的當代左翼神學論述，見Alain Badiou, *Saint Paul: The Foundation of Universalism*, trans. Ray Brassier（Stanford, CA: Stanford University Press）；對後馬克思主義的神學轉向的分析，見Warren Breckman, *Adventures of the Symbolic: Post-Marxism and Radical Democracy*（New York, NY: Columbia University Press, 2015）.

能。從1920，1930年代蘇聯革命所彰顯的「社會主義世界主義」（socialist cosmopolitanism）情懷，到1960年代的文革所代表的激進烏托邦實踐，社會主義作為一個想像的他者，為新左提供了一個激進的批判性方案，來抨擊西方資本主義的文化與政治病症。有鑑於此，當代西方左翼心憂「真實存在的社會主義政權」（actually existing socialism）之崩塌帶來「外部視野」的喪失。與此相比，亞洲語境下的左翼憂鬱則更多源於親歷文革的知識人如何銘記、反思和追憶作為生命體驗的革命實踐。

同理，如果當代中國大陸亦有「左翼的憂鬱」一說，則憂鬱的根源則來自社會主義市場經濟轉型的切膚之痛：兩個「三十年」之間的相互糾纏，革命慾望的沉淪與逃逸，市場年代的蕪雜亂象，以及工人階層和無產者的憤怒與困惑。親歷革命的滄桑與政治的千迴百轉，不少作家回眸紅色年代的青春年華，在歷史的終結處再度出發，以延續革命原初的本能動力：從王蒙作品《蘇聯祭》裡熾熱的宣言——「青春就是革命，就是愛情，就是文學，也就是蘇聯」，到張猛電影《鋼的琴》裡溫情脈脈、古風遺存的社會主義工人社區，再到馮小剛導演的浪漫史詩《芳華》裡洋溢著理想和激情的紅色文工團，經歷了天翻地覆的轉軌、轉業、改制、下海、私有化、全球化的一代中國人依舊無法忘卻舊日烏托邦迷夢。

我認為，西方左翼的理論訓誡雖然難以契入亞洲左翼親歷親為革命的痛感，但其憂鬱情狀卻能為我們所分享。「憂鬱」並非僅僅導向失敗主義，而是凸顯左翼知識分子在鄂蘭所謂「靜觀的人生」（vita contemplativa）與「行動的人生」（vita activa）之間來回搖擺的兩難處境。陷入左翼憂鬱者固然躊躇不決、無行動力，但亦以自省獲得了一種批判意識的制高點，繼而在（經典）革命終結的起點上以「否定的辯證法」延續革命的能量。本文分梳左翼憂鬱症在中

西文藝界的幾個代表案例，以此說明憂鬱如何能代表20世紀中西知
識人和革命之間的繁複迂迴，身處「吶喊」與「彷徨」之間的兩難。

二

　　1917年，佛洛依德在其著作〈傷悼與憂鬱症〉（Mourning and
Melancholia）一文中詳細區分了傷悼與憂鬱的區別：雖然兩者都是
由愛慾對象的喪失而觸發，但傷悼之人尊重現實，會通過一系列積
極的行為來排遣其傷惋情懷，最終告別往昔。與此不同的是，憂鬱
之人整日陷於對已逝伊人的懷戀之中而不可自拔，導致一系列的抑
鬱、空虛和自我貶損，乃至完全喪失對現實的認知力，其具體病症
有：「對外在世界不感興趣，喪失愛的能力，抑制一切活動，並且
自我評價降低，以至於通過自我批評、自我譴責來加以表達」。[5] 由
此可見，與「健康」的傷悼行為相反，憂鬱症患者拒絕承認愛慾對
象的死亡，通過執念與幻覺來維繫與失落客體的聯繫，久而久之，
自我逐漸被客體所吞噬而不可自拔，最終走向精神崩潰。
　　佛洛依德對憂鬱（症）的討論僅僅局限於私人領域，並未和政
治發生任何聯繫。1931年，瓦特・本雅明在為德國報紙 *Die
Gesellschaft* 撰寫的社評〈左翼的憂鬱〉中，率先用憂鬱症來描述共
產革命在威瑪時代一挫再挫在左翼知識群體中引發的顧影自憐。斯
巴達起義失敗之後，面對頑固的保守黨人和秩序派，工人運動陷入

5　Sigmund Freud, "Mourning and Melancholia," in *The Standard Edition
　　of the Complete Psychological Works of Sigmund Freud, Volume XIV
　　（1914-1916）: On the History of the Psycho-Analytic Movement,
　　Papers on Metapsychology and Other Works*(London, UK: The Hogarth
　　Press and the Institute of Psycho-analysis, 1957）, p. 244.

低潮，組織渙散的德國左翼再難有所作為。大蕭條之下，日漸崛起的納粹右翼不斷蠶食共和國的民主根基，面對災難時局，Erich Kästner、Kurt Tucholsky等「激進公知」（Radical publicists）竟然放棄「改變世界」的行動哲學，退入藝文界，整日玩弄印象主義、唯美主義等「為藝術而藝術」的奇技淫巧，完全喪失了政治雄心。本雅明諷刺道，在這些左翼浪蕩子的筆下，拋頭顱、灑熱血的革命行為變成了空洞的惺惺作態，砸爛一切的無產階級鐵拳淪為「紙糊的、握緊的拳頭」（clenched fist in papier mâché）。[6] 當希特勒及其黨人炮製例外狀態、操弄大選上位，左派人士還在頹廢的資產階級文藝中粉飾太平，傷春悲秋，其結果可想而知。畢竟，革命祖師的教導依然鏗鏘有力：「批判的武器不能取代武器的批判」。

　　不消說，本雅明一語道破「左翼憂鬱」的問題：踟躕不前本身就是一種拖延、分散和消解政治能動性的病態傾向。生死存亡之際，左翼需要的是為革命九死不悔的鋼鐵戰士而非吟風弄月的革命詩人。此言不假，但回首馬克思主義革命在20世紀的旅程，失敗和挫折總是如影隨形。唯其如此，左翼憂鬱內含相互矛盾的雙向運動：知識分子深陷理想與幻滅的兩難，在痛斥革命傷感主義之際卻又無可救藥地墮入憂鬱的革命美學——正可謂愈要革命，愈發憂鬱，愈是想擺脫憂鬱，愈發革命。況且，有誰又能比本雅明自身更加富於憂鬱氣質呢？這位「發達資本主義時代的抒情詩人」一面批判頹廢美學，一面卻對巴洛克時代悲苦劇（German Trauerspiel）中的憂鬱美學心馳神往，對漫跡於巴黎拱廊街的拾荒者、流浪者和波希米亞人情有獨鍾，力圖在現代性的廢墟中發掘救贖的隱秘可能。

6　Walter Benjamin, "Left-Wing Melancholy," *Screen*, vol. 15, no. 2（July 197）: 28-32.

　　1940年9月，本雅明和其他流亡者歷經艱險抵達庇里牛斯山腳下的法、西邊境小鎮波爾沃特之時，西班牙當局突然關閉了邊境。絕望之下，本雅明當晚吞下大量嗎啡自殺。彼時，他的朋友西奧多・阿多諾在大洋彼岸不勝悲慟，發誓要將本雅明獨具一格的「憂鬱辯證法」發揚光大。阿多諾的哲學理念之所以被稱為「憂鬱的科學」，[7] 在於其否定的辯證姿態：奧斯維辛之後，詩不再成為可能，啟蒙蛻化為野蠻，革命亦誤入歧途。就此，哲學省思必須徹底放棄「行動的人生觀」，拒斥任何行動綱領，退回靜觀的人生，以維持其毫不妥協的批判姿態。1960年代，面對學生造反派來勢洶洶的指控，阿多諾更是冒天下之大不韙，提出法蘭克福學派的「順從」（Resignation）並非意在肆意宣洩無能為力之感，而是在自我坎陷中重啟更為激進的理論姿態。[8] 對於阿多諾來說，馬克思主義之所以成為可能，恰恰在於革命已成明日黃花，因此不必削足適履，承受「實踐」的壓迫。憂鬱的左翼知識人得以省思浩劫，了斷創傷，追尋詩學正義。由此可見，憂鬱體現在法蘭克福學派思考的肌理之中，將沉溺化為一種自省，將難以割捨的愛慾化為一種隱晦的執念，在納粹禍亂歐洲、世界大戰與美蘇爭霸此起彼伏，千萬人流離失所的災難年代，在革命已經蛻變腐化的曖昧不明的時空裡，執著地搜尋、捕獲和闡明人類解放的微弱的可能性。

7　Gillian Rose, *The Melancholy Science*（London, UK: Verso, 2014）.

8　Theodore Adorno, "Resignation," *Telos*, vol. 35, no. 166（Spring 1978）: 290-293.

三

　　「憂」的傳統在儒家文化中同樣是一項歷久彌新的話題。從詞源學上來看，「憂」亦在《詩》三百篇中頻頻出現，表達因離別、社會不公、自身不幸或者國破家亡所引發的惆悵之情。[9] 但與西方憂鬱論述所折射的神學—病理學闡釋不同，儒家道德理想主義讚頌憂患意識，將「憂」看做是積極的政治倫理和君子品格。從憂君憂國到憂道憂民，士大夫的憂患意識表現為一種居安思危、危機意識和時代使命感。歸根結底，憂是由於儒家所追求自身和社會的道德完善的理想與現實政治格格不入，而產生的存在主義式的焦慮。范仲淹所言「先天下之憂而憂，後天下之樂而樂」無疑是這一憂國憂民情懷的經典寫照。無論是「居廟堂之高」還是「處江湖之遠」，士人無時無刻不心繫儒家的道德理想和天下情懷，因此往往陷入一種揮之不去、無法排解的憂鬱。

　　現代中國所經歷的「三千年未有之變局」，使得儒家憂鬱觀呈現出更為複雜的面貌。一方面，隨著西方心理學的傳入，憂鬱的醫學闡釋進入五四一代學人的視野，憂鬱的美學和倫理學逐漸被關於憂鬱症的病理學闡釋所替代。另一方面，中國文化的危機再度激活儒家傳統的憂患意識，使得「感時憂國」成為五四文學的核心思想意蘊。在夏志清看來，清末民初的種種社會亂象與政治黑暗和新文化運動所憧憬的現代性格格不入，是故五四文學具有一種濃郁的道

9　對憂鬱的細緻的詞源學考察，見樂黛雲，〈憂鬱——中國視野〉，《同行在未名湖畔的兩隻小鳥：湯一介、樂黛雲隨筆》（西安：太白文藝出版社，2005），頁305-310。

德使命感和救國情懷:「現代的中國作家……非常感懷中國的問題,無情地刻畫國內的黑暗和腐敗」。[10] 面對強敵環伺、國難方殷的時局,五四新文學瀰漫著挫折、失敗和幻滅感。這兩種傳統交織之下,由國家民族之衰亡而生的切膚之痛往往表現為心理層面的抑鬱和精神失常。於是乎,郁達夫寫《沉淪》,講述一個旅日青年如何因民族自卑情節引發嚴重的精神紊亂。在小說中,性挫折產生的嚴格焦慮和救國無方而產生的沮喪之感相互加強,最終導致了主人公的精神崩潰。無法排遣的力比多與落後民族身分的羞恥感相互交織,強化了主人公敏感、多疑、易怒的憂鬱症候:「眼看到故國的陸沉,身受到異鄉的屈辱……沒有一處不是憂傷,同初喪了夫主的少婦一般,毫無力氣,毫無勇毅,哀哀切切,悲鳴出來的……」[11] 由此可見,郁達夫在儒家士大夫的感時憂國精神(melancholy)和佛洛依德式的憂鬱症(melancholia)之間徘徊,形成了一種帶有強烈頹廢主義色彩的美學風格。

郁達夫的頹廢寫作雖然承載著批判社會壓迫的功能,但憂鬱症因其自怨自艾、自我逃避的情感特質而不斷遭到左翼的非難。1927年大革命失敗之後,創造社和太陽社諸人將革命分崩離析的原因歸咎於小資產階級文人的「劣根性」。成仿吾認為:「浪漫主義和傷感主義都是小資產階級特有的根性」,而作為小資產階級的一員,知識階層尤其以「躊躇不決、無行動力、無責任感」而臭名昭著。[12]

---

10 夏志清,〈現代中國文學感時憂國的精神〉,《中國現代小說史》,劉紹銘等譯(香港:香港中文大學出版社,2001),頁391。

11 郁達夫,〈懺餘獨白〉,《郁達夫小說全編》(杭州:浙江文藝出版社,1990),頁832。

12 見張廣海,〈小資產階級原罪意識的誕生、規訓與救贖:論大革命後左翼知識分子自我認知機制的轉型〉,《文藝理論研究》2012年

同時，論及當時在蔚為風潮的「革命文學」，魯迅亦有戲謔之言：
「革命文學家風起雲湧的所在，其實是並沒有革命的」。換言之，
以階級鬥爭為綱的左翼文學表面上氣勢逼人，動輒「在紙面上寫著
許多打，打，殺，殺或血、血的」，可這偏偏不是在戰場上揮斥方
遒，而是在革命一敗塗地之後以激烈的言辭來打打筆仗。與本雅明
對左翼的憂鬱的批判類似，魯迅認為，文學書寫革命這一行為本身
就是一種逃避，最終維護了舊有的體制。

　　即便如此，正如本雅明無法放棄自身的悲觀氣質，魯迅也常常
陷入憂鬱的自我書寫。因此我們不難理解，為何魯迅的「吶喊」總
是伴隨著不合時宜的「彷徨」。在《吶喊・自序》中，魯迅直言自
己並非「振臂一呼應者雲集」的文壇領袖，而是「置身毫無邊際的
荒原，無可措手」的獨行使徒，被寂寞的毒蛇「纏住了靈魂」，雖
然迫於「聽將令」而以曲筆呼喚啟蒙，卻無時無刻不感覺到希望的
荒誕無稽。放眼望去，他的文學世界裡少見「引刀成一快，不負少
年頭」的慷慨悲歌之士，卻充滿了消沉、挫敗、頹廢的青年：落魄
的士人孔乙己、因肺癆而奄奄待斃的華小栓，以及啟蒙之夢破碎的
五四青年魏連殳。在學者汪暉看來，魯迅這種悖論式的自省風格並
非渲染一種悲觀主義的基調，而是體現了作者身為「歷史中間物」
深切感受到文化革新的深刻複雜和矛盾。[13] 創作與其說是魯迅渴求
革命的姿態，不如說是一種把握革命的諸多悖論——希望與絕望、
反抗與屈服、銘記與遺忘——的存在主義的態度。

　　時至今日，五四憂鬱的裊裊餘音並未散去，左翼的憂鬱症仍在

（續）───────────────
　　　第4期，頁30。
13　汪暉，《反抗絕望：魯迅及其文學世界》（增訂版）（北京：生活・
　　讀書・新知三聯書店，2008），頁181-255。

大陸文藝圈延續。2006年，作家王蒙出版《蘇聯祭》一書，濃墨重彩地描繪知青一代的蘇聯情節。王蒙對北方赤都的嚮往可上溯至1950年代，其處女作《青春萬歲》（1957）以浪漫主義的筆調把蘇聯描繪成社會主義的共樂園。再回首已是百年身，經歷蘇聯解體、市場經濟大潮的王蒙在《蘇聯祭》裡仍然熱情洋溢地宣稱「青春就是革命，就是愛情，就是文學，也就是蘇聯」。對於情繫中蘇友誼的王蒙而言，蘇聯老大哥首先激起的是一種基於個人生命體驗的「情動」：「沒有哪個國家像蘇聯那樣，我沒有親眼見過它，但我已經那麼熟悉、那麼了解、那麼惦記過它的城市、鄉村、湖泊，它的人物、旗幟、標語口號，它的小說、詩、戲劇、電影、繪畫、歌曲和舞蹈」。[14] 無獨有偶，2003年，導演王兵拍攝了一部長達九小時的紀錄片《鐵西區》，呈現昔日「共和國長子」東北老工業基地的衰敗景象，受到學界關注。隨後，張猛的劇情片《鋼的琴》（2010）和作家雙雪濤的小說集《平原上的摩西》（2015）描述工人下崗、國企解體、社會治安混亂的當代東北，頹廢美學之下暗藏對往日榮光不再的感慨悲歌。

自2013年起，官媒開始大張旗鼓地強調毛澤東時代和鄧小平時代的「兩個三十年不可以互相否定」，重申社會主義革命的歷史成就。主旋律文藝宣揚紅色遺產的史詩稟賦，亦不得不正視失卻烏托邦所引發的切膚之痛，導演馮小剛的劇情電影《芳華》便是其中代表。《芳華〉根據嚴歌苓同名小說改編，以文革和中越戰爭為背景，講述了1970年代一群洋溢著理想和激情的軍隊文工團員的起伏命運。孤苦無依、遭人唾棄的何小萍歷經艱難終於加入了文工團，她夢想著浪漫的軍旅生涯，卻發現周遭的大院子弟們仍對她惡語相

---

14 王蒙，《蘇聯祭》（北京：作家出版社，2006），頁54。

向，極盡所能地排擠和戲弄出身「臭老九」知識分子家庭的她。唯有同樣出身卑微的劉峰對她伸出援手。劉峰性格憨實，心靈手巧，把自己的愛和溫暖奉獻給每個人，因此有社會主義標兵「活雷鋒」之美譽。誰料劉峰熾熱地暗戀著軍區司令的女兒林丁丁，卻反遭構陷、被冠以流氓罪遭到軍隊處分、逐出文工團而告終。

即便《芳華》可能流於濫情造作，馮小剛的浪漫史詩仍然提醒我們，在革命早已成明日黃花的資本世界，社會主義的「情感結構」仍然翻湧在集體無意識的深處，憂傷的延疊亦是政治慾望的延續。從集體主義的點滴日常到福利國家的經濟保障，再到烏托邦氛圍下激盪的樂觀情緒和理想主義，作為生命體驗的社會主義與意識形態教條不盡相同，浸潤著私人的記憶和情感。到了電影的後半段，敘事卻急轉直下，揭示革命情懷退場之後的傷痛與殘骸。故事的結尾，大院子弟們紛紛脫去了軍裝，搖身一變成為了市場經濟的弄潮兒，或是嫁出國門，或是忙於操弄地產證券，或是在高檔咖啡廳寫著小資文學。與此相比，木匠的兒子、曾經的戰鬥英雄劉峰竟淪落為底層小販，駕駛著三輪車輾轉於街頭小巷之間，備受城管的欺凌。在資本主義失樂園裡，「被侮辱與被損害者」的境遇令人唏噓，這其中的血淚與傷痛、幻滅與絕望，哪裡能叫人不感同身受、心有戚戚？並為自己無能伸出援手，而深自幽懷呢？

四

總結上文，我的論點是，法蘭克福學派的憂鬱「症」承自身處資本主義陣營的左翼，因「替代性方案」的崩塌所引發的失落與焦慮，繼而引發否定思維實踐、退回理論思辨，以退為進，追求更為激進的批判姿態；相比之下，現代中國知識分子與作家的「左翼憂

鬱」則發自親歷親為的革命實踐的回環曲繞,而非想像的烏托邦的
塌陷,由此生出如何對證歷史、與革命和解的困惑與哀思。儘管背
景不同,政治訴求有異,兩者均凸顯左翼所蘊含的「否定的辯證
法」——在(經典)革命終結的起點上以自我質疑、自我坎陷的方
式延續革命的能量——彰顯了憂鬱的潛能。傷痛並非意味著左翼的
土崩瓦解,反而通過「刻意的弱化」經典馬克思主義的強勢思維來
賦予其一線生機。德里達在《馬克思的幽靈》中寫道,柏林牆之後,
任何左翼永遠無法擺脫暴力革命的黑暗遺產。[15] 唯其如此,當代馬
克思主義唯有放棄其教條式的、進步論式的宏大敘事,去其肌體,
存其魂魄,方能滌蕩史達林主義的陰影,讓革命的彌賽亞留存人間。

　　涂航,新加坡國立大學中文系助理教授,主要研究領域為中國現
當代思想與文學。出版專著《情動於「中」:當代中國的思想爭鳴
與情感政治》(聯經),中英論文散見於《小說評論》、《南方文
壇》、*Critical Inquiry*、*The Journal of Asian Studies*、*Modern Intellectual
History*、*MCLC*等刊,另為《明報月刊》等雜誌撰寫文化時評。

---

15 Jacques Derrida, *Specters of Marx: The State of Debt, the Work of
   Mourning & the New International* (New York, NY: Routledge, 1994).

輯二
歷史實踐

左翼在馬來（西）亞：

被召喚的幽靈

蘇穎欣

　　過去五年的馬來西亞，政治像連續劇一樣高潮迭起。2018年5月的全國大選終於引來1957年獨立以來的首次政黨輪替，然而帶領反對派贏得大選的不是別人，正是曾經掌權二十幾年的九旬前首相馬哈迪（Mahathir Mohamed）。進步派和保守勢力的合作如履薄冰，政策改革上緩步前行，果然執政聯盟在兩年內就因內部矛盾觸發政變，政府宣告垮台。保守勢力在2020年2月重新掌權，加上新冠肺炎疫情肆虐，民不聊生。2022年11月的全國大選，過去遭監禁多年的反對派領袖安華（Anwar Ibrahim）領導的希望聯盟獲得最大支持，安華終於在「烈火莫熄」運動二十餘年之後成為首相。然而，聯盟也無法不靠和保守勢力合作才順利組成政府，在許多改革議程上形成掣肘。

　　這裡籠統地將政治勢力分為對立的進步和保守派，當然僅是方便討論，無法準確呈現內部複雜的光譜。在分配正義上表現進步的領袖，很可能在承認政治上極度保守；反之亦然。尤其，此次選舉崛起的另一股令人憂心的保守勢力，已經不是強調馬來人至上種族政策的「巫統」，而是一舉拿下最多國會議席的伊斯蘭黨，為馬來西亞政治抹上更深一層的宗教色彩。在保守勢力不斷訴諸種族和宗教作為攻擊「多元」政府的武器下，弱勢的安華政府不以進步多元

為主要改革訴求。不少華人期待著競選宣言中提出的改革得以兌現，例如承認華文獨中的畢業考試文憑，但如今連討論的空間都沒有。政府為證明其在伊斯蘭政治的治理正當性，對性少數群體的打壓也沒有減少。弱化身分認同政治的焦點，安華政府以「昌明大馬」（Malaysia Madani）為治國口號，打出良好施政和分配正義的招牌，積極肅貪，徵富人和奢侈品稅，為中低收入者提供稅務減免等多項優惠政策。這是否是馬來西亞「向左轉」的契機？預料不到的是，保守勢力藉此攻擊政府倡議「階級鬥爭」，是向《共產黨宣言》取經的民粹主義策略。[1]

　　1970年代以來，馬來西亞政治已經許久沒有呈現所謂「左vs.右」兩派相爭的政治角力畫面。當然，保守派毫無理據地引用《共產黨宣言》來攻擊政府，無疑是以抹紅的方式挑起大眾的反共神經而已。安華政府在政治光譜上大概只稍微左傾一點，其領導的人民公正黨中的舊人民黨勢力早就不復存在。[2]左翼政治多年來不曾在馬來西亞主流政治中起積極作用，唯一的社會主義黨儘管有令人尊敬的候選人，但在選舉中總是抱憾而歸。[3]

　　從這幾年的政治變化思考馬來西亞左翼，其實並無呈現如中港

1　當今大馬，「『我嗅到共產黨宣言氣味』，旺賽夫扣財案民粹帽子」，
　　https://www.malaysiakini.com/news/656687。
2　2003年，馬來西亞人民黨與安華的國民公正黨合併組成「人民公正
　　黨」。前者為獨立前1955年就成立的左派政黨，曾積極參與反殖民
　　運動，並在1965年更名為馬來西亞人民社會主義黨，1989年復名人
　　民黨。領導人民黨與公正黨合併的是著名的左翼知識分子、安華在
　　馬來亞大學的老師賽胡先阿里（Syed Husin Ali）。
3　社會主義黨2008年和2013年大選以人民公正黨名義上陣，曾贏獲一
　　個國席和一個州席。但在2018年社黨因不滿希望聯盟與馬哈迪合作
　　而獨力上陣大選，最終沒贏得任何席位；2022年的選舉也敗選。

台般意義「倏忽不定」的問題。左翼從未在馬來（西）亞正式掌權，馬來亞共產黨（馬共）自1948年被政府視為非法組織後，其他不搞武裝革命的左翼勢力從獨立前至60年代末曾勃興一段時間就被殲滅了。所以相對其他亞洲地區，馬來西亞左翼政治看起來單一不變，更遑論左翼內部有什麼批判性的反思。然而，追問左翼在馬來西亞的意義仍是重要的問題。曾經影響一代人的政治思潮和運動為何沒有當代意義可言？在馬來西亞實現左翼理想碰到什麼樣的挑戰？長期深遠的反共文化又如何阻礙我們反思左翼的意義？

左翼歷史的「民族―國族」糾葛

一般認為，左翼運動在馬來亞的起源可追溯到1910年代傳播至此的無政府主義思潮。受中國無政府主義思潮影響的知識分子在一戰前後南來馬來亞華校任教並創辦刊物傳播布爾什維克思想，鼓吹推翻一切強權。這些人包括新加坡真社發起人胡篤初、范章甫和《益群報》創辦人吳鈍民。[4]也有學者將「中國―南洋」這樣的離散知識連結擴大，說明地下無政府主義網絡其實橫跨亞洲、歐洲和美洲，在世紀之交轉譯激進的跨國革命思想和經驗，牽繫著新時代精神的創立，而新加坡和吉隆坡也是他們的交會站之一。[5]由此可見，左翼

---

4 Ching-Fatt Yong, "Origins and Development of the Malayan Communist Movement, 1919-1930," *Modern Asian Studies*, 25.4（1991）：625-648.

5 Tim Harper, "Singapore, 1915 and the Birth of the Asian Underground," *Modern Asian Studies*, 47.6（2013）：1782-1811; Tim Harper, *Underground Asia: Global Revolutionaries and the Assault on Empire.*（London: Penguin/Allen Lane, 2020）.

運動在馬來亞的起源是極具跨國意識的。

1925年轟動一時的吉隆坡爆炸案發生後，[6]無政府主義運動在英殖民政府的打壓下慢慢式微，接著南洋共產黨（1927-1930）和馬來亞共產黨（1930-1989）在共產國際的指引下成立。馬共活動到1948年6月緊急狀態頒布後轉為地下游擊組織，並持續鬥爭到冷戰結束的1989年，才和馬來西亞和泰國政府簽署和平協議，在泰國南部放下武器，成員並在此定居。馬共成員以華人居多，自然以中國革命為主要關注，但其從創黨初期就有建立華、巫、印跨族群陣線爭取馬來亞脫離英國殖民獨立的目標，卻一直擺盪於跨族群和華人民族主義之間，[7]直到戰後1946年才定下明確的國家認同，效忠馬來亞。[8]抗日戰爭前後中國知名左翼知識分子如郁達夫、胡愈之、沈茲九、張楚琨、王紀元、邵宗漢、王任叔（巴人）等人南來，傳播先鋒的社會主義和革命理論。雖然他們的目標是鼓勵海外華人支持中國抗戰，但也促使海外華人對於參與當地民族運動有了較清楚的政治想像和認同。[9]

這也是馬來亞左翼運動相對於東亞地區呈現出的不同面向。參

6　楊明慧、杜漢彬，〈馬來亞無政府主義運動的電影牽繫：1925年吉隆坡爆炸案中南洋影片公司的聯絡站角色初探〉，《台灣東南亞學刊》，15卷2期（2020）：頁5-32。

7　Anna Belogurova, *The Nanyang Revolution: The Comintern and Chinese Networks in Southeast Asia, 1890-1957* (Cambridge: Cambridge University Press, 2019）: 110.

8　陳平，《我方的歷史》（新加坡：Media Masters，2004），頁146。

9　Guo-Quan Seng, "Revolutionary Cosmopolitanism and Its Limits: The Chinese Communist Party and the Chinese in Singapore, Medan and Jakarta Compared（1945-1949）," *Journal of Chinese Overseas* 16.1（2020）: 8.

與政治運動的左翼華人必須時刻反思自己的「外來人」身分，在遠距支援中國革命之時也必須同時耕耘駁雜的本土力量。長期身處西方殖民地的他們，累積了反殖民族主義的思想和實際經驗，成為和其他族群連結的力量。所以我們看到左翼所涵蓋的不只是階級話語。對馬來亞華人而言，左翼思潮不止形塑了華人民族主義，亦溝通了跨族群反殖民獨立運動。

很大程度上，進步的左翼意識形態成功讓民族主義者們放下族群分歧和糾葛。例如在1947年跨族群的左翼聯盟「人民力量中心—泛馬聯合行動委員會」聯合陣線（PUTERA-AMCJA），以大型反對運動抵抗英殖民政府的新憲制，提出更為進步的「人民憲章草案」，其中包括彈性的「馬來由公民權」（Melayu citizenship）定義，主張各族群共享「Melayu」這個公民身分，不由馬來人獨尊。然而，這在當時可說是極為前衛的理念，在各族群社會內部引起反彈。因為這意味著印度人和華人必須完全放棄擁戴「祖國」印度和中國，這在新興國家概念還未成熟的1947年是難以想像的，尤其當時兩國國內政治正處在動亂之中，海外僑民都積極關注。馬來人內部的反對更為激烈，除了擔心失去自身文化和政治身分，也因為不少馬來人當時更希望能和印尼組成國家。[10]

「民族—國族」之間的張力，一直是華人左翼運動在馬來（西）亞面對的巨大挑戰。反共的（後）殖民政府也不忘趁虛而入，積極建立「華人＝共產黨」的形象，將參與左翼運動的華人，即使不是馬共黨員，都刻劃成擁戴外國勢力（中共）的反國家人士。由此，無數華人左翼人士輕易地被指責為反國家、動搖國本的民族沙文主

---

10 Kim Wah Yeo, "The Anti-Federation Movement in Malaya, 1946-1948," *Journal of Southeast Asian Studies* 4.1（1973）: 47-48.

義者，以詆毀他們參與建國運動的動機。無論是獨立前的馬共，獨立後的社會主義陣線和勞工黨人士，或是南洋大學的激進學生們（這些如今我們統稱為「老左」的一代），都無一倖免。也因為左翼在馬來（西）亞主要是反殖民和團結各族的論述工具，社會主義或共產主義的階級鬥爭思想並未被突出或深化。尤其，馬來（西）亞華人社會在文化和教育領域不獲政府津貼，長期依賴的是來自富裕華人資本家的資源。南洋大學、華文獨立中學和地方會館等都是例子。

　　相對而言，馬來左翼人士則被政府以「反宗教」為名打擊，將左翼和伊斯蘭思想對立起來。因為沒有「外來者」身分正當性的困擾，他們能將「反國家」的帽子轉化成批評的武器。被囚禁17年的左翼政治犯賽扎哈里（Said Zahari，1928-2016）就有這麼一首反諷的獄中詩《反國家》：

> 「反國家」，他們說
> 看！這是證據。
> 真的如此？
> 如果：
> 為了摧毀殖民主義者
> 抵制帝國主義者到底
> 為了消滅壓迫
> 清算不公
> ……如果這些是反國家的
> 是的！那我就是反國家！[11]

11　Said Zahari, "Anti-National," *Puisi dari Penjara（Poems from Prison）*. Malaysia: Penerbitan Setia Murni（1973）.本文作者翻譯。

左翼記憶與書寫

值得注意的是，自冷戰體制鬆動以來，當左翼或共產主義不再具有實質的政治威脅，各種記憶和追溯馬來（西）亞左翼歷史的努力開始湧現。前馬共黨員回憶錄的出版，歷史學者的文獻研究和口述歷史，文學和藝術工作者的創作等，形成「記憶之場」。這些作品呈現欲克服當下族群和宗教分化現象的動力，希望能回望歷史往左翼運動尋找資源或出口。尤其因反共體制和文化經年累月的灌輸，這些遭掩蓋和壓抑的歷史反而更引起青年世代的興趣。

我曾在一篇論文指出，[12]前馬共黨員在後革命時代通過「記憶重組」的過程，重新將馬共鬥爭和當下華人公民抗爭結合起來，以尋求歷史認可。這個過程無意識地對歷史進行篩選、增補、消解，甚至挪用，召喚出的是獨立後馬來西亞華人在政治、教育和文化上受馬來主權壓制的族群記憶。也因此，馬共抗爭的記憶主敘事，已經從反殖民族主義或左翼階級話語，轉化成族群政治的記憶。這不止形塑並且限制了我們對馬共和左翼歷史的理解框架和論述，也讓共產／左翼和華人之間的等號更加鞏固。

另一個相似的例子是印尼1965年大屠殺的記憶，經常被視為反華人的種族屠殺行動。就有歷史學者明確指出，當時被打擊的是印尼共產黨和左翼同情者，至今仍未有任何證據顯示那是專門針對華人的屠殺行動。然而，這個政治屠殺被解讀為種族清洗的迷思，在

---

12 蘇穎欣，〈喑啞之後：新馬左翼歷史的記憶政治與當代冷戰敘事〉，《台灣東南亞學刊》，15.2（2020）：95-130。

今日還是非常普遍。[13]自然，印尼華人在1965年軍事政變之後的蘇
哈托時代種種被壓迫的社會情況，也形塑了這個迷思。

另一方面，當代文學和藝術工作者也同樣採取族群視角來記憶
馬共和左翼歷史，不少也透露出了自身的族群焦慮。例如導演廖克
發追憶祖父和馬共歷史的《不即不離》，或許更像是從1969年五一
三種族衝突記憶出發的紀錄片，以懷舊濾鏡填補跨族群想像的縫
隙。他的下一部紀錄片《還有一棵樹》就直接談論五一三，自是意
料中事。當代著名馬華作家黃錦樹近年來一發不可收拾的「馬共書
寫」，也不斷重訪馬共和華人左翼的記憶。不過黃錦樹最在意的並
非馬共和左翼歷史本身，而是華人和馬來（西）亞國族身分建構的
難題。對於革命，他抱著極大的懷疑。從小說中即可看出，黃認為
革命終究輸給人性，輸給種族。即便建立起「馬來亞人民共和國」，
仍然抵不過種族優越感和原地主義的固步自封，終究亡國。

黃錦樹意在顛覆「馬共書寫」的「馬共書寫」，也提出了馬華
左翼文學存在意義的命題。黃從1990年代開始就指出馬華現實主義
文學理論破產的問題，對左翼文學的美學內容和形式加以批判。學
者近期也從黃錦樹的馬共小說中探討他如何以文學重構「南洋魯迅」
的意義，以故事新編的方式把「政治魯迅」還原為「詩性魯迅」。[14]
馬華左翼文學尊魯迅為師，不過作家們所歌頌學習的是戰鬥性的「政
治魯迅」，並以雜文寫作為代表。張康文指出，這些作品的「黨派
性」過強，論述不夠獨立客觀；但作家們相信寫作即是鬥爭的力量，

---

13 Robert Cribb and Charles A. Coppel, "A Genocide that Never Was:
    Explaining the Myth of Anti-Chinese Massacres in Indonesia, 1965-66,"
    Journal of Genocide Research, 11.4（2009）: 447-465.

14 張康文，〈「詩性魯迅」與「政治魯迅」之間：論黃錦樹的「南洋
    魯迅」重構〉，《臺大中文學報》77（2022）: 149-188。

是人格的表現，「也是這樣的信念和實踐形塑了馬華文壇／社會一股不夠深刻但激越、可貴的左翼傳統」。[15]換言之，馬華左翼傳統（如果有這傳統的話）似乎只有政治意義，並沒有思想和文學上的意義。黃錦樹等當代作家的「馬共書寫」，僅將馬共作為歷史題材，其實和左翼文學無甚關係。

　　學者莊華興對此頗有微言。為強調「左翼馬華」這一思想資源的重要性，他指出目前學界將「馬共書寫」當作一種題材的書寫分類（類似環保書寫、飲食書寫的分類）並無意義，甚至導致左翼書寫和左翼文學在以馬共書寫為名的討論下被否定和抹殺。

> 若著眼於「馬共書寫」，能討論僅僅限於表現形式，並無法涵括盧卡奇謂之的「總體性」命題。總體性涉及歷史與政治的連續性發展，左翼文學研究既無法脫離人的敘事，也無法不把人置於歷史脈絡中進行考察。恰如盧卡奇所言，人非孤立的存在，現象的發生置於歷史脈絡中才能讓人掌握事物的本質。左翼文學／作家的關懷在於創作的態度與精神，在寫作關照視角上，左翼文學正視現實、批判現實；在總體性的關照下，左翼文學的特殊性方得以彰顯，此即其美學所繫，也是「左翼文學」和「馬共書寫」的最大分野。[16]

　　在此，莊華興強調左翼批判現實的創作精神，才是作為左翼文本的馬共歷史／書寫最大的意義。戰前至戰後初期在中國—南洋跨

15　張康文，〈「馬華魯迅」和「東亞魯迅」：對話的可能與不可能〉，《思想》39期（2020）：200。

16　莊華興，〈從「馬共書寫」問起的若干問題〉，《當代評論》2018：http://contemporary-review.com.my/2018/11/30/1-127/

界、跨際和跨境流動的作家引領左翼思潮，以及戰後乃至馬來亞獨立前後的左翼文學經歷本土認同的轉化，這些都是值得積極挖掘的「左翼馬華」思想資源。在他的論述中，「左翼馬華」指的不只是革命敘事、現實主義的左翼文學，也包括了南洋和馬來亞左翼政治下彰顯的思想和精神基調，一套如今已走向「異化」且不受重視的具有思辨和批判性的論述。他認為，隨著時代的更迭，馬華文學思想含量隨著文體精神基調的改變而遞減。尤其，戰後在冷戰氛圍、美援體制和反共的緊急狀態下，馬華左翼和現實主義文學早已被視為教條的意識形態文學。崛起的現代主義思潮成為最理想的文學和美學標竿，如今仍然深深影響著馬華文學創作和論述。

　　無論在政治運動和文學思想上，「左翼」在馬來西亞更多是一種歷史經驗，或是如馬克思所言，仍是四處遊蕩的幽靈般的存在，時不時以各種名目被召喚出來。

　　蘇穎欣，澳洲國立大學文化、歷史暨語言學院講師。研究興趣為東南亞歷史、文學與知識生產。與魏月萍合編《重返馬來亞》（中、英文版），譯有新加坡作家亞非言（Alfian Sa'at）的《馬來素描》。

為什麼是廈門班：

台灣左翼戲劇散論

林克歡

　　號稱「台灣新劇第一人」的張維賢（耐霜）在〈台灣新劇運動述略〉一文開頭便說：「台灣新劇運動，萌芽於民國十二年末。初期從事這運動的，可以說是全由廈門通俗教育社的出身者為主體，其中雜有一部分日本留學生……但主體卻是廈門班。」[1]

　　我們知道，台灣新劇的發生、發展，同時受到日本和中國現代戲劇的交叉影響。20世紀初，東亞、東北亞的革命思潮與社會運動，彼此關聯又相互影響。無論人員流動與思想滲透，都是交叉的、重疊的、多向度的。那麼為什麼還要著重提及「廈門班」呢？我想，這不僅因為台灣早期新劇運動的重要骨幹，許多人都曾經留學廈門，他們的戲劇啟蒙與廈門通俗教育社有著不解的情緣。他們在參與廈門通俗教育社的演劇活動中，習得化妝、布景、燈光等專業知識與舞臺技巧，瞭解當時剛剛興起的導演負責制與後臺管理機制，並從廈門通俗教育社等管道，引進一批五四新文化運動前後湧現的用白話文書寫的劇作。但更為重要的是，當年在台灣無產青年和左翼知識分子中廣泛流傳的無政府主義、共產主義思想，更與廈門有

1　耐霜，〈台灣新劇運動述略〉，載《台北文物》第3卷第2期（1954年8月20日），頁83。

著或顯或隱的關聯。

資料顯示，台灣新劇運動最早出現的重要團體之一鼎新社，大抵成立於1924年底或1925年初。劇團的骨幹是一批從廈門留學返台的彰化學生，其中陳崁、潘爐、謝樹元等人都曾參與過廈門通俗教育社的演劇活動。鼎新社首演（1925年1月31日）的劇碼，即是他們從廈門通俗教育社帶回來的《良心的戀愛》和《社會階級》。《良心的戀愛》劇本刊於1922年8月《民國日報》上，作者是上海戲劇協社的谷劍塵，閩南話本的改編者是廈門通俗教育社新劇股主任李維修（李嘉瑞）。[2]《社會階級》一劇原是春柳社社員陸鏡若1909年在東京演出的諷刺短劇《鳴不平》。作品描摹落魄貴族瞧不起資本家，資本家瞧不起車夫，車夫瞧不起黑傭……作品嘲諷大多數人總是喜歡從社會地位比自己低下者身上尋找自身的優越感與虛榮心。廈門通俗教育社的演出本，改編者也是李維修。[3]

1926年3月，從北京歸台的陳崁，將曾因觀念不合、不相經緯的原鼎新社和從其中分裂出去的台灣學生同志聯盟會（即學生演劇團）重組為彰化新劇社，於同年4月在彰化座作重組後的第一次演出，劇碼有《良心的戀愛》（李維修）、《社會階級》（李維修）、《終身大事》（胡適）、《父歸》（菊池寬），以及陳崁自己親自動手改編的《張文祥刺馬》。除原有的這些戲碼外，新添的劇碼《我的心肝肉兒》，劇作者陳條祿也是廈門通俗教育社的成員。[4]

台灣新劇運動的另一個重要團體星光演劇研究會，成立於1925

2　詳見吳舒潔，〈「新劇過台灣」的現代性悖論：以廈門通俗教育社為線索〉，載《福建論壇》（人文社會科學版）2019年第3期。

3　同上。

4　耐霜，〈台灣新劇運動述略〉，載《台北文物》第3卷第2期（1954年8月20日），頁84。

年冬或1926年初。其前身「台灣藝術研究會」，第一次試演的劇碼是胡適的《終身大事》。排練、演出的指導老師是剛從廈門歸台的陳凸（陳明棟）。陳氏曾參與廈門通俗教育社的演劇活動，瞭解當時廈門的演劇活動已超越文明戲階段，排戲要求先有完整的腳本，實行導演負責制，演員、舞美各部門與後臺管理分工明確。目前尚無資料瞭解當時陳凸等人排練、演出的詳細情形，但《終身大事》試演即獲好評。「大受各界矚目」（張維賢語），應與作品思想內容與舞臺風貌的新穎有關。

　　另外，成立於1927年的台南安平劇團，其主事者林延年，同樣是留學廈門的學生。[5]

　　而早在鼎新社成立之前，閩南台灣學生聯合會於1924年4月25日、26日在廈門召開成立大會之時，曾在柳真甫長壽學校設置舞臺，演出學生自創的新劇。據《台灣總督府警察沿革誌》所載：「劇本是根據彰化北白川宮遺跡毀損案的所謂募兵事件寫成，題為《八卦山》及《無冤受屈》，皆是譏諷台灣人在日本政府的統治下，被抑壓、虐待的情事，以挑撥島民的反叛意識為目的。」[6]這可視為台灣新劇的肇始，也是將批判矛頭直接指向日本殖民當局的台灣左翼戲劇的第一聲戰鬥號角。參與者之中有兩位就讀集美中學的台灣學生：一位是在台灣黑色青年聯盟事件中被捕、後來成為台共重要領導幹部的洪朝宗；一位是在1925年7月即已加入中共組織、擔任漳州第一個中共支部的支部書記、並在籌建台共過程中發揮極為重要作用的翁澤生。

5　呂訴上，《台灣電影戲劇史》（台北：銀華出版社，1961年9月初版），頁301。

6　見《台灣總督府警察沿革誌‧台灣社會運動史（第一冊）》，頁128。

　　廈門通俗教育社成立於1922年4月1日，是在民初如火如荼的社會教育運動中湧現的群眾性團體，骨幹成員多為學界、商界、教會等地方士紳和知識精英。通俗教育社經常舉辦演講、演戲、出版通俗讀物，藉此灌輸常識，培養公德，開啟民智。題材大多涉及拒賭、拒毒、戒酒、反對封建迷信、提倡新式婚姻等社會性議題。戲劇成為教育、啟蒙的有力工具。作為通俗教育劇、宣傳劇，其所提供的大眾娛樂，以及對社會動員、凝聚地方力量的巨大作用，給人頗多啟示。

　　正因為適應時代潮流與社會的迫切需要，這些宣傳新思想、新道德、新生活方式的新劇作品，大受當年的台灣青年與左翼知識分子的歡迎，就不難理解了。那些年，極受台灣新劇團體歡迎的中國劇作家是侯曜，他有四部劇作被眾多劇團反復搬上舞臺，包括：《復活的玫瑰》、《刀痕》、《可憐閨裡月》（以上三劇均收入侯曜戲劇集《復活的玫瑰》，上海商務印書館，1924年3月初版）；　《棄婦》（上海商務印書館，1925年出版）。

　　此外，台南公勵會演藝部1928年還演出過根據侯曜編劇、李澤源導演、上海長城畫片公司出品（1925年）的電影《一串珍珠》改編的同名舞臺劇。

　　其他作家的作品還有：胡適的《終身大事》，刊於《新青年》第6卷第3號（1919年3月）。《台灣民報》在一卷　一、二期（1923年4月）上轉載。徐公美的《父權之下》、《飛》（兩劇均收入徐公美獨幕劇集《歧途》，上海商務印書館，1926年5月初版）。熊佛西的《這是誰的錯》（即《誰之咎》）、《新聞記者》（以上兩劇均收入熊佛西戲劇集《青春底悲哀》，上海商務印書館，1924年1月初版）。歐陽予倩的《回家之後》（作於1922年，刊於《東方》雜誌21卷20號，1924年10月25日）、《潑婦》（作於1922年，編入《劇

本彙刊》第一集，上海商務印書館，1925年3月初版）。田漢的《咖啡店之一夜》（刊於《創造季刊》創刊號，1924年12月）、《火之跳舞》（收入《田漢戲曲集》第5集，現代書局出版，1930年）。蒲伯英的《闊人的孝道》（刊於1923年11月12日至27日的《晨報副刊》，北京晨報社1924年5月1日出版單行本）。丁西林的《酒後》（刊於《現代評論》1卷13期，收入《一隻馬蜂及其他獨幕劇》劇本集，現代評論出版社，1925年）。陳大悲的《良心》（刊於北京《晨報》，1920年6月）。

……

　　此外，還有一批從文明戲改編的劇碼，包括：《社會階級》（原作者系春柳社社員陸鏡若）；《黑籍冤魂》（該劇原是1906年上海新舞臺演出的時裝新戲，夏月珊根據吳研人的同名小說改編）；《張文祥刺馬》，係春陽社王鐘聲1908年根據清末義士張汶祥刺殺兩江總督馬新貽的史實編演。該劇在清末民初被一再改編，傳演極廣。《馬介甫》，係上海新民社鄭正秋1913年根據《聊齋志異》中的故事改編。

……

　　20世紀初，閩南一帶的新劇活動十分活躍：廈門有文明劇社（後改為鼓浪嶼新劇社）、愛國劇社；泉州有移風劇社、更俗劇社……據有關記載，當時大多數劇團演出均用方言。[7]廈門一帶新劇演出的方言，屬閩南語系中的漳（州）泉（州）語分支，與台語發音相近。雖然台語在發展過程中，也受到原住民語言與日語的影響，但對大

7　參見陳翹，〈福建話劇活動歷史述略（1907-1945）〉，載《戲劇學刊》（國立台北藝術大學戲劇學院學刊第8期，2008年7月）；吳舒潔，〈「新劇過台灣」的現代性悖論：以廈門通俗教育社為線索〉，載《福建論壇》（人文社會科學版）2019年第3期。

部分台灣民眾而言，漳泉語的語音即鄉音，閩南語即是其母語。這或許可以回答許多人的疑惑：在日本民族歧視與嚴酷的殖民統治下，在日甚一日的禁漢文、去漢化的文化霸權壓迫之下，為什麼在台灣新劇舞臺上，移植或直接搬演日本新劇的作品少之又少，只有菊池寬的《父歸》和根據尾崎紅葉同名通俗小說改編的《金色夜叉》等少數幾部作品。可以說，語言相近、文字相通，正是民族認同與文化情感的基礎，也是戲劇這類大眾藝術傳播與接受的重要條件。

由於意識形態作祟，迄今為止海峽兩岸絕大多數有關台灣新劇運動的史論著述，幾乎都有意無意地遺漏或迴避了廈門班與無政府主義思潮的關聯。而抽掉了作為早期社會主義思潮重要內容的無政府主義對台灣留學廈門學生的影響，忽略或抹煞無政府主義思潮與無政府主義者在台灣新劇運動巨大的歷史作用。所謂廈門班，便僅僅成為一群新劇劇本的快遞小哥了。

上一世紀20年代，正是無政府主義思潮在中國廣泛傳播的年代。僅閩南地區，便有多種無政府主義刊物印行：1919年至1920年，漳州有《閩星》半週刊（後改為日刊）；1916年，廈門有《民鐘日報》在鼓浪嶼出版，一直延續至20年代末期；1923年，有《先鋒》、《秋聲旬刊》在廈門不定期出版……[8]加上大量廣東、上海、北京等地出版的無政府主義書刊在福建的流布，必然在激進的學生和青年知識分子中產生不可忽視的影響。

無政府主義是國際工人運動中產生的社會主義思潮的一個派別，高舉獨立、平等、自由的旗幟，反對資本主義和私有制，主張

8　見〈無政府主義書刊名錄〉，收入葛懋春、蔣俊、李興芝編，《無
　　政府主義思想資料選》（下冊）（北京：北京大學出版社，1984年
　　5月第1版），頁1080、1082。

實行無政府狀態的社會制度。有的派別更以放棄政治運動、不組織統一政黨作為主要信條。由於歷史情境和國情不同，無政府主義在19世紀中、後期，是被當作一種社會主義學說介紹到東亞、東北亞來的。無論是日本、中國、朝鮮、越南、菲律賓……都被當作反殖民鬥爭和民族解放的利器。

　　共產黨成立之前，無政府主義與馬克思主義的分野，並不十分清晰。甚至在共產黨成立之初，中國還有過一段「安（那其）布（爾什維克）合作」的短暫歲月。鄭佩剛在其回憶錄中寫道：「廣州無政府思潮曾經相當時髦。1921年五一勞動節，無政府主義者、馬克思主義者及其他進步人士，曾共同發動各行業工人罷工，示威遊行……當時永漢路（以前叫雙門底）曾掛上兩個大畫像，一個是馬克思，一個便是克魯泡特金。當時遊行隊伍中，贊成共產主義的人佩著紅領帶，贊成無政府主義的人佩著黑領帶。」[9]黎昌仁回憶說：「1924年後的五一勞動節，廣州許多無政府主義者參加工會罷工集會遊行……當時我參加東教場的集會，看到的是各工會隊伍都有自己的旗幟，會旗上端旗杆有的裝飾著紅布條，有的是裝飾黑布條，有的是加一小紅旗，有的加一小黑旗，紅的表示屬於馬克思主義的共產主義者組織的隊伍，黑的是表示信仰無政府主義者組織的隊伍。」[10]

　　上一世紀20年代初，台灣信仰無政府主義的知識青年，主要有台北無產青年一派和彰化無產青年一派。其中台北無產青年洪朝宗、翁澤生，彰化無產青年潘爐、陳崁、謝樹元等，都是張維賢所

9　見〈鄭佩剛的回憶〉（1964年2月至5月），收入「中國現代政治思想史資料叢書」第一輯，《無政府主義在中國》（長沙：湖南人民出版社，1984年9月第1版），頁521。
10　〈黎昌仁的回憶〉（1964年2月21日），同上書，頁334。

說的留學廈門的「廈門班」成員。他們既是台灣民族解放運動的鬥
士，也是台灣新劇運動的幹將。

　　當年，漳州、泉州、廈門一帶無政府主義者的活動十分活躍。
像東京、大阪、北京、上海、廣州等東亞城市一樣，漳、泉一帶，
在無政府主義者集會、演講、秘密活動的場合，時時閃動著中國人、
日本人、朝鮮人……的身影。范天均先生回憶，1927年6、7月間，
他表面是應邀到《民鐘日報》當編輯，而真正的任務是到泉州一帶
「進一步籌備組織民眾武裝的活動」。一同從事活動的有：福建人
秦望山、李良榮（黃埔一期學生）；廣東人陳君冷、范天均；日本
人岩佐作太郎；朝鮮人于關、李箕煥及柳絮等。「當時這些人以秦
望山為首利用國民黨的招牌，搞黨務宣傳養成所，目的是搞軍事活
動，招收青年進行軍訓。這是受黃埔軍校的影響而為之，天均到福
建時，軍訓已畢業，四、五十個青年跟無政府主義者走，後來成為
福建無政府主義活動的基幹。」[11]台灣總督府情治部門懷疑作為台
灣黑色青年聯盟的聯絡人謝塗、潘爐等人，曾「密航泉州」，「似
與該地無政府主義者泰望山（應是「秦望山」──筆者注）等有過
接觸。」[12]「此外和前已赴上海的黃天海及廈門的東方無政府共產
主義者廈門聯盟、南華無政府主義聯盟、東京的無政府主義各團體

11　見〈訪問范天均先生的紀錄〉。收入《無政府主義思想資料選》（下
　　冊）（北京：北京大學出版社，1984年5月第1版），頁1040。
12　見《警察沿革誌·台灣社會運動史（第四冊）》，頁37。「泰望山」
　　系「秦望山」之誤。秦望山（1896-1970），泉州豐澤草埔尾人。
　　1915年參加孫中山領導的革命黨；1925年參加中國國民黨，任廈門
　　市黨部臨時執行委員會常務委員；1929年與李卓然等人在泉州創辦
　　黎明中學，與無政府主義者過從甚密。上一世紀50年代初從香港返
　　回大陸定居；1957年加入中國國民黨革命委員會，任政協福建省第
　　三屆委員會常務委員；1970年在福州病逝。

都各有連絡關係。」[13]

　　由於哈日心態與政治預設，台灣今天的不少論者在談論台灣無
政府主義思潮與無政府主義者的活動時，往往只提及與日本方面的
聯繫，不計其他。毫無疑問，台灣黑色青年所從事的無政府主義活
動，受到日本無政府主義團體和無政府主義者個人的極大影響。在
台灣黑色青年聯盟和孤魂聯盟的籌組過程中，日本人小澤一（勞動
運動社社員）和稻垣藤兵衛發揮了重要的穿針引線的作用。但20世
紀初台灣無政府主義思潮的發生、發展，並不是「日本＋台灣」的
內生物，甚至也不是東亞、東北亞的內生物。它從一開始就帶有鮮
明的跨地域的國際主義色彩。這從台灣勞動互助社〈社歌〉的歌詞：

　　　法國人高舉光輝的旗幟，

　　　德國人齊聲高歌，

　　　伽藍之歌響徹莫斯科，

　　　激昂的歌聲在芝加哥。

　　　高舉黑旗，

　　　讓我們在旗下戰死！

便可略見一斑。

　　19世紀末、20世紀初，隨著電報的發明，蒸汽輪船投入運營，
跨洋海底電纜的鋪設，萬國郵政聯盟的成立（1874）……世界各地
人員往來、資訊傳遞、商品流通，迅捷地越過國與國的邊界。這便
是早期全球化開端的情景。本尼迪克特・安德森在《全球化時代：
無政府主義者與反殖民想像》一書中寫道：「伴隨著第一國際的解

13　同上。

散以及1883年馬克思的逝世，無政府主義這個元素以它一向以來的多樣形式，主導了擁有國際主義自我意識的激進左派。」[14]安德森說：「共產國際最開始的兩次大會（1866年和1867年）……馬克思一直是大會的中心。但次年在布魯塞爾召開的第三次大會上，巴枯寧的影響就可以被強烈地感受到。到了1869年舉辦的第四次大會，巴枯寧主義者已經成了多數……巴枯寧去世時，會議已經解散，不過巴枯寧主義者的大會一直持續辦到1877年。也正是那一年出現了「無政府主義者」（anarchist）一詞。它擁有了技術和政治上的意義，並且迅速、廣泛地傳播到全世界。」[15]

　　一些評論者喜歡將台灣黑色青年聯盟《宣言》中的「我們以直接行動獲得人類自由的手段，暴力可行，暗殺、暴行、恐怖行動最好。我們誓死死在黑旗之下。」[16]上溯到日本社會黨幸德秋水為首的「直接行動派」，而不清楚歐洲無政府主義思想圈，早在19世紀70年代，就出現了這樣一個理論概念和革命手段：「用行動做宣傳」。也就是以謀殺反動政客和資本家來吸引人們的注意，在震懾前者的同時，鼓勵受壓迫者的革命鬥志和為革命獻身。[17]

　　由於日本殖民當局的高壓統治與嚴密的思想管控，台灣本土的無政府主義組織——台灣黑色青年聯盟（1927）、孤魂聯盟（1927）、台灣勞動互助社（1929），均在秘密結社初期尚未開展廣泛行動時，

---

14 本尼迪克特‧安德森（Benedict Anderson），《全球化時代：無政府主義者與反殖民想象》（董子雲譯）（北京：商務印書館，2018年10月第1版），〈導言〉，頁2。
15 同上書，頁108。
16 《警察沿革誌‧台灣社會運動史（第四冊）》（台北：創造出版社，1989），頁18。
17 見《全球化時代：無政府主義者與反殖民想像》，頁109。

便被日警所破壞，但其國際性的聯繫網路若隱若現，令人懸想。1927
年1月31日，台灣總督府警視總監通報搜集到黑色青年聯盟重要成員
王詩琅、周和成、吳滄洲三人於1926年12月23日左右郵寄給東京勞
動互助社近藤憲二的信件，而東京勞動互助社的另一位重要成員岩
佐作太郎在此前後，正在泉州一帶參與秦望山等人籌組民眾武裝的
活動。1929年8月底，日警在搜查台灣勞動互助社成員王清實的家
時，發現柳絮所著的《弱小民族的革命策略》手抄本。這個柳絮，
就是在無政府主義期刊《民鐘》（廣東新會）第16期（1926年12月
15日）上發表〈主張組織東亞無政府主義者大聯盟〉倡議書的朝鮮
人柳樹人。[18]他同樣也曾在泉州一帶參加秦望山等無政府主義者籌
組民眾武裝的各種活動。日本殖民統治當局的鷹犬嗅覺十分敏銳，
《警察沿革誌》毫不含糊地將鼎新社、星光演劇研究會、宜蘭民烽
劇團……列為無政府主義者團體。在提及彰化鼎新社時，《警察沿
革誌》寫道：「彰化無產青年一派的無政府主義者陳崁、周天啟、
謝塗、楊松茂、林朝暉等人，為改善原有的本島劇，宣傳無政府主
義思想，於大正十四年（1925）二月在彰化組織了稱為鼎新社的劇
團。」在提及星光演劇研究會時說：「星光演劇研究會標榜打破舊
習、改良風俗以及演劇教化社會的目標。但毋庸置疑，其本意在於
透過演劇以擴大其思想影響。」[19]這提醒人們，廈門班不是一班玩

18　柳樹人（1905-1980），1905年生於朝鮮黃金道金川郡。原名柳基
　　石，1911年6歲時隨父移居中國東北。1925年翻譯魯迅小說《狂人
　　日記》，發表在漢城（首爾）的《東光》雜誌上。出於對魯迅的崇
　　拜，改名柳樹人。1920、1930年代除在天津、河南等地從事報刊編
　　輯和翻譯工作外，積極參加無政府主義者組織的各種活動。1980年
　　因病逝世。

19　見《警察沿革誌・台灣社會運動史（第四冊）》，頁24、28。

票的業餘戲劇愛好者,他們的身分,他們的宏願,他們在現實鬥爭中的作用和歷史地位,遠較一般人想像的激進得多,也較一般人所瞭解的微妙複雜得多。忽略或弱化廈門班和張維賢—黃海天一系(台北黑色青年)的無政府主義者身分和歷史功績,台灣早期的新劇運動還剩下多少有價值的東西呢?

台灣早期的新劇運動,是與鼎新社和星光的名字緊密地連繫在一起的。在那個革命情緒高漲的火熱年代,左翼知識青年一擁而上,新劇劇團遍地開花,旋生旋滅。相比之下,鼎新—新光系列與星光—民烽系統,無疑是兩個成立時間最早、演出場次最多、最具影響力的演藝群體。

楊逵在寫於1935年的〈台灣文學運動的現況〉一文中說:「到現在為止,由於台灣的演劇運動多半是地方性的,而且沒有充分準備就倉促行事,因此幾乎都只公演一、二次就下戲了……其中比較讓人記憶深刻的,只有文化劇(以彰化文協員為核心),是附屬於曾經活躍一時的台灣文化協會的。」[20]末尾這句話必須詳加解釋。當年不少人人云亦云的「文化劇」,其實是一個概念模糊、內涵不清的稱謂。吳三連、蔡培火等人所說的,「各地文協會員所排演的大概屬於這一類(宣傳派——筆者注),因為是文化協會的人主辦的,所以就叫做「文化戲」(劇)。」[21]台灣文化協會創立於1921年10月17日,然而截至1926年6月新竹新光社成立之前,未見有一文化協會主辦的劇團出現。新竹新光社成立於1926年11月10日,主持

---

20 楊逵,〈台灣文學運動的現況〉,原刊於《文學案內》1卷5期(1935年11月1日)。引文見《日治時期台灣文藝評論集》(雜誌篇·第一冊),國家台灣文學館籌備處,2006年10月初版,頁293。

21 見吳三連、蔡培火等著,《台灣民族運動史》(台北:自立晚報社文化出版部,1971年第1版),頁317。

者是文化協會新竹支部的主持人林冬桂，劇社的指導者是鼎新社的
無政府主義者周天啟，演出的劇碼《良心》、《是誰之錯》、《父
權之下》、《復活的玫瑰》、《新聞記者》、《張文祥刺馬》、《父
歸》、《我的心肝肉兒》……也幾乎都是鼎新社上演過的劇碼，而
且有許多場次是與彰化新劇團（即後期的鼎新社）同台演出的。所
以，與其說新竹新光社是文化協會的劇團，莫若說新竹新光社是無
政府主義者主辦的社團更符合實際。

在當時，儘管無產青年會、文化協會、無政府主義團體各自獨
立，不相統屬。為了反抗日本殖民統治、爭取民族自決與民族解放，
他們曾站在同一戰壕共同戰鬥。因此許多人都具有多重身分。如陳
崁，既是鼎新社創團團員、電影放映團旭瀛社的創辦者，也是文化
協會會員，黑色青年聯盟和台灣勞動互助社的重要成員，還是收容
勞動互助社貧困失業人員的鈣滋養乳店的老闆……在陳崁看來，演
講、演戲、放映電影、以商業活動籌資支援左翼隊伍中貧困的同志，
都是從事反抗日本殖民統治、反對階級壓迫的鬥爭方式與手段，他
一生樂此不疲。但他最重要的身分，無疑是一名追求自由解放，反
對權力、暴政的無政府主義者。陳崁和他的許多無政府主義者同伴
在1926年底接受連溫卿的意見加入文化協會，但顯然另有所圖。《警
察沿革誌》寫道：「住在台北的黑色青年聯盟成員洪朝宗、高兩貴、
王萬得、彰化的陳崁、陳金懋、潘爐、謝塗、謝有丁、郭炳榮、蔡
禎祥、林朝暉、黃朝宗、楊松茂等人……接受連溫卿的意見加入文
化協會……在文化協會的轉向中扮演重大角色，其意圖應該在於把
文化協會用於無政府主義運動的陣營。」[22]日警甚至乾脆將無政府

---

22 見《警察沿革誌·台灣社會運動史（第四冊）》（台北：創造出版
　　社，1989），頁18。

主義者視為文化協會內部的「異端」力量。[23]

在文化協會轉向後的第二年（1928年）二月中，彰化新劇團的郭炳榮、賴通堯、謝有丁和擔任新竹新光社指導的周天啟，連同文協本部的王敏川，文協彰化支部的吳石麟、黃文育等人，曾在台中市寶町文化協會本部聚會，商議因應當時的局勢組建「大眾文化劇團」一事。因新竹騷擾事件的影響，以及文協內部信仰共產主義與無政府主義兩派力量的日漸對立，組建統一文化劇團一事無果而終。轉向後的文協與無政府主義者漸行漸遠。

1926年至1928年間，是台灣新劇運動蓬勃發展的第一次高潮。張維賢在〈我的演劇回憶〉中寫道：「在這個時期，可算是文化戲最旺盛的時代。全島重要都市，多有劇團組織，並且極受觀眾歡迎。如基隆、新竹、彰化、台南等地，每年都有公演。」[24]據《警察沿革誌·台灣社會運動史（第一冊）》所列〈表廿一——文化劇開催回數及入場人員（昭和二年，即1927年）〉統計，在全島（台北、新竹、台中、台南、高雄五州）中，新竹新光社演出33回，新光社與彰化新劇團合作14回。另外，北港民聲社演出2回，安平劇團演出1回。[25]顯然這是一份掛一漏萬的統計表，連星光演劇研究會的演出場次都沒有統計在內。據《台灣民報》、《台灣日日新報》的報導和呂訴上所著《台灣電影戲劇史》一書所載：1927年1月，星光演劇研究會在宜蘭公演5天；5月，為施乾創辦愛愛寮（收容行乞者及殘

---

23 見《警察沿革誌·台灣社會運動史（第一冊）》（台北：創造出版社，1989），頁343。

24 張維賢，〈我的演劇回憶〉，刊於《台北文物》第3卷第2期（1954年8月20日），頁106。

25 詳見《警察沿革誌·台灣社會運動史（第一冊）》（台北：創造出版社，1989），頁304。

疾病困人員的慈善機構）募集資金，在永樂座和萬華戲院演出七天。在演出更加頻繁的1928年初，僅1月1日至10日，星光演劇研究會於永樂座日夜各演一場，連續10天，創造了台灣新劇演出史上一回連演20場的空前記錄。

此外，台南文化劇團於1927年3月28日至30日、10月14日至17日，先後兩次在台南市南座共演出7天。

……

我相信，當時的報刊不可能對每一場演出都作報導。全島被統計所遺漏的演出次數肯定不在少數。

從以上粗略的統計可以看出，台灣全島的新劇演出，十之八、九是彰化新劇社（原鼎新社和學生演劇團）、新竹新光社、星光演劇研究會完成的。值得注意的是，這三個劇團均是由無政府主義者主導的社團。也就是說，在台灣新劇運動的初始階段，占主導地位的，不是概念模糊的所謂「文化戲（劇）」，而是由無政府主義者所引導的演劇活動。演講和演戲都是反殖民統治鬥爭宣傳和動員民眾的重要手段。可見台灣新劇運動的重心，是「運動」，而不是「新劇」。推動台灣新劇發生、發展的，是一群年輕的社會活動家、反抗日本殖民統治的政治活動家，而不是一群唯美的、追求藝術自我完善的劇作家和表、導演藝術家。台灣新劇是左翼政治劇。台灣新劇藝術的成熟，此時尚未到來。所謂「藝術派」與「宣傳派」之分（之爭），完全是某些人在不同政治情勢下別有機心的掩飾，或個別人的自我吹噓。

當代台灣各派勢力，都不遺餘力地爭奪「左翼」的桂冠。一些人先驗地或後設地編造了一套從不存在的正統或正典。他們可以創設一套屬於自己的政治史觀、文藝史觀，卻編纂不出一套實存的文學史、藝術史。百多年前，台灣興起的反殖民鬥爭，與世界範圍的

民族解放運動相呼應，各種思潮此起彼落，色彩紛繁：有以三民主
義的信徒自居的蔣渭水（藍色），有台灣文化協會先後的主事者連
溫卿、王敏川、王萬得（紅色），有黑色青年聯盟和孤魂聯盟的重
要骨幹陳崁、周天啟、張維賢（黑色）……唯獨沒有（未有）綠色。

　　本文所說的「廈門班」，談論的是台灣新劇運動發生、發展過
程中，一些被有意無意遮蔽的人與事。大多與無政府主義有或深或
淺的關聯，而與社群、國族等因素無關。無政府主義，照字面意義
講，就是指追求一個沒有政府統制的民主、自由社會的烏托邦理想。
無政府主義無國界。特里·M·珀林說：「無政府主義……與其說
是一種政治哲學，不如說是一種氣質。無政府主義者一直是一些具
有反抗精神的男男女女……一種不斷造反的精神狀態。」[26]

　　飄蕩在台灣新劇運動上空的黑旗，正是台灣戲劇不同於中國大
陸戲劇、香港戲劇、日本戲劇……的特色與光彩。

　　林克歡，在劇團生活近六十年的實務工作者。出版有專著《舞臺
的傾斜》、《戲劇表現論》、《戲劇香港　香港戲劇》、《戲劇表
現的觀念與技法》；文集《詰問與嬉戲》、《消費時代的戲劇》、
《分崩離析的戲劇年代》、《舞臺上的信疑善惡》（三冊）等。

26　特里·M·珀林（Terry M.Perlin）編，《當代無政府主義》（吳繼
　　淦、林爾蔚等譯）（北京：商務印書館，1984年3月第1版），頁5。

由親共到自由派的李怡？：

一段被淡化的香港左翼思想歷史

葉蔭聰

近年，談及香港左派歷史，比較多回顧1970年代的學生及激進青年運動，一般稱作「火紅年代」。當中有些受當時西方左翼思潮影響的年輕人，成為自由社會主義者（libertarian socialist），也有些人組成過左派小組織，例如「革命馬克思主義者同盟」、「新苗」以及後來的「四五行動」；也有一些無政府主義者組成小團體，例如黑鳥樂隊及民眾劇社。以上的左翼青年在1970年代也多少有參與《70年代雙周刊》（1970-78）的出版，因此，連媒體也出現了不少有點懷舊味道的特寫文章。

相較起來，香港的公共討論較少探討一直存在而且規模大得多的「親（中）共左派陣營」，或稱為「愛國陣營」。事實上，在一般香港民眾口裡說的「左派」，往往指的就是親共組織中人，而非1970年代的激進青年，或過去二十年政治反對派裡左傾的參與者。之所以如此，有一定歷史原因。中共在1920年代創黨時已在香港有大量活動，1950年代開始，中共的地下黨幹部、親共文人、工人已遍布報刊、學校、工會等等，與親國民黨的陣營對峙。然而，在香港，我們一般只會視他們為中共在香港的延伸，是否具有值得研究的思想及行動？大部分人也心存疑問，他們的一言一行，有時很難跟中共的官方理論及政治宣傳區分開來。自1990年代，「親共左派」

更已融入廣闊的「親北京陣營」或「建制派」之中，內有不少本來
跟港英政府關係深厚的工商大佬及專業人士。於是，這些所謂「左
派」跟中國共產黨一樣，漸脫去昔日的社會主義色彩，因此很少人
深究他們有甚麼左翼思想。

　　然而，如果我們不以高標準要求思想的自主性、獨特性及理論
性，而是把眼光放在廣義的思想工作以及運動，並注視其與現實政
治的關係的話，那麼，還是有很多值探討的主題。本文嘗試討論1970
年至1980年代初的李怡及他主編的《七十年代》（1970-1984）。這
段時期，就是李怡在親中共的左派出版業中冒起，到最後走向脫離
中共陣營，與香港的右派或自由派結盟的歷史過程。由他的經歷，
我們可以看到香港的親中共左派在冷戰轉型及緩解的過程中，遇上
的機會及困境，也可以從這個側面審視香港左翼的歷史。

　　本文的敘事嘗試借助李怡在去世前留下及他身故後出版的《失
敗者回憶錄》，並重新閱讀《七十年代》的文章，提出一些有別於
慣常的「冷戰─後冷戰」敘事的線索。觀乎整本回憶錄，李怡把1970-80
年代描繪為由共產陣營漸漸脫離，擁抱自由民主價值的過程。而曾
與李怡共事的評論者王耀宗，也把這歷程描繪為「親共宣傳者→自
由派」歷程。然而，本文的目的就是要點出這種敘事雖不是沒道理，
卻也掩蓋了比較複雜的轉折及過程。

左派陣營的外圍

　　要了解《七十年代》及那個年代的李怡，需要了解李怡及這份
刊物的定位。

　　李怡成長於1930年中至1950年代中的中國大陸與香港，經歷了
抗日戰爭、國共內戰及冷戰高峰，他的家庭關係與中共有不少關係。

他十多歲時在香港入讀左派中學，跟他不少的同代知識青年（如著名的司徒華）一樣，皆曾嚮往社會主義中國。可是，因為種種原因，他既沒有回中國大陸升學，也沒有被安排進香港的左報，而是在所謂「外圍」的上海書局，從事編撰工作。

冷戰時期，中共在香港不能公開建黨，更不能進行武裝鬥爭，報業及書籍出版是最重要的意識形態與統戰的戰線，由港澳工委（公開是「駐港新華社」）領導，直屬外交部外事辦公室的廖承志主管。據當年左派機構中人估計，單是港澳工委直接領導的六份香港報紙，另外加上若干比較外圍的親共報章，整個系統在1967年前的每日銷量已達50萬份以上，超過市場份額的一半。而出版社較為次要，主要以三聯書店、中華書局及商務印書館為核心，再外加一些其他的出版社。

雖然上海書局在中共在港的部署上屬於較次要及外圍的角色，但卻意外地塑造了李怡日後的發展路徑。上海書局早於1925年由馬來半島華商陳岳書及王叔暘所辦，到了冷戰時期，書局以香港為出版中心，針對海外華人市場，以中國大陸以外（港澳及南洋）為主要銷售點。出版的書籍內容，主要來自新中國的出版品，然後由上海書局在香港改編及印刷。這些發行、編撰及出版的經驗，構成了李怡日後創辦《七十年代》的重要基礎。

年輕的李怡雖然不在左報工作，但他也跟左報系統發展了關係。按他的回憶，他於1957年投稿《文匯報》「文藝周刊」，獲得副刊編輯羅孚取用，由此進入「左派文壇」。羅孚的身分頗為特別，他同時是《新晚報》總編輯以及港澳工委委員，在1950-1980年間他也是整個左報系統裡的領導人之一，他亦成為李怡的其中一位領導。1950-1960年代，香港的左報系統並不單純如我們今天印象中的「黨的喉舌」，因為港澳工委經常研究如何爭取大眾市場，開發新

市場，例如多做社會新聞、娛樂新聞、武俠小說等等，甚至試驗新
刊物，目的就是要形成一個在「愛國主義」旗幟下的聯合陣線，即
認同中共代表「中國」及「中國人」，對抗在台灣要代表「中國」
的國民黨。因此，在文革以前，廖承志等領導也經常提醒港澳工委
及左報中人，不要「過左」，要盡量與左派陣營以外的人交朋友。
這個充滿市場動力、以統戰為中心的冷戰時期的左派系統，成為李
怡得以創辦《七十年代》的重要物質基礎。

　　然而，到了文化大革命，因為文革派冒起以至奪權，左報愈來
愈多毛式鬥爭的語言及話題，也令香港左報系統偏離了大眾。六七
暴動被鎮壓，經過大半年的混亂後，社會普遍渴求穩定，厭惡左派
的鬥爭語言，因而使香港親共左派陣營陷入低潮，左派的報刊銷量
由1967年前的數十萬份大跌至每天只有數萬份。而且，中共跟文化
界、商界人士的統戰工作也遭受挫敗。

　　就在此時，李怡抓住了左派需要重啟統戰的機會，開展他的新
計畫。在創辦《七十年代》前，他與《文匯報》副刊編輯吳羊璧已
辦過《伴侶》（1963）及《文藝》（1966），創辦資金都來自上海
書局，跟其他左派文藝雜誌一樣，其市場並不限於香港本地，也面
向新馬華文文學的讀者群。也許因為這原因，親共左派的出版界領
導藍真便很信任李怡，支持他在六七暴動後創辦一本面向香港及中
國大陸以外的雜誌，而出資支持讓李怡辦《七十年代》的則是上海
書局的老闆之一方志勇，他是陳岳書的妻舅。

保釣運動、統戰及台灣黨外運動

　　由於以上的背景，《七十年代》一開始便以一個較低調的面目
示人，開拓新讀者群。在開首的幾年，它可以說緊守了發刊宗旨「認

識世界，研究社會，了解人生」，淡化自己的政治背景。創刊初年，它故意避開這些敏感的政治話題，沒半點革命宣傳，比當時的左報政治調子低很多。它不單沒有文革宣傳，也很少中國政治的內容，連香港議題也被壓縮成每期只有一兩篇的「社會研究」，內容只有民生議題，如房屋、就業等等。

　　表面看來，《七十年代》像一本針對知識青年的思想雜誌。主要內容有兩類，一為國際議題，文章的觀點既偏向西方左翼，又與中共立場一致。在還沒有出現釣魚台問題之前，《大公報》的著名報人趙澤隆（筆名「梅之」）已撰文評論美國交還琉球予日本，分析美國在太平洋的軍事部署，以及日本在美國支持下強化自己在區內軍事實力等議題。除此以外，反越戰、支持美國黑人運動、日本安保鬥爭、東歐反蘇聯的改革運動（例如布拉格之春）等等的內容也不少，符合中共在1960年代後反美反蘇的立場；第二類內容為知識青年的「人生問題」以及他們的家國思考，有來稿及座談會紀錄，例如介紹外國留學的情況，對未來就業及前景的探討等等。

　　創刊一年後，保釣運動成為《七十年代》的重點內容，但這轉向似乎是由海外留學生帶回來的，不是香港工委下達的宣傳指示。因為中國在1970年12月時曾公開宣告釣魚臺是中國領土，以回應美國及日本的「行政權」讓渡，但《七十年代》在1月及2月也沒有文章報導或評論跟進，也沒有提及1970年9月台灣中國時報派記者到釣魚臺採訪。事實上，李怡說自己曾問過左派領導，但得到的回答是「慎重處理，不要被人利用」。

　　《七十年代》能接觸到保釣運動的組織者，是因為它創刊以來便接觸到海外留學生。由1970年第3期雜誌開始，幾乎每期都有來自美國、加拿大、澳洲及紐西蘭的華人留學生讀者投稿，開始時先是香港留學生，後來擴展至來自台灣、東南亞的華人學生。有理由相

信，《七十年代》在1970年中便已透過留學的香港學生，開始流傳於海外華人學生之中，這也讓李怡等與這些學生建立關係，後來更在海外的唐人街商店銷售。

李怡在保釣運動中大概注意到一股在海外的留學生中出現的民族主義情緒，往後一段時間，《七十年代》刊登了大量相關的文章，甚至也建立起他跟保釣運動學生的個人關係。1971年5月16期，雜誌即轉載了七篇在美國的保釣運動的出版刊物。按編者按的說法，這些刊物是美國留學生寄給他們，《七十年代》「關於留美學生的『保衛釣魚台運動』，我們將和過往一樣高度評價同學們的正義行動。我們將盡我們的力量，為『保衛釣魚台運動』作適當的宣傳。」

這個轉向令雜誌取得了市場、作者及在親共陣營中有利的政治定位。在1971年初《七十年代》找到一個穩固及增長的海外讀者群，李怡也承認，保釣令雜誌在西方國家的校園中銷路大增。同時，正如李怡說，周恩來在《七十年代》上看到保釣運動，獲得支持，而李怡在1971及1972年的暑假，在香港跟不少海外留學生碰面連繫起來。1971年9月，五名旅美參加保釣運動的留學生秘密訪問中國，即「保釣第零團」，該團經過香港時，李怡也被告知去跟他們見面。保釣作為拉攏海外華人支持中共的時機，李怡及《七十年代》有創造之功，並參與其中。這個時候，適逢中華人民共和國加入聯合國（1971年），中共隔絕於西方國家二十餘年，除了派出自己的外交人員外，中共第一批在海外招募幫忙聯合國工作的，就是保釣運動的留學生，部分也是李怡介紹的。除此以外，海外回國訪問的學者（楊振寧、何炳棣等），他們的訪問或文章，讚揚中共的建設及進步，亦在此刊登，北美的留學生也從《七十年代》讀到他們的文章。因此，《七十年代》成為中共海外統戰的重要刊物。

北美的保釣運動在1971年9月後，不少成員轉向認同中共，發展

成所謂「統運」，同時，香港保釣學生運動中也興起了「國粹派」，認同社會主義中國，這些也可以說是中共統戰的成果。這些成果的意義，在於開展了走出冷戰高峰時期「僑務」的新統戰格局，它針對的並不再是傳統的華僑群體，而是在西方國家受到學生及民權運動薰陶的華人學生（以台灣學生為主）。同時，此時的統戰也不是（或不單）發展組織上的侍從、利益綑綁的關係，而更多的是連結起海外華人自身的思想及社會運動。

中共與海外留學生在保釣上仿如站在一線，根據不少保釣人士的口述歷史以及當時的文章，更多源於一種叛逆心理，對國民黨威權統治及冷戰宣傳的厭棄。保釣運動激起的愛國主義情緒，衝擊著親美及親日的國民黨政權，令它陷於正當性危機；對台灣與香港學生來說，這可以說是一種自我及群體意識的「覺醒」，對冷戰宣傳所帶來的犬儒主義進行反省及批判，追尋自我的文化認同，尋求與群眾的連結。因此很自然，1972年開始，《七十年代》更多的內容是關於國民黨威權統治下的台灣，包括《大學雜誌》的爭論、台大哲學系事件、地方選舉、異見人士被關押等等，雜誌一下子成為了華文世界裡最緊貼及全面報導與評論台灣政治的月刊。在1976年以前，它每期的篇幅有三分之一至一半以上的內容是關於台灣的，關於中共的宣傳文章也多為海外學人（不少也是台灣人）回大陸的見聞或譯稿，不少也取材自保釣運動後海外留學生刊物。值得注意的是，隨著北美的台灣留學生分裂成統派與獨派，《七十年代》雖然偏向為統一辯護，但卻介紹了大量獨派的觀點，包括彭明敏的《台灣獨立宣言》，也有不少鼓吹自決的文章。這段時間，在「反蔣」的共同大前題下，《七十年代》這樣的親共左派的「外圍」刊物，可以讓與中共方針不一致的議題出現，甚至在讀者論壇上公開討論。

在這個背景之下，我們能理解為何李怡後來與黨外運動有頻繁

互動。1978年，關心台灣自由及人權問題的美國人梅心怡（Lynn Miles），把許多台灣黨外人士的文章交給李怡在《七十年代》刊登，包括《雷震回憶錄》手稿，再由李怡在香港出版。翌年的美麗島事件後，施明德太太艾琳達經黃世雄（Dennis Wong）幫助與李怡聯絡，由《七十年代》獨家專訪。1981年7月號，雜誌更刊登了還沒來得及刊印便被國民黨禁掉的黨外雜誌《進步》。

　　追蹤台灣的反對運動，未必是當年李怡自己個人的志趣。他在回憶錄中談到自己秉持著「反專制、反威權、爭民主、爭自由的意識形態」，大量報導黨外運動，這很可能是事後的解釋。事實上，他當時幾乎沒有寫過稍為長篇嚴肅的有關台灣政治的評論。當時對他來說，雜誌的台灣政治內容，除了是市場需要，更多是一種任務。例如，他在回憶錄裡說，在1979年元旦，中共發表《告台灣同胞書》時，他寫過一份意見書，透過潘靜安交給北京，指要多聽取台灣反對派的意見。但有點意外的是，在1970年代中後期，《七十年代》漸漸參與建構了一個以「民主化」看待台灣政治的角度，不再像冷戰期間，單純把台灣政治視為美蔣等派別的合謀或鬥爭。而且，大約是美麗島事件之後，更與中國大陸的「北京之春」匯流成兩岸民主運動的視野。

被淡化的王希哲

　　李怡成為一位政評人，真正的轉捩點是1976年。該年4月，周恩來逝世，大量北京的群眾在清明節到天安門廣場獻花悼念，結果與公安警察衝突，後稱為「四五天安門事件」或「四五運動」。該事件被「四人幫」指為反革命，甚至說是鄧小平等鼓動或策畫。李怡以筆名「齊辛」在《七十年代》5月號撰文，小心翼翼以正反觀點辨

證的方式首次表達了他與北京當局不同的想法。9月，毛澤東逝世，10月，汪東興、葉劍英等逮捕「四人幫」，李怡在11月號中發表〈北京事態分析〉，他在回憶錄中指，這算是他的第一篇政論，初稿還是他太太梁麗儀寫的。梁麗儀在1955-1974年間在大陸讀書工作，對毛時代的政治比李怡有更深的認識及體會。

這段期間（大約至1979年5月止）是雜誌發行及流通最廣的時期，連中國大陸的民眾及官方機關也可以訂閱。由於李怡與雜誌的左派色彩比毛時代變淡，所以也結交了更多香港和海外的「右派」朋友，漸漸令李怡取得公共知識分子的身分，但中間也有些複雜的轉折。1976-1977年間，《七十年代》其實反而比過往更主動地為中共及毛澤東辯護，把所有問題歸咎為四人幫的禍害，這顯然是要跟隨新的黨中央路線，也要處理四人幫倒台後老幹部重新掌權所帶來的意識形態混亂。同時，他也寫了好幾篇文章討論毛澤東的「走資本主義路線的當權派」理論，說明四人幫何以也是「走資派」。[1]到了1978年，他跟中共同步，把四人幫及文革時的種種錯誤視為「極左」。在往後的幾年裡，他乘著中共對文革否定，批評毛澤東在文革時的錯誤，以及呼應鄧小平的「思想解放」口號，漸漸由跟隨黨中央路線，變成發展出自由民主的想像及對中共的批判。大約是1977-78年間，李怡才算是表達了較為自主的思想，甚至承認以前《七十年代》沒有清楚認識中共。

1978年底至1979年初，李怡以至《七十年代》漸漸找到了認同對象，就是後來稱為「北京之春」民刊及大字報運動，以及中共現

---

1 例如，齊辛，1977，〈誰是走資派？──中共黨內鬥爭的一個理論問題〉，《七十年代》8月號：21-26；齊辛，1977，〈中共會形成官僚階級嗎？──對走資派問題的再認識〉，《七十年代》10月號：16-21。

在不肯承認曾經提過的「庚申改革」。在回憶錄中，李怡重點提及後者，前者相對較少，主要提及魏京生於1979年3月被捕，之後評論魏京生被判刑的文章引起潘靜安阻止出版，而被他堅決拒絕，李怡認為這是他離開左派陣營的原因之一。[2]然而，他在回憶錄中卻對另一位民刊運動中的左派人物王希哲極少提及，這與1979-81年間《七十年代》所見到的文章不太一致。這段時期，雜誌經常刊登及介紹王的思想。王希哲在中共的無產階級專政、社會主義民主等理論前提下，批判中共的體制，以至提出改革中國的方案。

王希哲在文革時期當過紅衛兵，在紅衛兵運動後當上了工廠工人，1974年與李正天及陳一陽在廣州發表了《關於社會主義的民主與法制》的大字報，簡稱為「李一哲大字報」，從馬克思主義及列寧主義角度批判了「林彪體系」的官僚特權與極左路線，認為出路是民主與法制。大字報刊登後引起社會轟動，官方發動批判，最後更把三人拘捕，至1978年才平反。王希哲出獄後再成為民刊運動的活躍分子，撰寫多篇時評及理論文章。他在多篇文章中特別提到社會主義的目的是解放，這種解放是建基在物質生產進步的基礎之上，讓人在各方面獲得自由，擺脫異化，建立一種比資本主義的民主更為民主的制度。總的來說，他在認同中共的新舊理論框架（如無產階級專政、鄧小平提的「四個堅持」）中提出不同的詮釋，要求以工人自治管理、黨內反對派、基層選舉、媒體自由等等來阻止社會主義制度走向官僚專政與特權。這些意見，呼應1980年底在中共黨內醞釀的「庚申改革」，內容包括黨和國家領導制度的改革。

值得注意的是，李怡成為王希哲的理論及政治觀點在中國大陸以外最重要的介紹者，他於1981年寫的一篇名為〈王希哲文章為什

2　李怡，《失敗者回憶錄》，頁352。

麼能引起共鳴？〉中提到：

> 最後，我想總結說一下：對於曾經嚮往社會主義精神的人來說，近年來在理想破滅之餘，王希哲的文章確實使我們恢復一點對社會主義的信心。[3]

此文很能代表李怡這段時期的思想，該文後來更在1982年收錄在他的文集《從認同到重新認識中國》之中。但是，到底王希哲的思想能引起多少共鳴？中國大陸固然難說，在香港似乎也只有李怡以及一些左傾大學生，剛才提及的文章就是在一個大學生會辦的論壇上的演講詞。這裡不妨分享一點個人經歷，遲至1988年，當時筆者在中文大學讀書，學生會及國是學會還會組織有關「北京之春」的展覽及出版，甚至要求中共釋放政治犯，而在我印象之中，比較多同學在思想上的確認同王希哲等左傾人士，學生閱讀的資料來源主要也是《七十年代》的舊文章。但是，這個共鳴圈子顯然在香港社會中是非常小的，也沒有甚麼組織。

事實上，李怡認同王希哲的黨內左翼思想及社會主義民主路線的同時，他的事業路徑、政治環境及實踐卻與之非常不搭配，甚至互相矛盾。首先，1979年5月左右，雜誌再不能寄到中國大陸。翌年，李怡在港澳工委及親中商人的壓力下，被迫要放棄1976年成立的天地圖書，《七十年代》要自行集資出版。換言之，就是被迫離開左派系統。第二，王希哲於1981年4月被捕，之後再被重判14年監禁，意味著他的政治路線失敗，前景也十分暗淡了。事後也證明，在

3　李怡，1981，〈王希哲文章為什麼能引起共鳴？〉，《七十年代》，7月號：30-32。

1980-1981年間甚囂塵上的「庚申改革」無疾而終。第三，雖然李怡在中國政治問題上高舉社會主義民主，但他在香港卻參加了「香港前景研究社」，主要成員包括勞思光、胡菊人、陸鏗、孫述憲。這些人一向在香港被界定為「右派」或自由派文化人，他們都是李怡在過去十年在香港辦雜誌及從事統戰而認識的朋友，該組織藉著香港政治前途問題的出現，主張中國在收回香港的主權之後維持英國管治。

　　簡言之，他的社會主義民主路線，既無法得到中國政治體制改變的支持，他所支持的大陸民主運動也被鎮壓下去。在事業上，他要離開親共陣營，成為一份獨立而更依賴市場的報刊。《七十年代》的台灣政治內容也許還有點市場，但關於中共體制內改革議程的討論是否能吸引讀者，也成為疑問。而且，在香港他也找不到讓他實踐社會主義民主路線的土壤，能結盟的人反而是與他大致共享「自由」、「民主」價值的右派人士。那時候的香港政治仍然停留在十分狹義的政治前途問題，整個香港也沒有民主政黨，連關注面較廣的有點左傾的社運及草根團體也極少。因此很自然，李怡的「社會主義信心」是很難恢復及維持的，這一段李怡最後的「左翼」歷史相當短暫，很快無疾而終。

小結：身不由己的命途

　　李怡在回憶錄中花了不少筆墨大談台灣1970-1980年代的反對運動，但是，對這個話題出現在《七十年代》的政治及歷史脈絡，他的剖析還不是太清楚。筆者大致分析過雜誌裡面的文章，當中有關保釣和台灣的統獨爭論、批判國民黨威權統治、台灣反對派聲音及行動的文章不少，但它們更多是出於統戰及市場需要，既連結海

外民族主義的華人知識分子，又對美蔣進行冷戰宣傳鬥爭。台灣反對運動對李怡的思想影響，似乎應該是到了美麗島事件的時候才比較明顯。但是，因為冷戰的需要及氛圍，而大篇幅報導與討論台灣政治及社會運動，甚至讓廣大華人讀者了解及參與討論台灣政治前途、統獨、自由民主等議題，這不啻是冷戰的緩解在華人社會裡的重要例證。到底這些意外效果對李怡個人思想轉變有多大作用？李怡晚年來台，自然在回憶錄中把這方面放得很大。無論如何，美麗島事件及其後的大審訊及餘波，與中國大陸在毛澤東死後第一次的民間運動幾乎是同步，在這期間，《七十年代》亦開始零星出現了想像兩岸民主運動的視野或願景，開始有文章會把台灣與中國大陸的反對運動並置，使用「民主運動」一詞描繪兩岸的政治事件。

在這段時間，我們也需要注意到一個被淡忘的片段：李怡曾追求中共黨內左翼反對派的路線，認同「北京之春」裡的左派，但在香港卻找不到生根的土壤。而中共對初生不久的反對派撲殺於萌芽之中，也令身在香港的李怡頓失政治及思想同盟。在香港，他似乎只能與右派或自由派結盟。李怡曾傾向成為黨內反對派的歷史，在回憶錄中避而不談，未必是因為覺得這段歷史尷尬見不得人。勉強算來，這方面在回憶錄裡也有片言隻語，但在「冷戰—後冷戰」的敘事框架中，這種種片段相互矛盾，難以拼合。在1980年代中之後，他亦漸漸在思想及價值上擁抱西方式民主自由的價值，這樣的路徑以至對自己左翼思想的淡忘，可以說是香港親共左派尋找自主性但卻有點身不由己的命途。

葉蔭聰，國立陽明交通大學社會與文化研究所副教授，研究興趣包括香港政治文化及中國當代思想。

彷彿若有光：

中國大陸文化研究小傳[1]

羅小茗

林盡水源，便得一山，山有小口，彷彿若有光。便舍船，從口入。初極狹，纔通人，復行數十步，豁然開朗。

——（晉）陶淵明：《桃花源記》

站在21世紀第二個十年，中國大陸文化研究已有近三十年的歷史。這三十年，既是鄧小平「南巡講話」之後，整個體制變革、社會轉型，中國人的精神和文化狀況迅速變遷的三十年，也是各種力量匯聚湧動，為中國社會面對日後的變革激盪打下基礎、孕育可能

1　認識千野拓政老師、接受其教誨的過程，也是我經由中國現當代文學，接觸、學習進而從事文化研究的過程。在我看來，作為其在中國大陸的晚輩，沒有什麼比撰寫一篇中國大陸文化研究發生發展的小史，更適合用來向千野老師同樣從文學研究轉向文化研究的學術生涯致敬的了。更何況，就中國大陸文化研究的發展而言，今後的十年將是難以預料的十年。藉由撰寫本文的機會，在關注中國大陸文化研究發展的千野老師的紀念文集中保存這一小史，提供一個觀測未來的視角，是非常有意義的事。需要特別說明的是，也是千野老師讓我和本文的日文譯者池田智惠教授在年輕時因為文化研究而相識，一路走來，成為研究和生活上的朋友。也希望這篇文章可以保存我們那一部分共同的青春和信念。

或帶來限定的30年。²當全球新冠疫情告一段落，無論是目睹「去全球化」呼聲的日漸高漲、新自由主義的加速退潮，還是將中美間的貿易戰視為「新冷戰」的開始，再次「被開放」的中國人都赫然發現，已不復身處那個之前熱烈擁抱的全球世界。整個中國社會，學術思想界也罷，經歷了高歌猛進的經濟增長期的普通人也好，大家又站到了重新認識世界，理解其內在邏輯的岔路口。彼此間的分歧不可謂不大，來自於前30年的慣性、執念和由此集聚的能量與戾氣，不可謂不足。好在，這樣的歧路並不陌生。魯迅當年更是傳授過對付它的方法：「不哭也不返，先在歧路頭坐下，歇一會，或者睡一覺，於是選一條似乎可以走的路再走」。³如此一來，回顧自1990年代中期以來中國大陸文化研究在社會內部發生發展的這段歷史，也就構成了文化研究──特別是從中國現當代文學展開的這一支，在當前這一路口坐下，養點精神再走的必要步驟。這也是在當代中國思考左翼實踐的一條重要線索。

2　一般來說，人們把改革開放的起點定於1978年十一屆三中全會的召開。因此，早在2008年前後，就已經出現了改革開放前30年和後30年的分段法。而本文所使用的前30年，則從1992年鄧小平「南巡講話」開始。之所以選擇這一起點，是因為在此之後，無論是政治經濟還是文化界討論和思考中國問題，都主動或被動地被導向了一切從經濟出發、擱置政治的這一路徑上來。整個中國大陸文化研究，也是在這一大背景之下得以發生。因此，本文選擇了這一與文化研究的發生發展更為契合的分段法。顯然，這一分段法自有其優缺點。優點在於可以幫助人們在這一大背景下審視文化研究的發生與進展。缺點則同樣明顯，正是這樣的社會大背景構成了中國大陸文化研究發展的先天缺陷。而能否跳脫出這一分期所規定的思考路徑，不光是文化研究，也是整個人文學科的難點所在。

3　魯迅，《兩地書》，《魯迅全集（第十一卷）》（北京：人民文學出版社，2005），頁15。

　　概括來說，文化研究在中國大陸發生發展的歷史，離不開兩條線索的交織。一條線索圍繞「什麼是文化研究」展開。這是因為，對於後發國家的人文學科來說，「文化研究」自有其「理論旅行」的一面。它往往被視為一股緣起於英國，流行於美國，由此散播到世界各地的新興的學術思潮，並在上世紀90年代作為「新學」傳入中國學界。其進入中國的時間表，和中國「與世界接軌」的時間表幾乎同步。而另一條線索則關注「為什麼是文化研究」。這是因為，文化研究作為一種跨學科的思想方法，傾向於在整體性的社會危機之中，將「文化」視為克服危機的重要力量。[4]通過描述文化狀況，把握進而回應中國社會正在遭遇的整體性危機，也就構成了文化研究扎根於這片社會土壤，持續演進的重要線索。

　　既有的回溯中國大陸文化研究歷史的文章，大多偏於第一條線索，忽視第二條。本文為自己規定的任務則是，通過發生於1990年代到新世紀初的兩場大討論所勾勒的社會整體性危機，將「什麼是文化研究」和「為什麼是文化研究」這兩條線索交織到一起，置於中國大陸的社會語境中加以考察，說明中國大陸文化研究在此中興起的內在動力，以及它作為左翼實踐的一種可能。在此基礎上，通過記錄有代表性的個案，說明其在體制內外演進的狀況與趨勢，展望其未來。

一、1990年代中國社會的整體性危機：「人文精神大討論」

　　顯然，每一個社會內部，總有某些領域的人對社會整體性危機

4　此處選用雷蒙‧威廉斯在《文化與社會》中給出的文化研究所理解的文化的界定。

的到來更為敏感，為此發出警報。在1992年後的中國社會，發出警報的是文學領域。其標誌是發生於1990年代中期的那一場歷時兩年有餘的「人文精神大討論」。

這場大討論的背景是，1992年的冬天鄧小平發表著名的「南巡講話」，重啟市場經濟。這既使得1989年之後幾乎陷於停頓的中國社會重又活潑了起來，也使得此後，無論是國家的發展還是個人的前途，都被高度收縮進了經濟領域。「一切向錢看」的風氣在社會中彌漫。文人也在這一潮流中下海經商；比如，王朔、張賢亮、魏明倫等當時比較知名的文人都開起了公司。在這一大背景下，《上海文學》雜誌恢復了名為「批評家俱樂部」的欄目。1993年6月，華東師範大學的學者王曉明、張宏、徐麟、崔宜明、張檸在上面發表了名為〈曠野上的廢墟——文學和人文精神的危機〉的討論整理稿，通過批評當時的兩種文化現象——王朔的痞子文學和張藝謀的電影《大紅燈籠高高掛》，指出這類商業化文化的流行「暴露了當代中國人文精神的危機」。這一年的冬天，華東師大召開全國文藝理論學會年會。藉此機會，王曉明又約大家晚上進一步討論這個話題。旁聽了現場的討論後，《讀書》主編沈昌文對此表示支持。1994年第3期開始，《讀書》以「人文精神尋思錄」為名，連續發表6期討論稿。「人文精神大討論」由此被推向了全國，很快成為一個媒體事件。1994年8月起，《文匯報》（上海）、《光明日報》、《中華讀書報》（北京）和《作家報》（濟南）闢出「人文精神」討論的專欄；《長江日報》、《明報月刊》以專輯方式刊發報導與文章。這中間不斷有學者加入討論，且支持、反對、質疑、問難的立場各有不同。1996年2月，王曉明主編的《人文精神尋思錄》出版，從提倡、質疑、回應和理解四個方面選取有代表性的文章，為這場討論立此存照。

　　這種通過大規模討論凸顯社會整體性危機的做法，既離不開中國文人的深層傳統，也離不開建國後的學科體制、文藝制度與現代國家構建之間的關係，[5]更離不開此時已成為餘緒的1980年代公開討論的風氣。雖然參與者的程度參差，推進有限，且在事後來看有很大的局限，但無論其規模還是各抒己見的程度，在只看重流量經濟的今天，這樣的討論都難再現。那麼，這場「大討論」究竟是如何描述整體性的社會危機，進而引發如此反響的呢？

　　討論伊始，王曉明這樣描述他們感受到的社會變化：

> 今天，文學的危機已經非常明顯，文學雜誌紛紛轉向，新作品的品質普遍下降，有鑒賞力的讀者日益減少，作家和批評家當中發現自己選錯了行當，於是踴躍下海的人，倒越來越多。……一股極富中國特色的「商品化」潮水幾乎要將文學界連根拔起，……這個社會的大多數人，早已經對文學失去興趣了。[6]

很多人在批評這一討論時認為，這一類描述是知識分子對於由市場化經濟導致的自身被邊緣化表達不滿。[7]但這種迅速將人簡化為社會

5　這組關係的討論，可以參考洪子誠，《中國當代文學史》（北京：北京大學出版社，2009）；具體到文化研究的發生，則參見王曉明，《從文藝學到文化研究》（視頻），https://www.bilibili.com/video/BV1Qq4y1P7r7/（2023年5月16日檢索）。

6　王曉明、張宏、徐麟、張檸、崔宜明，〈曠野上的廢墟——文學和人文精神的危機〉，收錄於王曉明編，《人文精神尋思錄》（上海：文匯出版社，1996），頁1-2。

7　這一批評本身並非全無道理。但在如何判斷整個社會結構中中心與邊緣的標準這一根本問題上，這一批評與人文精神的提倡者並未形成交鋒。即對於人文精神的提倡者而言，誰來定義和規範一個社會

地位或階級屬性的做法，顯然無法把握住整個人文精神討論的核心
意圖。因為整場討論試圖捕捉的，是在社會結構的劇烈變動中，人
的精神生活在質地上的變化。而精神生活的質地，又恰恰是在此過
程中，既無法依靠既有的結構和階級來鎖定，也不能指望在結構變
動之後必然覆現的東西。王曉明繼續指出：

> 照我的理解，愛好文學、音樂或美術，是現代文明人的一項基
> 本品質。一個人除了吃飽喝足，建家立業，總還有些審美的欲
> 望吧，他對自己的生存狀況，也總會有些理不大清楚的感受需
> 要品味，有些無以名狀的疑惑想要探究？……假如我們確實如
> 此，那就會從心底裡需要文學，需要藝術，它正是我們從直覺
> 上把握生存境遇的基本方式，是每個個人達到精神的自由狀態
> 的基本途徑。正是從這個意義上，文學自有它不可褻瀆的神聖
> 性。尤其是在20世紀的中國，大多數人對哲學、史學以至音樂、
> 美術等等的興趣，都明顯弱於對文學的興趣，文學就更成為我
> 們發展自己精神生活的主要方式了。因此，今天的文學危機是
> 一個觸目的標誌，不但標誌了公眾文化素養的普遍下降，更標
> 誌著整整幾代人精神素質的持續惡化。[8]

這段寫於1993年的話，提示出「南巡講話」以來，被經濟高速發展
所掩蓋，又在經濟增速放緩之後，開始大規模暴露出來的一個社會
的精神生活如何展開的問題。顯然，無論經濟如何發展，人民生活

（續）
　　的中心與邊緣，是其更為深層的焦慮。而這樣的焦慮在批評者那裡
　　卻被直接轉化為在承認既有的標準的前提下爭奪中心的社會化過
　　程。
8　前揭書，頁2。

水準如何提高，國力如何強盛，生活著的人們都需要一套說明和把握生存狀況的理解模式，據此展開精神生活，並通過精神生活裡的自由狀態來體驗生命與生活的意義。每個時代，個體所能理解和體驗到的自由並不完全相同，甚至於差異很大。[9]但無論有多大的差異，不經由對精神的自由狀態的理解，人把握其生存境遇的能力就是不完整的。當這樣的不完整連接成片、積水成淵的時候，勢必導致社會運轉的重大危機。正是在這一意義上，「文學的危機實際上暴露了當代中國人人文精神的危機，整個社會對文學的冷淡，正從一個側面證實了，我們已經對發展自己的精神生活喪失了興趣」。[10]顯然，這個時候，大多數中國人都興奮於市場經濟帶來的變化，憧憬著未來的美好生活，對與此一併到來的精神生活的萎縮，既不關心也不擔憂。這種喪失興趣或漠不關心的背後，是一種共同的精神立足點的後退，從「文學應該幫助人強化和發展對生活的感應能力」這個立場的後退，甚至是從「這個世界上確實存在著精神價值」這個立場的後退。這種全面的後退，成為「人文精神大討論」努力標定出的社會危機的基本面目。於是，一邊是物質生活水準的整體上升，一邊是體驗精神生活的能力的集體喪失，這一此消彼長的不平衡狀態，構成了此後中國社會整體性危機的根源。

在討論展開的過程中，人們往往採取兩種立場，來反對或解構這種對整體性危機的描述。一種是主張在市場經濟的大潮中擁抱大眾文化，其中頗有代表性的便是王朔們的選擇。其背後的潛臺詞是，

9　這一自由，並不是今天中國年輕人掛在嘴邊的那些具體明晰的要求——扔垃圾的自由，吃水果的自由，財務自由或躺平的自由，而是這些要求背後發生著作用，促成它們成型的精神底氣。它的存在，構成了一個人能否體驗他所擁有的生命的基本條件。

10　前揭書，頁2。

市場引導的大眾文化能夠確保精神能力的健全，保障人們的精神生
活。另一種則立足於後現代主義，嘲笑啟蒙，解構一切。這兩種意
見，立場雖不同，但採取的策略大同小異。即在討論過程中抓小放
大，通過將矛頭指向提倡者——認為用「人文精神的失落」來指認
危機，不過是一種精英主義或知識分子被奪權的表現——來迴避改
革開放之後中國社會的精神生活狀況以及人們展開這種生活的能力
問題。事後來看，這兩種反對的聲音，不僅在當時的公共討論中占
有一定的比例，在此後文化市場化的過程中發揮作用，且在中國大
陸文化研究的發展進程中占據一席之地。換言之，1990年代中期的
這場「人文精神大討論」，基本呈現出了在所謂的擱置意識形態爭
論的現實條件下，知識者在文化與經濟間的角力中所能採取的基本
立場、理解方式和介入路徑。

　　對此，對這一討論的主旨抱有同情但不完全贊同的人們，則認
為較之於「人文精神」，更應關注社會巨變中隱而未發的文化與政
治的關係。比如，汪暉認為：

　　啟蒙主義的抽象的主體性概念和人的自由解放的命題在批判毛
　　的社會主義嘗試時曾經顯示出巨大的歷史能動性，但是面對資
　　本主義市場和現代化過程本身的社會危機卻顯得如此蒼白無
　　力。把現實的資本主義化過程所產生的社會問題歸結為抽象的
　　「人文精神的失落」……迴避導致「知識分子」階層發生變化
　　的社會條件，其根源之一就是「啟蒙主義」知識分子對這個社
　　會過程本身持有極為曖昧的矛盾態度。[11]

11　汪暉，〈當代中國的思想狀況與現代性問題〉，收錄於汪暉，《去
　　政治化的政治：短20世紀的終結與90年代》（北京：生活・讀書・

陶東風則認為，這場討論並沒有觸及大眾文化的根本缺陷，「『人文精神』論者沒能看到大眾消費主義的真正危害不是什麼缺乏抽象的『理想』、『崇高』、『終極關懷』，而是以娛樂的自由和消費的自由取代了政治的自由，以娛樂消費領域的畸形繁榮掩蓋了公共政治領域的萎縮，以消費熱情掩蓋了政治冷漠」。[12]林賢治在〈關於「人文精神大討論」〉中更有兩點批評：一是討論者迴避了1980年代末的大事件，儘管這實際上構成所謂「人文精神」非常重要的一部分；二是沒能接續11屆三中全會前後，有關「人道主義和異化」問題的討論。[13]這些事後的評論各有側重、遙相呼應。一方面，進一步標明了「人文精神大討論」之所以如此展開的社會背景：改革開放實際上是當權者對於既有的社會主義和資本主義模式的「自助式」取捨與雜糅。這使得此時的中國社會進入的，勢必是一個遠比單純的資本主義市場和社會主義國家更為複雜的演變進程。但另一方面，若僅靠提倡人文精神無法應付這一複雜的演變過程，那麼思想界又應該如何介入其中，發揮文化思想的力量，為精神生活的展開而非萎縮提供新的可能？對於這個問題，評論者卻也沒有自己的回答。

正是經過兩年多的大討論及其迴響，一部分人開始意識到上述危機的複雜與難解，或明確或朦朧地把握到，「在1990年代的歷史情境中，中國的消費主義文化的興起並不僅僅是一個經濟事件，而

新知三聯書店，2008），頁81-82。

12 陶東風編，《當代文藝思潮與文化熱點》（北京：北京大學出版社，2008），頁6。

13 林賢治，〈關於「人文精神大討論」〉，http://www.aisixiang.com/data/66264.html（2023年5月17日檢索）

且是一個政治性事件，因為這種消費主義的文化對公眾日常生活的滲透實際上完成了一個統治意識形態的再造過程」。[14]而一旦如此，試圖在危機中有所作為的知識者就會發現，搞清楚這樣一個意識形態再造的過程，把握文化在其中發揮力量的路徑，進而對它與精神能力的關聯展開思考與批評，也就變得十分關鍵。換言之，一旦將這種政治領域的萎縮和消費文化的意識形態功能間的互為因果，作為中國社會整體性危機得以形成的現實條件來把握時，文化研究的思考路徑也就成為必然的選項。[15]而對於這一危機的理解的深度和把握的廣度，更是決定了中國大陸文化研究此後自覺生長的能力。

可以說，正是1990年代中期的「人文精神大討論」，率先標示出了中國大陸文化研究得以出現時的社會狀況。這種狀況，就國內而言，是中國特色的市場經濟全面鋪開，舊有的單位體制開始鬆動，大規模的人口流動由此出現，城鄉之間種種的不平等越發凸顯。消費文化大舉滲透進人們的日常生活之中，文化日漸成為商品之一種。在此基礎上，以城市生活為主導的新一輪生活方式開始形成。就外部狀況而言，是在柏林牆倒塌之後，資本主義大獲全勝，冷戰格局在當時看來是就此結束。資本在全球範圍內大張旗鼓的流動，對於不同制度的現代國家，最終也包括占據霸權位置的第一世界的國家形成巨大的衝擊。此時中國人文領域的知識者，面臨和當年英國伯明罕學派類似的困境：[16]經濟狀況上去了，但整個社會的精神

14　前揭書，頁84。

15　另一個選項，則是思想史的研究。在這裡，思想史和文化研究構成了應對這一危機既彼此呼應又各有側重的選擇。

16　霍爾指出，英國之所以出現文化研究，是要回答一個非常具體的政治問題：「在經濟富足的情況下工人階級發生了什麼變化？」（《文化研究1983：一部理論史》，周敏、程孟利譯，北京：商務印書館，

狀態、集體心智卻並沒有一併好轉，反而顯出後退與腐壞的跡象。正是在這一整體性危機中，記錄、協調乃至供給著人們對社會、經濟、政治社會領域的這些變革所做出的一系列重要而持續的反應的「文化」，被凸顯出來。專注於此，對其展開辨析和研究的衝動，也就呼之欲出了。

二、從「生活在不可解之中」到新左派和自由主義之爭

　　由此，中國大陸文化研究的發生，並非源於某個理論的引介，[17]而是因為中國社會在政治領域繼續封閉的狀況下，開始了領略消費主義文化的力量這一個階段。當這一社會變動在中國大地上真實地發生，原有的路徑無法提供解釋，新的思想運動勢必出現。文化研究正是其中之一，且是其中十分強勁有力，試圖對此正面阻擊的一支。正如汪暉在當時概括的那樣，「正是獨特的社會政治結構與商業化的結合及其產生的種種後果，構成了大陸學者討論『文化研究與文化空間』的主要背景」。[18]站在今天來看，我們可以再加一句，

(續)─────────────────

　　2021，頁23。）默多克則將這一困境概括為：「原有的公民身分和公民責任因為消費主義的魅力和自我實現的承諾而迅速黯然失色」。默多克〈序二〉，姚建華編著，《傳播政治學經典文獻選讀》（北京：商務印書館，2019），頁9。

17 比如有的論述文章將1985年的詹明信接受北大邀請來華講學，介紹1960年代以來流行於西方學術界的文化研究理論與成果作為文化研究在中國大陸發生的起點。見孟登迎，〈「文化研究」的英國傳統、美國來路與中國實踐〉，《文藝理論與批評》（2016）第1期，頁37。

18 汪暉，〈九十年代中國大陸的文化研究與文化批評〉，《電影研究》，1995年1月，總240期，頁14。

社會政治結構與商業化的這種獨特結合越是深入，後果表現得越是
明顯的地方，就越是湧現出對於「文化研究」的自覺的熱情。[19]

其中，標誌性的事件是由《讀書》發表的一組對談和召開的一
個討論會。

1994年7月和8月，《讀書》雜誌發表了李歐梵與汪暉關於「什
麼是文化研究」、「文化研究與地區研究」的對談。在這次對談中，
現代文學研究出身的李歐梵介紹了興起於英國，於十年前開始流行
於美國學界的文化研究。這一介紹涉及到之後中國大陸文化研究展
開時的一系列核心議題，比如，反抗西方文化霸權，中國社會的本
土經驗和實踐性，中國本土與世界全球化之間的關係問題，第三世
界團結與聯合等，且包含了對美國的中國學研究、後殖民理論、以
及對彼時放棄了行動而僅限於理論的美國左翼的批評性意見。換言
之，文化研究被介紹進中國大陸的學界之際，便帶有雙重視野：一
是意識到此時美國的人文學界業已陷入了過於專業化和碎片化的危
機，跨學科的文化研究是其拿來自我更新的一帖解藥。然而，與此
同時，在無可行動的社會狀況下將一切理論視為政治，也是施藥帶
來的結果之一，中國大陸學界應引以為戒。同年9月，《讀書》舉辦
了名為「文化研究與文化空間」的討論會。這場討論，不僅涉及到
文學、美術、社會學、哲學、建築學等多門學科，且關乎政治、經
濟體制、國家政策、多種媒體的運作、中西的制度性差異與理論本
土化的可能性等問題。在當年12月的《讀書》上，白露發表了討論
會的紀錄和感想，標題便是〈生活在「不可解之中」〉。這個標題
頗為準確地勾勒出市場經濟衝擊之下人們的基本感受：一切都在迅
速地變化著，很多變化還未得到解釋，便被新一輪的變化覆蓋更迭。

---

19 這也是文化研究率先出現在北京上海這些地方的高校的重要原因。

正是在這一感受的席捲之下，文化研究成為迎戰這一「不可解」的
思想運動。參與在這一運動中的人們，學科背景不盡相同，關注焦
點各有側重，但努力的方向卻大體一致，就是承擔起在全球化的大
背景中重新理解中國社會的文化和意識形態生產這一巨大的任務，
對由資本市場、國家權力和既有的現代性理論所共同構築的1990年
代之後的當代中國人的生活樣態和社會趨勢做出分析和說明，由此
拓展當代中國人把握和理解世界的能力。可以說，《讀書》刊發的
這組對談和主辦的討論會，較為集中地呈現出中國大陸文化研究最
初發生時的面目和雄心。

　　此後，並不直接相關卻構成了文化研究在新世紀進一步展開時
重要的思考背景的，是世紀之交的自由主義與新左派之爭。爆發於
這一時間點的討論，[20]源於對中國正在加入的「全球世界」的判斷，
出現了根本性的分歧。換言之，當中國日益深入到全球化的生產鏈
條之中，在對這一狀況有了更深入的理解後，中國思想界對於市場、
世界以及中國自身的位置勢必產生不同的看法。[21]對於1980年代的
中國社會來說，以歐美社會為主導的世界圖景以相對籠統的「現
代」、「民主」和「自由」的美好面目出現。這使得中國社會的絕
大多數人，也包括經歷了上山下鄉、重新回到城市的知識分子們，
對此充滿了憧憬和嚮往。能否儘快實現現代化，被視為中國社會種
種結構性矛盾的解決之道。對現代化進程中出現的弊端和問題，則
準備不足。如果說，1990年代中期的「人文精神大討論」是因準備

20　其中的標示性事件是2001年12月中國正式成為世貿組織成員。

21　其中，頗為典型的就是在《天涯》和《中國改革》上分別發表刪節
　　版的三人談。秦暉、汪暉、溫鐵軍，〈超越派性之爭尋找變革道路〉，
　　《中國改革》第10期（2003），頁11-14；溫鐵軍、汪暉、秦暉，
　　〈中國能否走出一條獨特的道路〉，《天涯》第4期（2003）。

不足而來的第一次集體性反彈,那麼,世紀之交,加速推進的市場
經濟,終於將過去離得很遠看起來很朦朧的世界攤開在眼前。當中
國社會與這樣的世界有了更為密切的接觸、切實的感受後,原本朦
朧的「全球世界」,勢必被重估。它包含了對這樣一組問題的再思
考:中國社會的市場化究竟是在什麼樣的國際條件下發生的?應該
如何定義中國正在與之接軌的「世界」,並據此理解和確認「中國」
對於這個「全球世界」的意義和位置?

    正是這一重估,將人們分為了兩個陣營——自由主義和新左
派。其中,新左派的基本看法是,1980年代中國啟動的改革開放,
實際上隸屬於1970年代以來資本主義國家為了克服自身經濟危機而
開啟的新自由主義的全球進程。類似的觀點,在馬克思主義者大衛·
哈威撰寫的《新自由主義簡史》中有非常明確的論述:

> 1980年代期間,新自由主義政策在國際貿易中的力量越來越
> 大,將整個世界開放給轉型市場和金融力量。就此而言,**這為
> 中國乘亂進入並融合到世界市場打開了空間**,而在布雷頓森林
> 體系下這一過程是不可能的。中國作為全球經濟大國的醒目出
> 場,部分而言是發達資本主義世界的新自由主義轉向所帶來的
> **意外結果**。[22]

有意思的是,到了2022年,《金融時報》的全球商業評論員及副主
編拉娜·弗洛哈(Rana Foroohar)在〈新自由主義之後:世界政經
加速「區域化」〉中,對中國加入世界貿易組織的契機給出了相類

---

22 大衛·哈威(David Harvey)著,王欽譯,《新自由主義簡史》(上
    海:上海譯文出版社,2010),頁138。著重號為筆者所標。

似的描述。她認為在很長一段時間裡，新自由主義之所以能有效通行，是因為國家利益和企業利益之間的關係沒有失衡。這使得美國消費者在盡享全球製造業的物美價廉的同時，讓全球數十億人擺脫了貧困。然而，「到了2000年，新自由主義造成的區域發展不均衡等諸多後果，已經不容忽視」，而這一打破平衡的重要舉措，就是美國積極推動中國加入了世貿組織。[23]兩位學者的立場不同，但在描述中國加入全球世界的狀況時，卻頗有一致之處。當時，中國的新左派對於全球世界的判斷，也與此類似，儘管並沒有人在當時便預見到十年後由中國的「意外加入」導致的世界格局的大變動。他們意識到的只是，這個中國正在加入的全球化進程，看起來是由「自生自發的市場秩序」組織起來，實際上卻是在抽象的「市場」之名下，通過權力和跨國資本的聯手，經由一系列政治性安排對落後國家和地區展開掠奪性的開發和貿易，持續製造出結構性的社會不平等和不正義。正視這一構建全球不平等機制的所謂「自由貿易」的進程，批判由此出現的不正義與不公正，重新定位中國在這一進程中的位置和可能的作用——城鄉關係、國家權力、社會主義的歷史等等，也就成為這一大判斷下得以展開的新思路。

可以說，敏感於這一由新自由主義所推動的全球狀況，意識到由「自由市場」導致的不平等問題，使得新左派形成了對於現代化進程更為歷史化也更為批判性的看法。這一系列判斷在很長時間內成為中國大陸文化研究得以展開的重要依據。當然，從後見之明來看，這一判斷同樣蘊含著此後導致中國左派知識分子進一步蛻變分

---

23 Rana Foroohar, "After Neoliberialism: All Economics Is Local," *Foreign Affairs*, 2022/11-12. https://www.foreignaffairs.com/united-states/after- neoliberalism- all-economics-is-local-rana-foroohar（2023年9月1日檢索）

化的要素——比如對於國家權力的重視、對中國特色的關注等，儘管這些變化要等到2008年之後才日益尖銳起來。

這並不是說爭論的另一邊，被稱為「自由主義」的論戰者便沒有注意到新自由主義在全球進程中的作用。區別在於，新左派選擇就此質疑「市場」，視之為在西方資本主義展開掠奪過程中形成的一套與壟斷性權力密不可分的政治經濟理論，自由主義者卻更看重「市場」——作為一種抽象的理念以及其實際展開過程中形成的更具流動性的力量——對中國社會的專制結構所能形成的衝擊與重構。因為這一看重，他們更願意將眼前的種種不平等與不正義歸咎於市場化在中國推進的不徹底，歸咎於市場對政治權力結構的衝擊還遠沒有完成。在堅持自由主義的人們來看，對此時的中國來說，更為重要的問題，不是去辨析和批評中國正在加入的那個「全球世界」，而是借用市場經濟的力量，來批評、衝擊乃至瓦解既有的專制結構，創造一個自由民主的中國。

有人將爭論兩方的觀點歸納為在三個問題上的分歧。其一，如何看待自由和民主的關係，這兩者何者優先？其二，應該率先確保的是效率還是公正？其三，如何看待個人與社會，市場與國家的關係？[24]顯然，雙方對這些問題的看法，既有其內在的政治訴求的差異，也有政治訴求和達成手段之間如何匹配的爭論。刨根究底來看的話，他們之間更為根本的分歧在於，中國對於現代世界的意義。

---

24 焦文峰，〈當代中國的文化政治現象——新自由主義與新左派之爭〉，收錄於李陀、陳燕谷編，《視界》第3輯（2001年5月）。在這篇文章中，作者顯然是認同新左派的立場，並據此將論戰對手指認為新自由主義。但這個稱呼是不準確的，因為此時和新左派展開爭論者所秉持的，並非今天一般理解的「新自由主義」，儘管他們之間有關聯。

換言之，對於被動捲入其中、失去了中心地位的中國而言，僅是後來居上，成為既有的世界秩序的一員，是否足夠？對此，晚清以降的一路看法是，不僅不夠，而且頗為糟糕，因為那不過是積極加入和徹底承認了弱肉強食的叢林法則。沿著這一判斷，人們對中國之於現代世界的意義，也就有了十分明確的期待，即負起打破既定規則的責任，創造出不同於此的世界秩序。[25]進入了21世紀的中國社會，同樣無法免於這一意義感的焦慮。中國作為一個有著自身悠久歷史傳統的國家，一旦進入現代化進程，其所作所為、成敗得失的意味，對整個人類的歷史進程而言，究竟具有何種意義？這一問題的表現形式雖不盡相同，既可以表現為激進的世界革命，也可能表現為極端右翼的民族主義，但內核卻始終如一。對此時的新左派來說，面對充斥著不公平不正義的全球世界，中國具有何種意義的這個問題自然更為要緊。比如，汪暉在《死火重溫》序言中的總結就頗為典型。他認為，新左派和自由主義爭議的焦點並不在於「自由主義，而是社會平等和社會公正問題，它既包括國內的平等，也包

---

25 最鮮明直白地表露這一點的，莫過於孫中山在《三民主義》中的主張：「中國如果強盛起來，我們不但是要恢復民族的地位，還要對世界負一個大責任，如果中國不能夠負擔這個責任，那麼中國強盛了，對於世界便有大害，沒有大利。」（王曉明、周展安編，《中國現代思想文選（上）》，上海：上海書店出版社，2013，頁228）鮑吾剛在《中國人的幸福觀》中則通過分析李大釗，指出正是在救亡中國的同時賦予其對世界的重要意義、從而恢復它的中心地位的強烈願望，促成了馬克思主義在中國的迅速接受、蔓延和再闡釋。（嚴蓓雯、韓雪臨、吳德祖譯，《中國人的幸福觀》（南京：江蘇人民出版社，2004）。Wolfgang Bauer, *China and the Search for Happiness: Recurring Themes in Four Thousand Years of Chinese Cultural History*, translated by Michael Shaw（New York: Seabury Press, 1976）.

括國際的平等」。[26]而中國的自由主義者,顯然並不共有這一焦慮。他們首先關心的是中國社會內部的自由民主化進程,其中包括了社會平等。

至此,如果說,「人文精神大討論」初步提出了在專制政權與消費文化雙重夾擊下的中國人如何展開精神生活的難題,那麼,新左派與自由主義之爭則進一步將這個難題放置在了全球格局之中,放到了中國與世界的動態關係裡。其對於中國大陸文化研究的作用,既在於幫助人們在更深入的全球化進程中定位中國社會的整體性危機,充分意識到世界各國在新世紀的同構性;也由此明確此後在中國大陸展開的文化研究,面對的恰是由新自由主義的氾濫所導致的自由與平等、市場與國家之間「非此即彼」的兩難。探索精神價值在這一組亦真亦幻的對立中突圍的可能,捕捉並勾勒精神生活圍繞這一目標而展開的左突右閃、騰挪轉移,也就成為文化研究需要處理的重要議題。考慮到中國社會的後發現代化的典型性,這一類的探索與捕捉在處理全球性困境時,自是不可或缺。到了這一步,中國大陸文化研究的思想光譜,大體成形。如果將其面臨的問題,從大到小,從根本性的到其在具體進程中的變體加以排列的話,它們是:

首先,晚清時期曾經橫在中國人面前的「中國向何處去」的問題再次浮現。經歷了社會主義建設時期的中國,如何看待由資本主義這樣一種生產方式所主導和推動的全球現代化的進程?曾經的種種歷史,是否會賦予它一種看待這一進程的不同的眼光?

其次,在這種眼光下,一個很重要的立足點自然是文化。它不

---

26 汪暉,〈序〉,收錄於汪暉著,《死火重溫》(北京:人民文學出版社,2000),頁6。

僅是人們長久以來用來把握生命意義、理解精神自由的手段，也是
中國在現代世界中別具特色的所在。然而，當文化在改革開放的過
程中以各種方式迅速納入市場進程，加速組織起來，成為商品的時
候，人們是否還能在經濟的標準之外，保有對這一進程展開思考的
餘裕，形成評判由此湧現的大眾文化、青年亞文化、粉絲文化等一
系列新的文化類型的整體性框架？

　　第三，在消費文化興起的過程中，中國人被優先賦予了消費者
的身分。從這一身分出發，能否最終抵達或形成新的公民身分？這
一意識形態再造的結果又是什麼樣的？其變遷的動力將來自何處？
特別是，當興起中的消費主義文化，越來越成為改革開放後的中國
人衡量人生意義和社會歷史的唯一依據時，這樣的「唯一」將造成
何種後果？在某種意義上說，經濟增長停滯後，不管是年輕人的「躺
平」，還是各階層不同程度的「擺爛」，都是這一問題長期以來無
法被真正面對，公開討論和妥善處理而導致的社會性後果。

　　最後，那些意欲捕捉真問題的知識者，在這個過程中，應該占
據何種位置，發揮什麼樣的作用？這一知識者的自我認知自我期
許，勢必和他們怎麼思考和理解上述問題密不可分。

三、體制內外：一本雜誌、一套叢書、一個網路和一處系所

　　顯然，在上述問題的鋪陳之下，中國大陸文化研究是一件很不
容易做的事。它既無法將整個現代化進程視為理所當然的容器，也
絕無可能退回到舊有的榮光裡去──無論這榮光是屬於曾經的社會
主義、學科規範還是傳統中國。這使得中國大陸知識者在推進文化
研究，尋找文化研究的中土特性時，勢必始終遊走在體制內外，保

持一種「橫站」的姿勢。[27]

　　當然，任何改變，都不是一場單槍匹馬的孤勇者的戰鬥。在這一節我將選取2000年以來對開拓文化研究來說十分重要的制度性建設的面向，以具有代表性的一本雜誌、一套叢書、一個網路和一處系所為例，說明中國大陸文化研究在出版、審查、學術組織、大學制度這一系列體制內外的遊走狀況。

　　首先是一本雜誌。在推動文化研究的發展上，1990年代中後期的《讀書》功不可沒。2000年之後，旗幟最為鮮明、影響頗大的，首推李陀、陳燕谷主編的《視界》。從2000年5月創刊，到2004年停刊，該雜誌共出版了13輯。這是一本從各個方面來講都高度自覺的刊物。第一輯的卷首語，便大聲宣稱了辦刊意圖：

　　《視界》就是針對這樣一個形勢編輯的。在我們看來，今天的中國格外需要理論思考和理論研究。現在，幾乎人人都同意中國正在發生一場前所未有的社會變革，或者叫做社會轉型，但是，究竟應該怎樣認識這個變革？這場變革會給中國帶來什麼樣的前景？知識生產和這變革的關係又該如何？這些問題還遠沒有得到深入研究和討論。何況，就目前我們所看到的對這些

27　「橫站」是魯迅當年說過的話，王曉明用它來描繪中國大陸試圖從事文化研究的知識分子的位置感。王曉明，〈2001年修訂版序〉，收錄於王曉明著，《無法直面的人生》（北京：生活・讀書・新知三聯書店，2021），頁10-11。在一篇訪談中，汪暉指出：「很多中國的知識分子對於文化研究不以為然，因為他們正處於重新精英化的歷史當中，渴望建立一個美國式的學科制度，所以『文化研究』雖然在美國是風起雲湧的，但是在我們這兒顯然不合時宜」。見汪暉、鄒贊，〈繪製思想知識的新圖景：清華大學汪暉教授訪談〉，《社會科學家》第3期（2014），頁3。

問題的思索，以及由此引發的種種爭論而言，其意見之分歧，立場之對立，可以說已經充分顯示了知識界與當前的變革的關係是多麼錯綜複雜。且不論各方的意見是深是淺，這些不同的理論表達究竟和現實的發展，特別是和以城市為軸心的各種經濟活動有什麼樣的聯繫，它們究竟代表或象徵了什麼樣的經濟和政治的利益，它們的對立和論爭在何等程度上反映了改革以來形成的新的社會矛盾和衝突，還有，它們和全球化過程中各種潮流、勢力、利益又究竟構成了什麼樣的關係，這一切本身就又是當前理論界不能不面對、也不能不重視的重大理論課題。……但是所有這些重大理論課題，都不能依靠常識的通俗化的理論來解決。相反，嚴峻而複雜的現實要求我們不但要進行嚴肅而深入的理論思考，而且還要大大發展理論，在當代理論建設上做出貢獻。應該說，《視界》正是為此而生，它願意為以理論回應現實，同時在這過程中為發展理論盡一份力。

……

在實現這個目標的努力中，我們希望在《視界》上發表的文章能夠避免花哨的空談和不負責任的概念遊戲，建立一種踏踏實實研究問題又平易近人的文風，使理論寫作與現代漢語有一個更為親密的關係。……我們希望對西方中心主義的批評也能深入到現代漢語的理論寫作當中，不僅是文風、句法、修辭風格要盡可能符合漢語習慣，而且要努力創造自己的理論概念和理論語言。[28]

28　李陀、陳燕谷，〈卷首語〉，《視界》第1輯（2000年5月），頁ii-iii。

顯然，在第一期的卷首語中，主編就給自己也給後來者開列了一張
在中國大陸展開文化研究的任務清單，列出的事項包括：首先，拒
絕越來越通俗化商品化的理論販賣，以嚴肅的理論思考回應現實，
並據此發展和形成自己的理論；其次，這一思考不僅針對的是中國
社會，也必須以世界為範圍展開與推進，同時也必然是反西方中心
論的；再次，它希望和過於規矩的「學術」劃清界線，在寫作的語
言、體裁和欄目設定上將這一點鮮明地凸顯出來。在其後刊發的文
章中，的確不光有理論性很強的學術寫作，也包括了紀實、散文、
評論等等。最後，充分重視不同的符號類型。比如在編輯刊物時，
如何利用圖像符號的問題在一開始便被提了出來。這意味著，對文
化研究而言，只要有利於呈現和傳播其對於當代社會的整體性的把
握和批判性的理解，一切可供驅使的手段都應該毫不猶豫地利用起
來。

　　時隔20年，卷首語所批評的現象——「花哨的空談」、「不負
責任的概念遊戲」、「理論的通俗化操作」，依舊盛行，甚至於更
加氾濫了。即便是在以文化研究為業的人之中，擁有當年那樣自覺
的人，也日漸稀少。經過30年的發展，中國大陸文化研究自有它傳
播擴張、變得條分縷析的部分。然而，對照這一任務清單，其日益
萎縮不斷後撤的部分，卻也同樣刺目。這並不是說當年《視界》上
的文章有多麼出色，而是希望指出：隨著C刊制度在學術體制內確
立合法性甚至於唯一性，各新興學科在教育部學科目錄的規範下迅
速擴張，由此形成的學科意識也不斷強化。這樣的擴張和強化，又
與經費的專案化管理和考核的績效化彼此配合。這些都使得此後的

文化研究很難再有這種初興時的野性與氣概。[29]

　　其次，是一套叢書，「當代大眾文化批評叢書」。

　　南帆曾這樣評價：「李陀主編、江蘇人民出版社出版的『大眾文化批評叢書』可以視為文化研究本土實踐的第一批標本」。[30]的確如此。在當時，「知識分子圖書館」、「當代學術稜鏡譯叢」等一批叢書致力於大量翻譯西方前沿文化理論，經由譯介來傳播文化研究，推動其發展。而「大眾文化批評叢書」則是本土研究的第一次集體亮相。

　　該叢書一共10本，陸續出版於1999年到2003年之間。放在今天來看，其中特別值得注意的是以下幾點。其一，旗幟鮮明地針對1990年代以來興起的大眾文化，將認識和解釋這一大眾文化和中國當代社會的意識形態之間的關係視為自身的任務。換言之，在中國大陸，大眾文化之所以受關注和被研究，是因為在社會轉型過程中，時尚雜誌、報紙廣告、購物商場、娛樂節目等等，成為了進入和揭示當代中國意識形態生產機制問題的最佳入口。其中，王曉明主編的《在新意識形態的籠罩下：90年代的文化和文學分析》和戴錦華撰寫的《隱形書寫：90年代中國文化研究》對這一點的把握和呈現，尤為鮮明。在王曉明看來，這些看起來蓬勃興起中的文化產品，共同構

29　比如，創刊於2008年的《熱風學術》試圖延續由《視界》所開創的這一風氣。但出版審查制度總導致刊物無法按時出版，於2016年改為線上出版。即便如此，《熱風學術（網刊）》在陸續出版了19期後也暫時停刊。到目前為止，在體制內唯一堅持下來的以書代刊且成為C刊集刊的是由周憲和陶東風主編的《文化研究》。這意味著，《文化研究》必須遵守既有的學術規範，在近乎苛刻的審查制度下運作。

30　南帆，〈「書與批評」欄目「特別推薦」〉，《文藝研究》第7期（2005），頁136。

築起一種對於「成功」的定義，使得「成功人士」的身分想像日漸
豐滿。然而，在過於詳盡地勾勒「成功」在家居、飲食、應酬和消
閒方面的樣貌的同時，一個現代人同樣需要關心的政治、生態、性
別等問題卻是缺失的，自由、公正和藝術創造的問題也一併消失不
見，最終形成了一個只有「半張臉的神話」。戴錦華則以「廣場」
為例，仔細描繪了它如何從充滿政治性的能指變身為後革命時代狂
歡的消費空間。這種不斷將「政治」從人們的意識中剔除乾淨的過
程，也是消費文化持續填補進自由意志的進程。最終，消費領域擴
張為唯一可以進行「自由選擇」的領域，並由此形成以消費為主導
的城市生活方式。

　　這種旗幟鮮明的捕捉與把握，也形成了叢書第二個特點，即對
於中國當代社會的歷史語境尤為敏感，且對中國知識分子在這一過
程中的責任，有相當明確的自覺。叢書出版之際，主編李陀接受《天
涯》的訪談，明確提出：「現實的需求是最強大的動力……由於中
國知識界面對著兩個歷史，一個是社會主義歷史，另一個是資本主
義歷史，……社會主義和資本主義糾纏在一起，構成極其複雜的經
濟、文化現象，大眾文化的發展也由此十分獨特……這一切都形成
了對文化研究的挑戰」。[31]他由此判斷，中國大陸的文化研究將對
世界文化研究的發展做出貢獻。

　　這套叢書第三個值得注意的特點在於，無論是多人合作還是單
人撰寫，作者的學科背景從文學批評、社會學到城市研究，所討論
的對象十分廣泛，涉及的領域和問題頗為多樣，從酒吧文化、日常
生活中的消費主義、青年角色到金庸的武俠小說。當然，其中的問

31　李陀、楊建平，〈失控與無名的文化現實——訪「當代大眾文化批
　　評叢書」主編李陀〉，《天涯》第1期（2000），頁139。

題也十分明顯。比如，將西方理論運用於中國現實時的種種「不匹配」和「過於匹配」，究竟站在何種位置去把握和分析大眾文化等等。這些問題在「理論旅行」的過程中十分常見，在之後中國大陸文化研究的發展過程中也反覆出現。

令人遺憾的是，此後，我們似乎再也沒法找到這樣一套以問題意識為編輯線索，將中國當代大眾文化的本土研究集中呈現出來，且頗具規模的叢書了。日益的學科化、專門化和經典化已經成為絕大多數叢書安身立命的首選。畢竟，如果不想擁抱既成事實，而是要從意識形態生產機制的角度對大眾文化加以深挖，自然造成了從各個方向齊頭並進的集體探索的難度，也大大增加了無法出版的風險。

其三，一個學術思想的交流網路：亞際文化研究的交流網路。

自1994年《讀書》發表關於文化研究的對談以來，一條或明或暗的線索便貫穿其中。那就是對於不以歐美為中心的世界觀念的強調和由此呼籲的第三世界的大聯合。對於中國大陸文化研究而言，這條線索的形成與接續，除了對後殖民主義等既有理論的引介，更來自於其與亞際文化研究網路的接通。這一網路，旨在實現亞洲各地區之間圍繞「與現代性遭遇」這一歷史性時刻而展開的思想資源與社會文化狀況的互通、比照與交流。其形成有兩大來源：首先是以台灣陳光興教授為首推動的「亞際文化研究」網路。通過將溝口雄三的「以中國為方法」改寫為「以亞洲為方法」，陳光興提醒所有有志文化研究的亞洲各地的人們，眼睛不要只盯著西方，而是要相互看見。[32]只有這樣，才能在展開在地思考時形成後發者之間的參照系，發展出重新理解世界史的可能。此外，對於由中國現當代

---

32 陳光興，《去帝國：亞洲作為方法》（台北：行人出版社，2006）。

文學出發的文化研究來說，圍繞「魯迅研究」以及中國現代文學研究為媒介、以中文為主要語言而形成的學術思想的流動，則構成了與「亞際文化研究」彼此疊加又不完全重合的又一重來源。這也是中國大陸文化研究所銜接的亞際文化研究網路，略不同於其他亞洲各國之處。

　　需要強調的是，這是一張持續運動中的網路。它不僅意味著來自中國大陸、香港、台灣、韓國、日本、印尼、印度、菲律賓、馬來西亞、新加坡、澳洲等地的文化研究學者在其中展開思想的交流與碰撞，也是指不同語種的期刊間的支援與連動，[33]更意味著一種新的聯合教學、互通有無的可能性。比如，「亞際文化研究」機構聯合體，到目前為止，已聯合了亞洲各地13所大學的文化研究系所，每兩年組織一次名為「亞際文化研究」的暑期營，編撰以此為目的的英文和中文兩個版本的亞際讀本。[34]再比如，在千野拓政和王曉明兩位老師的主持下，由早稻田大學中國文學與文化研究所和上海大學文化研究系於2008年創辦的文化研究類的研究生論壇，已經發展壯大為如今的五校聯合論壇。與此同時，這樣的交流和研討，還包括在設置系科、建設課程上的彼此借鑒和相互參考。[35]

33　比如，台北的《亞洲文化研究》和《台灣社會研究季刊》，新竹的《人間思想》、上海的《熱風學術》、北京的《讀書》、首爾的《創造與批評》和《文化／科學》，東京的《當代思想》，新加坡的《圓切線》之間對於相類似議題的關注與彼此的互動啟發。

34　這兩本讀本分別為：Tejaswini Niranjana and Xiaoming Wang, eds, *Genealogies of the Asian Present: Situating Inter-Asia Cultural Studies*（Hyderabad: Orient Blackswan 2015）；羅小茗編，《反戈一擊：亞際文化研究讀本》（上海：上海書店，2019）。

35　比如，上海大學文化研究系在建立時便借鑑了台灣交通大學、香港嶺南大學、世新大學等設置文化研究相關係所的經驗。

　　至此，很難想像，離開了亞際文化研究網路與中國大陸文化研究之間的彼此參照和相互影響，僅僅依靠與歐美學界的單向度的交流，孤立無援的試圖反抗西方中心論的中國大陸文化研究會是何種面目。同樣無法想像的是，一旦與這個網路越來越疏離，思想和情感上的隔絕重新籠罩彼此之時，又會是何種局面。

　　最後，是一個系所，上海大學文化研究系。[36]

　　如果說期刊、叢書和學術思想的交流網路，相對而言仍能比較方便地遊走在體制內外（包括出版制度、審查制度、經費制度、通關規定等等）的話，那麼，要在中國大學內部建立一個系科，就遠沒有那麼靈活方便了。它不僅涉及到大學內部一整套穩定死板的科層制度，也須直面「大學到底培養什麼樣的人」這一持續變動的要求。當文化研究在中國大陸開始傳播和流行之時，一個問題經常被拿出來討論。那就是，文化研究既然既反體制又跨學科，那麼它還要不要進入大學體制，成為它的一部分？

　　對於這一點，建立起中國大陸第一個也是到目前為止唯一一個文化研究系的王曉明老師，這樣判斷：

反體制是文化研究的基本立場之一。可是，在中國，目前依舊是政府獨大的集權體制，幾乎所有重要的社會資源，都在體制以內。因此，如果不進入現行的大學體制，不向這個體制借力（資訊管道、經費……），文化研究可以說根本就開展不起來。

36　需要說明的是，在中國大陸高校中，進入體制、實現突破、遭遇險阻的並不只有上海大學文化研究系一家。但因為要討論的是文化研究在體制內遇到的具體的困難和問題，因此就只能就筆者比較熟悉的系所為例。

　　更重要的是，越是成熟的現代社會，學校教育的作用就越大，
而不平等的社會結構對學校教育的影響，也可能是更為深刻。
今日中國，低收入階層子弟所遭受的智力損害，已經使學校教
育成為在人身上複製——而不是打破——現存社會的不平等結
構的主要場所。在這種情況下，文化研究豈能不介入大學教育，
放棄對這個決定社會未來的領域的爭奪？[37]

顯然，一旦進入黨國體制下的大學，文化研究中另一個重要的主
題——介入現代教育體制——自然具有別樣的難度。畢竟，利用體
制往往也意味著被體制利用。

　　正是在充分意識到這一風險的情況下，2001年上海大學中國當
代文化研究中心成立，這是中國大陸第一個文化研究機構。2004年
上海大學文化研究系成立，成為中國大陸首個專門的文化研究教學
機構。2012年，作為上海大學自主創設的二級學科，獨立的文化研
究碩士點和博士點開始招生；接受不同專業的本科生報考。2022年，
在教育部強行要求每個一級學科必須用一張統一的考試卷的大形勢
下，文化研究被剝奪了獨立招生的資格，納入中國語言文學一級學
科的管理。雖然仍接受不同專業的本科生來報考，但統一試卷下的
中文學科初試，顯然大大提高了非中文專業考生的備考門檻。可以
說，僅「能否獨立出卷招生」這一項在十年中的變化，就呈現出「硬
著頭皮擠入現行大學體制」和盡可能保存文化研究的跨學科反體制
特點之間的張力。

37　王曉明，〈文化研究的三道難題：以上海大學文化研究系為例〉，
　　收錄於王曉明，《近視與遠望》（上海：復旦大學出版社，2012），
　　頁267。

　　顯然，到目前為止，這場體制內的「教與學」的冒險，仍在繼續。[38]若要對這一場仍未完成的冒險做一些最為簡略的介紹和概括的話，它們包括這樣幾條線索：

　　首先，在展開文化研究教學時對於媒介手段的積極運用。2003年2月，當代文化研究網創立，它隸屬於中國當代文化研究中心，是目前國內規模最大的文化研究的學術和教學網站。在這一網站的開創之初，仍是BBS的年代。網站開闢了文化研究課程的BBS討論區，同時設有「熱風」主論壇，以方便大家討論公共議題。2010年6月，圍繞上海世博會「城市讓生活更美好」而展開的論壇討論，以《「城」長的煩惱》為名出版。此後，伴隨著博客、微博、微信公眾號、短視頻等平臺形式的興起，網站也隨之改版，吸納新的媒介形式，至今為止已經是第四個版本。在今天看來，一個系所擁有自己的網站和公眾號，並不是什麼特別的事情。但放到更長的時間段裡來看，便會發現，積極運用新的媒介手段，讓學生嘗試著用文化研究的方式參與在網路世界之中，不僅由此瞭解社會文化的狀況，且發展出對於當下社會現實的批判性理解和實踐的能力。這構成了上海大學文化研究在教學中的基本思路。此後，無論是學生自製的網課還是播客節目，[39]都是這一思路的延伸。

　　其次，是社會實踐課的興衰。當2012年文化研究系開始正式招

38　2009年之前的種種舉措，比如組織上海地區的碩士聯合課程，作為亞際文化研究機構聯合體的成員參與亞際聯合課程、不設立文化研究的本科學位而只提供本科選修課程等等，王曉明老師在〈文化研究的三道難題：以上海大學文化研究系為例〉中都有比較詳盡且全面的說明。

39　由文化研究系師生自發拍攝編輯的網路課程包括「改變這個世界：文化研究在中國」、「一期一會：文化研究方法論」；播客節目則有「日常生活讀書會」、「魔都夜奔」等。

生授課時，如何將文化研究的理論學習和社會實踐相結合，免於專
業化和學科化，便是其在設置課程時遭遇的一大問題。受台灣世新
大學社發所社會實踐課程的啟發（不幸的是，社發所如今也因不符
合「要求」而停招了），文化研究系也設置了同名課程，以便在制
度上確認文化研究對社會實踐和理論學習之間關係的基本看法。結
合中國大陸可以和急需展開實踐的社會空間的狀況，在一開始，當
代文化研究網、「我們的城市」市民論壇和「新工人」文化共建活
動，共同構成了實踐課的內容。此後，隨著城市和網路世界裡各類
公共空間的持續萎縮，實踐課一度陷入了停滯。到目前為止，如何
重新構想和建設將理論與現實，思考與實踐結合起來的文化研究實
踐課，仍是上海大學文化研究的重要課題。

　　其三，是中國大陸文化研究相關教材的編撰。在推介文化研究
的過程中，有兩類編撰教材的做法比較常見。一是翻譯文化研究的
經典教材；一是篩選西方的研究成果，編輯某一主題的讀本。這兩
種通常的做法對於擴大文化研究的聲勢，讓更多的年輕人儘快瞭解
西方既有的文化研究成果，貢獻卓越。相比之下，強調在與西方文
化研究的對話中凸顯文化研究的中土特性，這一部分的教材編撰則
近乎空白。在文化研究系展開的教學研究活動的基礎上，王曉明在
其主編的「熱風叢書」中設置了「講義與讀本」系列，致力於嫁接
西方文化研究的傳統與中國當代的現實狀況，尋找思考中國現代性
問題的獨特的思想資源，推動形成中國大陸文化研究的自身特性。
到目前為止，已推出的「講義與讀本」中，《中文世界的文化研究》
與《反戈一擊：亞際文化研究讀本》重在推介亞洲各地的文化研究
成果，以便與亞洲各地的文化研究者「相互看見」；《中國現代思
想文選》則重返中國在遭遇現代的歷史初期，梳理泛左翼的思想光
譜，整理其中的思想資源，使之成為大陸文化研究重新思考中國問

題時的重要線索。《巨大靈魂的戰慄》和《末日船票：日常生活中的文化分析》則嘗試從當代青年的角度出發，或通過經典的文學作品，或經由周遭的日常生活，對文化研究的方法和理論做初步的介紹，促其思考。這些都是促進文化研究在中國現實土壤中生長和壯大的具體努力。

十年來，隨著教育體制的變化，社會對於人才要求的變化，文化研究始終不斷調整著教與學的方法，協調著體制內外的勾連與結合，希望在這條窄道上走得更遠一些。然而，目力所及之處，可以伸展的空間卻日益逼仄。在全球化進程遭遇結構性的阻力，不再高歌猛進，中國社會變得日趨保守的情況下，文化研究究竟應該怎麼做？這個問題自然不會有明確的答案。只能說，到目前為止，文化研究在進入大學體制之後，是最終成為一個僵化的學科，還是因為拒絕僵化而被體制視為異質的力量逐漸排斥消滅，尚未有定論。

四、文化研究的中土特性：以作爲文化生產機制的「居家生活」研究爲例

文化研究自詡不是書齋裡的學問，它在向大學體制借力的同時，也在不斷打破大學高牆的壁壘，與更廣闊的社會空間形成一種連接，彼此滋養。如果如此，那麼，究竟什麼樣的研究可以連接與滋養更廣闊的社會空間，而非跟隨現實的亦步亦趨？特別是，在中國社會中，現實總是兀自奔馳，人文學科的研究或一葉障目，或疲於奔命。在大數據出現之後，社會輿論更習慣於將人們的生活放置在既「不可解」也無需解釋的位置上，習慣於放棄對現實的把握，退縮入無可奈何的精神狀態之中。在此形勢下，回答文化研究提出的初始問題，也就變得更為緊迫。那就是，*改革開放以來，是什麼*

樣的社會條件之間的彼此嚙合和相互加強，構成了這樣一種社會集體的心智狀態？如果將源源不斷地生成這一整體心智狀態的社會再生產概括為一種「文化」的話，我們應該如何勾勒這一文化？上海大學中國當代文化研究中心所做的「1990年代以來上海都市青年的『居家生活』」的研究，便是嘗試之一。[40]

　　乍看之下，中國的住房問題似乎沒有過去30年間那麼刺目了。這是因為，絕大多數的00後，要麼因這輩子都買不起房而徹底放棄，要麼因有來自祖輩和父母的幾套房可以繼承，也不再憂慮單純的居住問題。然而，如果仔細考慮一下便會發現，從1980年中央領導人指示建造「商品房」，到2015年中央籌畫「去庫存」，以各種政策來調控樓市，乃至疫情之後各地樓市的多番起伏，都未能解決作為社會問題的居住問題，反而讓「城市式居家」作為一項社會問題，滲透和牽動的範圍越來越深廣了。它不僅關涉到各級政府對於樓市的態度和對經濟問題的基本理解，也是普通人生活中將居住和戶口、階層、教育、醫療等重要的社會資源配置問題緊密關聯起來的核心所在。這意味著，對當代中國而言，住房問題並不會隨著主觀態度或客觀形勢的變化而消失。它雖是生活必需品——任誰都需要居住，但在改革開放的過程中，獲得了遠遠超過居住功能的種種價值，成為持續勾連著經濟、政治和文化領域，源源不斷地生產出「什麼是成功」、「什麼是中產」、「什麼是城市生活」、「什麼是可預期的未來」、「人為什麼而努力」等一系列社會想像的重要源泉。當人們發現，無論怎麼省吃儉用都買不起一套房，無法完成階級躍

40　參見上海大學中國當代文化研究中心和《探索與爭鳴》編輯部聯合出品的《1990年代以來上海都市青年的「居家生活」》的研究報告，王曉明：〈什麼是今天中國的「住房問題」〉，《探索與爭鳴》2016年9月，頁14-21。

升，實現人生價值的時候，它也就成為主流意識形態第一道刺目的
裂縫。

就此而言，住房問題也就從來不僅僅是一個經濟的問題，而是
一個持續構建著社會結構與社會意義，也因此必須從文化生產和意
識形態構造的角度加以把握的領域。「1990年代上海都市青年的『居
家生活』」的研究，試圖命名和勾勒正是這樣一種勾連著經濟、政
治和文化三個領域，並在過去40年的中國社會生活中發揮著生成人
們生活意義和價值的關鍵作用的一個重要「文化」部件。說清楚什
麼是都市青年理解的「居家生活」，也就等於說明了這樣一個重要
的文化部件，其在整個的支配性文化生產機制中的位置和作用。

這項研究明確指出，改革開放以後，一個前所未有的社會制度
／結構基本形成，它由三個子系統構成，通過彼此間配合完成對中
國社會的再生產。首先，是以維穩為首要目標的國家政治系統，它
引導人成為頭腦靈活的順應現實的公民。其次，是「中國特色」的
市場經濟系統，它相當有效地將人塑造為合乎市場需要的勞動力和
興致勃勃的消費者。三是以「城市式居家」為中心的日常生活系統，
它負責向人們提供生存的基本意義，從而減輕前兩個系統帶給人的
精神和生理上的種種壓抑。可以看到，這三個系統的配合越是默契，
它們對中國人的塑造能力也就越強大，即便有各式各樣結構性的矛
盾與失衡，社會整體的運行仍相對穩定。而一旦這三個系統之間的
配合出現嫌隙、彼此抵觸，那麼，整體性的運作也就勢必失靈。

某種意義上說，今天年輕人的躺平佛系，因覺得「明天不一定
比今天好，還可能比今天更糟」而不願意再努力，恰恰是後兩個子
系統──中國特色的市場經濟系統和以「城市式居家」為中心的日
常生活系統之間無法配合的結果。個人展開生活的興致以及由此獲
得的意義感，不僅無法在這兩個系統內得到生成、印證和安頓，反

而因這兩個子系統之間越來越無法匹配而落空。這種落空，之所以無法避免，又是因為，在過去的20多年裡，儘管分配機制的嚴重傾斜造成不可化解的社會矛盾的堆積，但人們仍習慣於從以「城市式居家」為中心組織起來的日常消費中體驗人生的意義。年輕人在這三個子系統的配合中接受教育，成為在改革開放之後出現的唯有通過日常消費才能感受到生活意義的新類型的中國人。而隨著經濟增長的停滯和消費降級的到來，越來越多的年輕人失去了通過日常消費來把握意義的這一管道。如此一來，如何才能讓他們繼續安於做一個順從現實的公民和一個市場所要求的積極合格的勞動力呢？顯然，對如今的中國年輕人來說，這是一個無法僅僅依靠個人和家庭來處理和消化的大問題。

至此，勾勒和澄清這一作為子系統的「城市式居家生活」，說明它如何將現實規則（包括經濟制度、政府執法模式、主流媒體、學校教育等等）和主觀認知（對工作、家庭、經濟、資產、愛情、健康、生育和教育的理解等等）這兩個層面組織交匯起來，也就十分重要了。它已經成為解釋今後社會文化趨勢、青年動向以及主流意識形態生產的變數時，必須澄清的一個基礎。概括起來，這套「城市式居家生活」系統有這樣幾層含義。首先，它是都市的，往往指中產式的消費能力和趣味，「追隨時尚的休閒和娛樂習性」；其次，它是非公共的，不僅遠離公共政治，也盡一切可能地遮罩與政治相關的內容，比如勞資關係、公共權力等；第三，它的意義往往維繫於通過積極消費帶來的新鮮感。由此確立起來的消費者身分，成為當代中國青年確立自我意識、身分認同、工作事業的追求、對家的認可與營造，乃至未來想像的重要依憑。一旦失去了這一依憑，個體、家庭、事業和未來、社會如何聯繫起來，就需要被重新回答。而這恐怕也是攤開在新一代年輕人面前，令其困擾又不知如何尋求

新解的大問題。無論是選擇躺平還是內卷，只要沒有回答這個大問題的能力，人生和社會的危機，恐怕都難以真正避免。

顯然，新世紀以來的住房危機，既是新自由主義蔓延後全球社會普遍遭遇的問題，同時也極具中國特色。上海大學中國當代文化研究中心的這份研究報告，從勾勒和澄清當代文化生產機制出發，對這一既具有普遍性又十分特殊的文化部件——「城市式居家」給出了初步的論述。而以「城市式居家」這一文化部件為核心，業已出現裂縫的支配性文化生產機制如何在此之後展開演化，則是下一個十年需要文化研究者們進一步追蹤和捕捉的。

五、結語：中國大陸文化研究有未來嗎？

文化研究從來不是一個學科，它既沒有登上過教育部的名目，也不曾勘定學科邊界，大搞專案。可以說，其最終退出學術弄潮兒的視野，是可期的，若不是必然的話。然而，如何檢驗它在這30年來的得失，評估它的潛能，展望其未來，又是迄今為止，堅持在這條窄路上的人們不得不思考的問題。

在這裡，不妨比照1995年王曉明在《人文精神尋思錄》編後記中對這場大討論概括出的看法：

儘管我們今天置身的文化現實處於深刻危機之中，但作為社會面對危機的重要方面，當代知識分子或者當代文化人的精神狀態普遍不佳，喪失了對個人、人類和世界的存在意義的把握，並在信仰和認同上兩手空空。這種狀況是由近代以來的歷史過程中各種政治、軍事、經濟和文化因素合力造成；而要擺脫這個狀態，不僅需要幾代人的持續努力，更需要持續提倡一種關

注人生和世界存在的基本意義，不斷培植和發展內心的價值需
求。[41]

　　若以這些當初社會危機初步現形時獲得的看法，來檢驗中國大
陸文化研究30年來的歷史的話，便會發現，在中國大陸文化研究逐
步發展變化的同時，中國社會的整體性危機不僅沒有得到緩解，反
而更加深重了，中國知識人乃至當代中國人這種兩手空空的精神狀
態，也並未得到真正的改變，反而越發觸目驚心了。或者說，頗為
諷刺的是，中國大陸文化研究努力發展自身的這30年，同樣也是中
國社會中的政治經濟的力量迅速強大，聯手將文化玩弄於股掌之
中，將其持續邊緣化，不斷剝奪人的尊嚴感，使其最終喪失了組織
和形成自身文化的能力和興趣的30年。

　　然而，同樣可以明確觀察到的是，社會輿論和各路媒體越來越
關注當代文化現象。這自然不是文化研究的功勞，而是當文化問題
在社會運作和經濟生產消費的過程中越來越重要之時，資本市場和
國家權力的合力使然。可以說，備受關注的社會文化現象，特別是
與當代青年直接相關的文化現象，提供了文化研究在更廣闊的範圍
內發揮作用的可能性。就此而言，無論是不斷引發爭議的女性主義
話題，上了985／211等高校卻自稱廢物的求職者聯盟，還是討論當
代工作究竟有何意義，這些公共議題實際上都是經由對當代文化議
題的關注，幫助大家不斷形成對於周遭生活的初步理解，邁向不同
於主流的關乎精神和價值問題的獨立思考。在這裡，展開爭奪的也
依舊是李陀當年在《視界》的卷首語中所說的，真正嚴肅認真有力

---

41 王曉明，〈編後記〉，收錄於王曉明編，《人文精神尋思錄》（上
　　海：文匯出版社，1996）。

量的理論思考與通俗化的商品化的理論販售。區別在於，今天的理論販售得到了流量經濟的加持。但網路時代這一爭奪展開的規模之大、能見度之廣，又是2000年時無法想像的。這也正是文化研究可以大展拳腳之處。

至此，一旦將中國大陸文化研究的發展放置在社會整體性危機的形成與演進這一社會脈絡中去看，那麼這種自我理解的思路必然意味著，中國社會的整體性危機在持續加深，也預示著，越是面對勢必將所有人裹挾而去的大危機，就越是文化研究一展身手的歷史際遇，無論體制是否願意承認這一點。

就讓我們以這樣的共識打底，期待中國大陸文化研究在下一個十年的新旅程，期待在「初極狹，纔通人」之後，終有「豁然開朗」的時刻出現，也期待著「為什麼是文化研究」最終可以被用來界定在中國這片土地上得以續寫的「什麼是文化研究」。

2023年4月初稿

2023年5月28日修改

羅小茗，上海大學文化研究系副研究員，中國當代文化研究中心專職研究員，研究方向為教育研究、城市文化與日常生活分析、科幻文學研究；「我們的城市」市民論壇主辦者之一（2012-2017），《熱風學術（網刊）》主編（2016-2020）；著有《形式的獨奏：上海「二期課改」為個案的課程改革研究》（2011）、《末日船票：日常生活中的文化分析》（2015）、*Unlocking the Future: The Urban Imagination in Contemporary Chinese Science Fiction*（2023），編有《反戈一擊：亞際文化研究讀本》（2019）等。

輯三

當代論辯

國際左翼與反戰

傅大為

在我1980年代上半葉於美國讀研究所的時代，歐美的新左仍然很盛，加上群左並立，但我很少以左翼來自我定位，而比較習於以「基進」（radical）來自況與自我定位，而與左翼有所間隔。[1]所以，我對台灣過去左翼的印象其實很模糊，在學校讀書的時代，也沒有特別花功夫去追溯一條台灣左翼的系譜。不過，透過一些特定的事件與時代記憶，還有我過去的閱讀以及教書時的課題，如台灣日治時期的左翼文學、戰後棲身台灣的中國老左／托派文字、1960-70年代的鄉土文學或現實主義文學、台灣的工人運動、乃至後來的統獨論爭等，混沌地讓我對台灣過去的左翼有點印象。而在這些印象裡，中國過去的各種左派思想，往往占了相當大的地位。想想這也很自然，以中文書寫與思考左派的傳統，過去半個多世紀自然是中國那邊累積的最多，而台灣從日治到戰後國民黨的時期，左翼思想多少都是禁區，能夠書寫與思考的人自然少很多。即使中共建國以來問題很多，但談到左翼的思想與文字，往往中國左翼所能夠發揮的力道就不小。到了解嚴前後，獨派政治與思想大興，左統遭到打

1　請參考傅大為，〈基進2.0（Radical 2.0）〉，收錄在史書美等編，《台灣理論關鍵詞》（台北：聯經，2019），頁205-217。

擊、台灣左翼思想似乎也有被邊緣化的問題,而之後關於左翼的思
想與文字,往往反而被統獨的問題與辯論所主宰。對於我曾與朋友
一起發起的《台灣社會研究》這個基進學術期刊(*Taiwan: A Radical
Quarterly*, 1988年創刊),它與左翼思想接近,但並不自稱左翼,對
當年的研究生一代曾發揮不小的影響,它也曾受到統獨爭議的影
響,而我後來也退出了這個期刊社。總之,似乎在二戰之後,我們
在台灣所能談到的左翼,就常繞著海峽兩岸打轉。如果上面我對過
去台灣左翼這樣的混沌印象沒有錯得很厲害,那麼這樣的左翼傳
統,是比較狹窄的,而這篇文字,就想提出一個不同的左翼視野。

　　當然戰後1960、1970年代西方比較學院的左翼仍然繼續發展,
從歐洲的新左、法蘭克福學派,到拉美的依賴理論與美國的世界體
系論等,他們都多少順著戰前左翼大傳統留下的問題,忙著解釋戰
後世界的新發展,包括歐美的變化,還有拉美以及東亞日本乃至新
興國家的發展。不過,在這些學術左翼所關注的「資本主義的新發
展與危機」之外,1960年代一個擴及全球的大事件「越戰」,促成
了「國際左翼」的出現(就當時的脈絡而言,我這裡只舉幾個第一
代美國的國際左翼,如Noam Chomsky, Edward Herman, Edward Said,
Howard Zinn, Daniel Ellsberg等,除Chomsky外,現在都已作古),
他們的視野更國際化、並與全球各種抗爭有所聯動。[2]他們通常不是
來自左派馬克斯理論或歐洲資本主義歷史的大傳統,而是從關切與
反對越戰的殘酷現實問題開始,批判美國主流媒體的「製造共識」、
挖掘美國五角大廈的黑暗檔案,到後來更關切中美洲、拉丁美洲的
各種國際政治變局,以及美國中情局(CIA)等顛覆拉美的民選領
袖與革命的行動。這也是1970年代新自由主義在美國大興的年代,

───────────────

　2　當然,美國的新左如馬庫斯等,當年也是反越戰學生運動的偶像。

新自由主義經濟學還指導推翻智利總統阿葉德後的軍政府如何發展經濟，也導致了後來問題重重。當然這批國際左翼的批評與關切也延伸到中東，到美國與以色列在中東的霸權、對中東石油的操控、以及對巴勒斯坦人民的壓迫等等。這樣的關切與批判，最後自然還可以一直延伸到當代，從蘇聯的垮台、中國的興起、911、美國領導北大西洋公約組織（NATO）大肆侵略伊拉克及其他亞非國家，尤其是近年北約不斷的往東擴張，直接間接地影響了2022年以來的俄烏戰爭和台灣海峽的危機等等。而前面提到的中東，關聯到2023年10月7日後才發生的加薩的哈瑪斯組織與以色列右派政府的戰爭，發展至以色列對加薩走廊巴勒斯坦平民作種族滅絕式的無差別攻擊，然後是美國與「西方」國家表面上要求人道停火、但實際上繼續大力支持以色列的老戲碼。在這裡當然也是全球國際左翼最新一次的大聚集，嚴厲批評以色列與美國的霸權建置，並在歐美社會引起比俄烏戰爭爭議更大的抗議潮流。

　　在這些長期連續性的國際衝突與事件中，國際左翼也持續成長，除了學院裡滋生了第二、三代的國際左翼（包括後來轉向的Jeffrey Sachs）外，如今還包括許多國際資深的新聞工作者、戰地記者、普立茲獎的得主、衝突地區的在地工作者與反全球暖化的NGO行動者等等。國際左翼的強項，不在傳統學術左派的大理論建構與複雜的分析方法，而在更具現實感的時勢與當代歷史分析，綜合各種文獻與證據，能夠快速與社運結合的戰鬥性論述。他們一直強調，美國的全球國際霸權，其實一直扮演各種國際危機的主導性角色。是美國拉著英國還有其他西方所謂「自由民主」的軍事強權聯盟與北約國家群，在國際上經常以軍事侵略來維持這個（在聯合國憲章之外）由美國所訂定的單極（unipolar）世界秩序。它們以新自由主義的思想為主導，加上新保守主義，大幅增加世界的貧富差距，不

理會全球暖化、甚至鼓勵全球石化與軍火工業的突飛猛進。所以，如果國際左翼要能夠研究、處理、批判這樣一個世界性的大問題群，挑戰美國霸權精英的國際視野，與他們對著幹，這其中所牽涉到議題的複雜度很高，多國歷史與社會的多元狀況亦不易把握，需要更快速的溝通、了解與聯絡，這就需要在傳統左派脈絡之上大大提升視野和連繫了。還好，網路與資訊管道的興起，固然方便了資本主義全球化的發展，也提供了國際左翼在面對全球化與挑戰美國霸權意識形態時不少的幫助，包括他們所發行、由讀者所捐款的相當數量的國際左翼網路刊物，如 *Counterpunch, Truthout, Intercept, Democracy Now!, Jacobin, Codepink, Pressenza, Common Dreams, Peace and Planet News*等等至少二、三十個，還有一些個人型的左翼評論名家網頁，如著名的 "The Chris Hedges Report", "Seymour Hersh", "Scott Ritter Extra" 等。但美國主流媒體也常利用不同手段來威脅這些小刊物的生存。

當然，讓國際左翼與台灣開始關連起來，關鍵點之一，就是反戰。[3]反戰這個口號與概念，對台灣中生代的知識分子而言，不見得

---

3 另一個關鍵點，在解嚴之後，就是國際左翼工運團體與台灣工運團體的連結。當時台灣工運人士就前往美國工運團體取經。1988年遠東化纖勞資爭議，工運抗爭人士被判入獄，引起美國Asian-American Free Labor Institute的關切。同年留美人士引進美國工運經典影片 *Salt of the Earth*到台灣，打上中文字幕，以片名「典範」在工運團體中廣為流傳。針對台商打壓尼加拉瓜自主工會，台灣還成立工作小組聲援尼加拉瓜勞工，並聯繫香港團體，翻譯出版專題「亞洲勞工國際串聯的經驗」等書。另外隨著台灣引進東南亞勞工，1999年台灣工運人士成立「台灣國際勞工協會」，協助建成「菲律賓勞工團結組織」和「印尼在台勞工聯盟」，並走訪東南亞勞工進步團體交流。這些重要例子，筆者要特別感謝倪慧如的提供。

陌生。簡單回溯一下反戰在戰後台灣的簡史，大約可以從當年楊逵的「和平宣言」（1949 上海《大公報》）[4]開始，1960，1970年代有無反戰活動我則不太清楚，但1990年的反波斯灣戰爭運動應是解嚴後第一次明白以反戰口號來活動與集結，對美國主導的波斯灣戰爭的抗議。當時許多的報章文章後來集結成《戰爭、文化、國家機器》（唐山，1991）一書。第二次可能更大型的反戰論述與行動，則是對美國等北約國家在2003年侵略伊拉克的抗議。這個在當時可說是全世界的反戰反美運動，後來在台灣的各種文字評論與紀實，則集結成《戰爭沒有發生？》（台灣社會研究，2003）一書。第三次的反戰引爆點，或許可以以去年2023年3月20日在台大校友會館舉行的反戰聲明記者會來代表。[5]

　　我們前後檢討反思一下。楊逵當年的和平宣言，主要涉及的是兩岸歷史的問題，點到日本，但美國並沒有出現。解嚴後第一、二次的反戰，世界霸權美國，也是「台灣關係法」的保護者，終於露出面目，成為被批評的對象。但是就我所知，當時台灣政府及其支持者並沒有與反戰者交鋒，反戰的論述與活動，大概僅止於參考與發揮國際左翼的許多言論，到台灣的美國辦事處去示威等。反戰基本上是比較關心國際政治的台灣知識分子的倡議與發聲，沒有遭受來自島內的威脅或謾罵。但是今年第三次的反戰則不同。除了批評俄國侵略外，我們更指出美國企圖以俄烏戰爭來削弱俄國，擴大北

4　宣言文字可參考見楊逵文教協會，https://soyang.tw/~yk1906/index.php/about-yk/14-yk-peace。

5　請參考我們2023反戰工作小組（傅大為、盧倩儀、馮建三、郭力昕）的粉絲頁中的反戰聲明、前後共幾波的連署人（約八九十人）、與後續言論，見https://www.facebook.com/profile.php?id=100090324198215。

約來包圍俄國，更關鍵地批評到台灣當前政府的兩岸政策（抗中保台、逢中必反），完全不反省台灣與美國近年來不斷挑釁中國的過程，是造成台海緊張關係的一大因素。這個來自我們深入閱讀國際左翼而發展出的論點，就不再只是批評美國的全球霸權攻勢而已，而更挑動了台灣內部的政治狀態與反省兩岸關係的現況。這次的反戰，不再只是一些知識分子呼應國際進步力量的一時風潮而已，而更直接觸及反戰者各種人際關係的檢驗與政治批判。它使得第三波反戰者受到民進黨及其側翼強烈的批評、謾罵與抹紅。我們可能失去了第一、二波反戰時一些老戰友的支持，但也得到了一些新朋友的支持，如不少來自文化研究、外文學界與中國思想史學界的朋友，他／她們不少人是我們反戰聲明前後幾波有勇氣的連署人，畢竟連這些公開連署人也常受到綠營的質疑與批評。再者，國際左翼的世界衝突分析，更與台海或東亞的緊張情勢連結起來（誰是下一個烏克蘭？），台灣反戰者對海峽兩岸的分析，也開始與國際左翼對美帝全球霸權的分析有了具體的交集。他們開始認真對待我們的分析，甚至對話。[6]

6　最近2023年的五、六個例子：受到兩位國外教授的熱心支持，反戰聲明的英譯文刊登於*Positions*國際期刊，盧倩儀接受法國世界報的訪問談台灣反戰，盧倩儀與我接受了美國左翼*Jacobin*刊物資深記者的訪問，我最近與美國和平運動的重鎮Veterans for Peace (VFP) 組織者之一有過積極的對話，並接受他的訪談談反戰與和平，並已發表於Youtube。國際和平運動推動者之一、哥大名教授Jeffrey Sachs（2023唐獎得獎人）接受我們反戰朋友，特別是盧倩儀之邀，於2023年8月18日中研院歐美所進行國際視訊演講，與我們討論俄烏戰爭及其後果。第六個例子是筆者於2023年10月底受首爾的International Strategy Center 反戰與和平團體之邀，參與 "Struggles in the Frontlines"專題討論，與南韓、沖繩、濟州島等社運分子、還有韓國女性和平運動者同台引言與討論，Youtube 實錄已經發表。之後

　　本文在這裡開始提到中國，這也是國際左翼一個比較少談到的議題：他們如何看待中國。國內粗淺的反反戰者，常認為國際左派一定是一昧親中（如果還不是舔中），但情況並非如此。基於認真的國際比較與歷史分析，國際左翼對中國及其近年來的大興，有相當持平的看法。首先，對於比較中國與美國對待世界其他各國的方式，我所看過的一些國際左派，幾乎一致的認為，美國是個遠比中國「好戰」的國家，20世紀以來（甚至建國以來），它侵略與攻擊他國（特別是比他弱小的國家），幾乎無日無之。美國的軍事勢力與軍事基地，遍布全球與包圍中國，比起近年來中國企圖建立幾個海外軍事基地，雙方完全不成比例（大約750：10），這也是為什麼，雖然美國不斷散播中國軍費大增的憂慮，但實際上美國近年來所花的軍費以及人均的比例，都高於中國甚多（美國花到GDP的3%還多，而中國即使近年來，也都保持在1.7%左右）。即使在美國對中國的各種政治經濟軍事的包圍下，中國近年來還別走蹊徑，發展出全球性的一帶一路經濟合作方案，雖然美國對此方案，不斷以新帝國主義、債務陷阱的傳統觀點來抹黑中國，但經過研究，其實情況基本上並非如此（包括Chomsky近來也常言及此）。

　　我這裡就以 Gilbert Achcar 2023 年的 *The New Cold War*（Haymarket books）中討論中國的「和平崛起？」一章來說。Achcar 從唯物的歷史來分析，看到中國是歷史上唯一沒有經歷從資本主義發展到帝國主義（包括俄帝）、而且長期被殖民、攻擊、與封鎖的大國。他仔細對比了當年蘇聯與二戰後中國二者的建國與經濟發

　　還有更多的聯繫與文字，包括前面提及VFP全美副主席黃民有聯絡筆者所寫致台灣和平運動的一封中文信，已於去年12月發表於風傳媒。

展，基於歷史的特殊性，中國社會主義一開始的發展比較好。毛澤東狂飆之後，或許是基於好運與世界情勢，[7]使得中國的經濟發展在鄧小平重實用的時代後取得大幅度的和平進展。經過那個時代，中國成功取得了一個小康社會的成就是真的，大幅甩開了之前從建國到文革時代的各種悲慘困厄情況。[8]而即使在此過程中，美國幾個總統仍不斷地對中國挑釁（包括對台不斷的軍售）、包圍與施壓，但中國仍在和平與低調的氣氛中逐漸崛起，一直到近年的習近平時代，對美國不再低調，並因為美國的施壓，從1990年代開始到最近的俄烏戰爭，都不斷促使中國與俄國靠攏，並與美國世界霸權所習慣的單極世界視野，分庭抗禮。同時，雖然相對於美國基本上忽視聯合國規章，中國不斷強調聯合國憲章的國際關係理想，但中國政府對內的統治，仍然有許多地方頗有問題，如對新疆維吾爾人的鎮壓，對香港市民抗議的笨拙處理，[9]還有對新冠疫情零檢出政策的大疑問，習近平個人權力的過度集中等等。何況，因為美國的不斷施壓與圍堵，中國與俄國的友好連結，不再客氣的中國是否能夠有智慧處理在全球氣候危機下的國際核戰危機？這是Achcar最後的憂

7　Achcar這裡指中國官僚資本主義與制度性貪污，與其他各國不同，彼此形成了一個不斷再投資與快速成長的循環，或許這是一種好運道所致？見Achcar，頁246-255。

8　當然，除了鄧小平時代強調以實用取代意識形態，堅持低調推動中國的和平經濟發展之外，我也讀過有國際左翼企圖從中國文化傳統的中庸之道來解釋為何中國對外不好戰、求和平發展的說法。

9　從國際左翼觀點來看，當然香港的「反修例」或「反送中」運動，有相當大的爭議，筆者最近也在逐漸重新了解中，目前不準備在此文中多說。最近國際左翼一個強力而不錯的反駁，可參考前面註腳6最後提到的黃民有給台灣的一封信。

慮。[10]

　　最後關於中共從20世紀末開始對新疆維吾爾人的鎮壓，這個複雜、遙遠又難以實證的案例，我這裡也說幾句話。一個持之有故的說法是，中共在新疆的鎮壓，是來自它順勢呼應美國在911後在中亞與阿富汗對塔利班的攻擊而發展的。所以從中共的呼應觀點來看，它也是在攻擊伊斯蘭的恐怖主義，以便順勢加強管控中國的西北，而俄國那時也呼應美國，提供美國在中亞軍事行動許多方便，同時俄國也順勢遂行在車臣境內的鎮壓。但美國後來為了對中國施壓，批評中國在新疆嚴重違反人權，則是一種偽善，因為美國在另方面則與印度的莫迪友好，完全忽略莫迪在印度境內賈姆（Jammu）、喀什米爾（Kashmir）等地對穆斯林的恐怖鎮壓。Achcar對大國兩面問題的評論是，一個政府在國際現實政治上的作為，與一個NGO人權社運團體的抗議，在本質上很不同。後者可以對中共在新疆的鎮壓作抗議批評，但美國政府則不應對中國的內政多嘴，否則只是自打嘴巴，因為美國政府的偽善與言行不一，更是舉世皆知而被討厭。[11]

　　回到台灣本地的情況。因為第三波的反戰活動正在進行中，我暫不言，但就在這個衝突與常被惡意謾罵、卻有時也有溫暖的支持的曲折過程裡，我對台灣的知識分子群體、乃至人文社會學界，有了些初步的觀察。就發源於統獨爭議的台灣知識分子社群而言，除

10　Gilbert Achcar 這位黎巴嫩的國際左翼，現在英國教書。去年俄國侵略烏克蘭後，他有些在國際左翼引起爭議的言論。他認為烏克蘭人為烏克蘭國家反抗是對的，他也嚴厲批評普丁的極權與俄帝心態。但當然他也同時批判美國和北約好戰、犧牲烏克蘭人、並反對和解。筆者瀏覽這本Chomsky相當推薦的書，覺得Achcar對烏克蘭的觀點似無不妥，且畢竟此也非筆者參考此書的重點。

11　Achcar也支持這個新疆鎮壓的起源說法，見Achcar, pp. 10, 266, 307。

了那些很容易把第三波反戰看成是左統來抹紅的朋友之外（其實我
們根本不是），他們分析海峽兩岸的問題與危機，常都來自不同背
景、傳統和思考路數，但卻都很少把號稱與我們有「堅若磐石」關
係的美國納入分析的框架。台灣社會學的社群，傳統上偏綠，對台
灣社會及其歷史有很深入的分析，但是對國際政治等議題（除了在
東亞四小龍的相關領域外），很少著墨或了解有限，這是這次反戰
我們可能失去最多朋友的社群。[12]反之，台灣的政治學研究向來重
視國際關係，傳統上比較藍，倒是對國際政治、經濟與衝突情勢比
較熟悉，但他們不少是國際關係的現實主義學者，類似美國名學者
John Mearsheimer的操作，缺乏國際左翼的批判性論述、甚至很少重
視聯合國憲章的理想色彩。但談及兩岸關係時，政治學者如吳玉山
的團隊，倒企圖以中美台三邊的大國小國三角關係來分析問題，並
沒有只局限於兩岸關係而已。另外最近有些出身政治學的媒體界批
判團隊，如郭正亮、楊永明等，他們對美國企圖維持全球霸權的各
種手段、以及與中國的大國博弈的討論，也常做出不少有用的批評。

　　另外，在社會學裡的中國研究，近年來以「中國因素」（中國
或隱或顯地對台灣的各種影響與操控）的問題意識而引起了注意，
他們《銳實力製造機》（左岸，2022）的英文與中文版在台灣綠營
內受到重視，或可算是綠營抗中保台總策略下在知識界的矛頭吧。
該書的作者群，近來也常在一些綠營基金會主持的會議中集體現

---

12 台灣社會學界裡的確有些學者對歐美學術左派大師的理論著作有
　　深入的研究，並以之來理解台灣社會，但對本文所說的國際左翼，
　　則似乎並不認同，甚至覺得國際左翼的戰鬥論述與研究，缺乏深入
　　的學術性，但這可能是學術象牙塔裡的本位主義。我在本文討論的
　　國際左翼，基本上以國際政治經濟的左翼為主，與新左、西方馬克
　　思主義等更理論、更歐洲歷史傾向的論述源流，關係都不大。

身。但瀏覽一下這本書的內容，卻很容易發現，它狹窄地聚焦於海峽兩岸的傳統架構下，卻漏掉了一台更重要的製造機，那就是「美國因素」。其實，幾乎所有的中國因素，都可以置換成美國因素，而且更為嚴重。[13]

有時我會想，長期以來，我們看不到國際左翼觀點、看不到美國因素，當然是有道理的。從二戰、韓戰以後，台灣就長期籠罩在美國的文化霸權下七十多年，即使美國曾背叛中華民國，與我們斷交並協助把我們踢出聯合國，我們很快都失憶了。因為我們是長期陷落在美國的「台灣關係法」內習於自嗨的中華民國台灣，自豪於作美國世界霸權中的西太平洋第一島鏈中不沉的航空母艦。五十年來，我們有《台灣關係法》保護，美中關係的一度和解，還有中國低調對內努力力經濟發展、對外企圖走入世界經濟體系等多重背景下所謂「保持現狀」的安定社會。這一兩代的年輕人不少已經習慣於這種現狀世界，懷疑任何可能的、有理想性的變動。但是，台灣關係法外的大世界正快速地變化，不理會我們。美國為了維持它在世界霸權的單極地位，即使它正逐漸式微，仍會使出各種新的手段，大國交易或戰爭皆有可能，而近一、二十年來的中國大興，除了讓美國震驚並想盡辦法阻擋外，中國也正快速發展另類的全球政治、經濟與金融合作（如與金磚國的連結關係），讓美國單極外的多極（miltipolarity）觀點逐漸流行於世。所以，台灣之後要怎麼走？要在《台灣關係法》之下再過一個五十年不變的保持現狀嗎？那是不可能的。中國已非昔日文革時期的吳下阿蒙。可以再讓多少未來的

---

13 出版《銳實力製造機》的左岸出版社，在他們的「左岸中國因素系列」中，包括這本，已經出版了24本，但似乎卻沒有任何一本分析與批判右岸「美國因素」的書，「美國因素」它早被視為當然而視而不見。反戰團體中的幾位朋友，準備要對此書好好作深入批評。

裴洛西、歐布萊恩們不斷來台訪問,不斷發給他們多少大綬景星勳章?在這個時刻,反戰,並積極地與中國溝通與交流,認真與他們討論中美台三邊關係的未來,又再次回到我們視野來了。

最後,我要再提出幾點關於國際左翼與反戰的台灣課題:我們要如何與國際左翼進行更實質的討論?國際左翼對歐洲、拉美、中東與非洲的理解常超過他們對美中台三方關係的歷史理解。如關於海峽兩岸與中國的未來,少數更附和中國的國際左翼,會粗糙地說在一個中國的原則下,台灣就只是中國的一個省。[14]他們也很少注意到台灣內部的複雜性,只習慣性地粗糙引用很有問題的民意調查,但台灣多數人今天並非單純地嚮往美國而已,而維持現狀一詞,只會扭曲台灣民意的複雜性與歷史性。[15]再者,台灣知識分子需要鍛鍊能夠與國際左翼論辯的能力,需要多方增強我們對國際事務的左翼觀察視角。目前我們一般媒體所謂的「國際新聞」所具有的水平,基本上只是美國白宮與五角大廈對外發言的應聲蟲而已。一般國際政治名嘴較深入的討論,雖然有更多的國際知識,但常常只是呈現現實主義的觀點,缺乏批判性的國際左翼觀點。至於在國際反戰運動的議題上,國際左翼所具有的網絡管道與論述,是一個我們可以多利用與學習的地方。台灣的反戰,與東亞,如在韓國、日本、沖繩、甚至中國的反戰論述與反戰活動,聯繫似乎都很有限,更不用說全球南方國家與東南亞國協的會員國了。筆者也了解,本文所

---

14 退一步說,即使就中共觀點來說,「只是一個省」的說法也是錯的。從鄧小平以來,中共都是在一國兩制下來構思台灣。台灣這個特別行政區,想像中會有的權利,其實比一個省要大很多。見《鄧小平文選》第三卷。

15 例如,在馬英九執政時期的「維持現狀」,就與蔡英文執政時期的「維持現狀」,內容與意義都相當的不同。

談的國際左翼，其實相當的局限，基本上仍然以美國的國際左翼群體為中心，缺乏一個更具全球性的多重國際左翼視野，[16]而我們如果要快速觸及全球一些其他各地的國際左翼，有時可能也需要借道本文所討論的中心才能觸及，如Chomsky團隊多年來所經營的廣大國際左翼網絡。

　　雖然說大家都是左翼，在這裡仍然顯現了中心與邊緣的差異。但正是因為台灣海峽問題的嚴重性浮現於全球視野，自然提升了台灣反戰朋友們與國際左翼交流與對話的機會，我們就有可能提出關於東亞左翼的新觀點與新行動。在我們十分有限的與國際左翼接觸的機會中，可以看到他們對我們論點的好奇與注意。台灣知識界70多年來被籠罩在美國主流文化與學術霸權下，要掙脫的確難，但美國已經開始式微，所以願意幫助我們掙脫的國際援手也多，當然希望是有的。

2024/1/2最後定稿

　　本文的完成，要感謝王智明、盧倩儀、蘇哲安、倪慧如、李亞橋等朋友提供的寶貴意見與批評。但本文的內容與觀點，自然由筆者負全責。

16　雖然筆者幾乎沒有任何接觸，但是台灣文化研究多年來強調亞際（inter-asia）的關係、脫離歐美中心主義的努力，應該在亞洲各地的文化左翼中已經累積起一定的網絡。我們也希望他們的網絡能夠有助於東亞反戰的發展。

傅大為，聚焦科學哲學與科學史。後至清大歷史研究所任教，推動科技史與科技與社會（STS）研究。2007年轉至陽明大學成立科技與社會研究所，任新成立的陽明人社院院長。期間曾與東亞STS學界合力成立並主編 *East Asian STS* 國際期刊多年。早年曾於解嚴前後參與社會運動，發起《台灣社會研究》季刊社，2019年成為陽明交大榮譽教授。目前從事寫「基進知識分子」專書，討論的主題涵蓋Chomsky與傅柯，並與反戰朋友發起台灣2023年「反戰聲明」記者會、推動台灣的反戰與和平運動。關於筆者個人的心路與社會歷程，請參考敝人部落格的CV-biography。

離散華裔左翼與中國民族主義情結

劉 文、丘琦欣

一、中國新左翼與西方左翼的共構

　　華人左翼有長遠的歷史，也無法簡單地被國家、區域，甚至民族認同的角度統一詮釋。而在中華人民共和國於 20 世紀末進入全球資本市場之後，華人左翼的論述與西方左翼開始有更高度的交流，在意識形態上也因為後冷戰地緣政治、中國主導的國族認同建構，以及西方學派的反帝國主義思考等因素，變得更加複雜且混淆。在這篇文章中，我們首先談及中國「新左派」（New Left）思想的崛起，如何影響西方的左翼論述，又對中國提供了什麼看法。接著我們探討夾在這兩大流派之間的「華裔左翼」，如何轉譯並挪用兩者之間的相互參照，建構出自我的中國想像。最後，在各式民族主義崛起以及大國地緣競爭白熱化的當代，我們提出「左獨」立場，思索其困境與可能的出路。

　　1990 年代，中國的「新左派」因為反對自鄧小平時代以降，放棄以國家為主的計畫經濟，轉向自由市場而興起。新左派學者認為後鄧小平時期以資本發展為優先，犧牲了左翼的階級平等原則，使得城鄉差距與貧富懸殊持續擴大。他們呼籲對毛澤東時代的遺產進

行批判性再評價以回應當前局勢，其中包括大躍進和文化大革命。[1]
最具代表性的新左派學者汪暉主張，中國全面的市場化使得中國的
社會問題必須放置在全球資本主義之下檢視，而不能單純只回到以
國家主導的經濟；他認為，只有回溯至社會主義革命時期的方法，
中國才能去除西方影響，走上自己的現代化道路。[2]新左派的「新」，
除了源自以上對於現代性與市場化連動的批判，也來自他們對全球
化下興起的左翼運動與思想的影響。這些受到各種西方批判理論影
響的中國學者，反對那些歡迎中國走向資本化，並依照美國及西歐
強國的路線進行政治改革的「自由派」，跟他們有著根本上的對立。
因此中國的「新左」，實則與西方 1960 年代後崛起、多數選擇與工
運保持距離並且以身分認同訴求為核心的自由主義的「新左」，[3]在
意識形態上有所矛盾。

　　即便如此，西方學術界同情中國新左派的為數不少。David
Harvey 在《新自由主義簡史》，以及 Naomi Klein 在《震撼主義》
書中對中國市場經濟的理解，以及中國應該走向的去西方現代性路
線，與汪暉的思想不謀而合。一方面，西方學者想要從新左派身上，
指認政治光譜下的中國「左派」，對比著他們所認知已經被新自由
主義入侵至體無完膚的西方；另一方面，無疑有一部分是出於新左
派吸收並運用了西方批判理論，強調「中國模式」與西方發展脈絡
區隔的重要性。因此，中國新左派本身就像是西方學界左派的一種

1　Ban Wang and Jie Lu, *China and New Left Visions: Political and Cultural Interventions*.

2　汪暉，1997，〈當代中國的思想狀況與現代性問題〉，《天涯》第5期，頁133-150。

3　Louis Menand, 2021, "The Making of the New Left," *The New Yorker*. March 15. https://www.newyorker.com/magazine/2021/03/22/the-making-of-the-new-left

對照產物。自習近平上任後，毛派中的反西方國族意識形態漸成為主流，所謂新左派要跟著重經濟發展的自由派對抗的說法，也不再適用。新左派的領導人物汪暉，遠遠不是反對國家政策的異議知識分子，他論述中的國家主義變得相對顯著，成為中國共產黨政策的擁護者。[4]不但被稱為「國師」，也不忌諱地為「中國模式」的「一帶一路」經濟擴張政策辯護，主張此項政策有反資本主義的潛力。

　　在台灣、香港、西藏以及新疆的主權問題上，以汪暉為首的新左派，大量引述後殖民理論，指出這些地方性的認同感來自於前殖民者文化影響的遺緒，並非合理或正當的，因此堅決支持將台灣與香港併入中國的領土，也反對西藏及新疆的主權，認為需要依靠「後殖民」的思想將其文化與民族認同解構。汪暉列舉毛澤東思想對於社會經濟及政治的普世性平等承諾，作為台灣、香港應當成為中國一部分的理由。在此，民族主義又一次居於優先地位。新左派的國家主義轉向，也深刻地影響了西方的左翼思想，尤其是離散的華裔左翼——身在中國境外、多數立足於西方世界的華裔二代運動者和思想家——提供他們對於「非西方」知識的想像。不過中國新左派與華裔離散左翼的觀點還是有重大的差異，反映了兩種不同的中國想像，前者為「中國模式」的擁護者，而後者將中國作為抗衡美國強權的政治載體，特別是經歷香港反送中運動以及 COVID-19 之後，離散華裔左翼開始將「中國」作為反抗美帝的一種種族化的想像共同體。

4　陳純，2022，〈「去政治化」的政治理論：汪暉的左翼立場與「國家主義」〉，《思想》，44期，頁309-344。

二、反送中、COVID-19、離散華裔左翼

　　2019年香港反送中運動，引發華語世界乃至全球左翼，對於香港作為後殖民國家反抗國家威權暴力合理性以及中國角色的辯論。一方面，國際左翼認為基於民族自決與反國家暴力的立場，應對於香港的反送中運動表示支持；而另一方面，其他離散華裔與西方左翼則對於反送中抱持批判態度，他們反對運動之中所呈現的「戀（英）殖主義」，以及香港人對於（西方）自由民主主義的嚮往。左翼對於反送中運動的辯論，在以離散香港人為主的國際左翼網路媒體「流傘」（Lausan Collective）與離散華裔二代為主的左翼網路媒體「橋」（Qiao Collective）的對峙中白熱化。2019年於反送中運動中成立的流傘，致力於在「抵抗西方和中國的帝國主義」兩者之間，開闢香港左翼的一條路徑；[5]相反地，2020年初登推特的「橋」，主張反送中的政治內涵不具有任何左翼發展的潛力，並且認為運動者所提倡的「自決權」，是一種受到西方殖民主義所影響的虛假論述，反送中則是美國情報單位所主導的「顏色革命」。[6]「橋」的基進立場並不止於對於香港議題的發言，也反映在他們對中國「社會主義」

5　參見流傘網頁：Wen Liu, JN Chien, Christina Chung, and Ellie Tse（Eds）.（2022）*Reorienting Hong Kong's Resistance: Leftism, Decoloniality, and Internationalism.* Singapore: Palgrave Macmillan.

6　參見橋的「香港讀書清單」前言：https://www.qiaocollective.com/education/hong-kong；以及Laura Ruggeri's "Agents of Chaos: How the U.S. Seeded a Color Revolution in Hong Kong": https://www.qiaocollective.com/articles/hong-kong-color-revolution

政權的高度理想化，以及贊同毛主義主張為了對抗帝國思維，國家
具有合理擴張其對人民控制的權力。[7]

　　「橋」以左翼以及反帝國的論述，反對國際對中國政府的批判，
懷抱中國民族主義情懷的立場，在 COVID-19 疫情進入全球流行階
段時備受關注，甚至被美國知名左翼雜誌《每月評論》（*Monthly
Review*）邀請投稿，撰寫以離散華裔主體出發的反帝國論述。[8]而在
2021 年 9 月 18 日，「橋」也與歷史悠久的左翼組織「人民論壇」
（The People's Forum），於紐約市合辦了一場會議，出席的講者包
含知名的左翼學者 Vijay Prashad、Roxanne Dunbar-Ortiz、Radhika
Desai，奠定了這個短暫竄起、只有社群媒體的組織，在西方以及離
散左翼中的正當性。「橋」與「老牌」西方左翼的合作，體現了在
COVID-19 之後，西方左翼因不滿美中之間「新冷戰」對峙，以及
美國政府對於亞洲國家越漸重視的「轉向亞洲」（pivot to Asia）經
濟與軍事政策，使得他們原先從 1960 年代起對於中國——尤其是毛
時代中國——就持有的高度期望，更加地浪漫化。[9]

　　另外，對於離散華裔左派，COVID-19 疫情引起內部敘事的一
個重大轉變，來自於疫情期間，美國引發多起針對亞裔美國人的暴
力事件：包含 2021 年亞特蘭大按摩中心槍擊案；這場槍擊案造成八
人死亡，且死者多數為亞裔女性移民。疫情爆發的時候，川普執政
下的美國政府引發的美中貿易戰，是所謂新冷戰的開頭。在離散華

7　https://twitter.com/qiaocollective/status/1431651299095891973?s=20

8　Qiao Collective, "Can the Chinese Diaspora Speak?," *Monthly Review*,
　　July 1, 2021, https://monthlyreview.org/2021/07/01/can-the-chinese-
　　diaspora-speak/

9　Fabio Lanza, "Of Rose-Coloured Glasses, Old and New," October 20,
　　2021. *Made In China Journal*: https://madeinchinajournal.com/2021/
　　10/20/of-rose-coloured-glasses-old-and-new/

裔左翼眼中，中國從一個屬於外圍、局限在亞裔的身分認同政治的
政治議題，突然變為一個主流的、關係地緣政治的議題。「橋」的
出現顯示一部分離散華裔左翼，因為面對大量反亞裔美國人歧視的
衝擊，轉向對於中國的認同。中國不僅僅只是一個政治體系、國家，
在離散華裔族群的想像中，它更是相對於美國而沒有種族歧視的烏
托邦。「橋」的成員主要是以英語書寫為主的華裔美國人，對於中
國的資訊來源為中國政府旗下的英語官方媒體，或是英語學界的左
派學者，包括 David Harvey 與 Naomi Klein 等本來已經對中國新左
派有所同情的學者，以及被翻成英文的中國新左派學者。因此，華
裔美國人對於「家鄉／祖國」的想像，同時也納入了西方學者對於
中國的投射，認為中國沒有美國所有的種族歧視和社會不平等，以
及中國是唯一能脫離全球資本主義並建構實質共產社會的國家。換
句話說，英語世界的左翼學者，某方面也將中國的官方宣傳在地化
（localize）於美國當地左派的論述中。

　　這樣傾中的左翼論述的一大問題是，除了帶有對於中國政府當
代的權力運作模式與 1960 年代相等的誤判，他們也拒絕將當代中國
放在全球資本主義的脈絡下分析，而僅僅是將中國的運作邏輯視為
是世界資本主義的「意外」。與中國新左派相似，「橋」製造的中
國有其投射和想像，但兩者也有根本上的差異。中國新左派論述強
調過去毛時代的中國和近代鄧時代後的差異，認為鄧小平的經濟開
發政策逆轉毛澤東時代的社會主義，但「橋」的離散左翼論述則認
為中國的經濟開發政策是社會主義的延續，是西方世界將此項發展
抹黑為「中國特色的資本主義」。換句話說，中國新左派強調毛時
代和鄧時代的斷絕（discontinuity），「橋」則強調解放後中國的持
續性（continuity），但是無論是「橋」或中國新左派，都反映了「翻

譯的文化政治」（cultural politics of translation）對於西方批判理論
乃至世界左翼的影響。[10]

　　雖然「橋」所代表的離散華裔左翼觀點跟中國新左派有上述明
顯的差異，隨著「新冷戰」和美中貿易戰的白熱化，「橋」在美國
的左翼社群中被看成能夠代表中國左派的組織，作為翻譯管道並重
新包裝中國官方媒體的論述，成為美國當地左派比較能解讀的說
法，包含將「一帶一路」詮釋為援助全球南方的進步政策，並將香
港反送中運動定位為西方所指使的顏色革命。企圖代表中國觀點的
「橋」，追求某種離散的「真實性政治」（diasporic politics of
authenticity），同時被西方左派看成是中國本地的觀點，反映西方
左派也在追求這種以身分認同取向的「真實性政治」。透過翻譯，
「橋」的論述也經由 Code Pink 與 Progressive International 這些討論
地緣政治以及中美台關係的西方左翼相關組織，宣傳傾中觀點並影
響到台灣、香港等華語語系地區，因為亞洲左派論述還是大量受到
西方左派論述的影響。這意味著華語界的左翼論述，還是得大量進
口並拆裝西方左派批判美國帝國主義以及其他反殖民的思想。諷刺
地，這也將離散亞裔——例如「橋」——對於亞洲的投射和想像轉
折納入亞洲地方政治本身。

10　Lawrence Venuti. "Translation as Cultural Politics: Regimes of
　　Domestication in English." *Textual Practice*, vol. 7, no. 2, 1993, p.
　　208-23.

三、台灣的左獨出路？

　　雖然中國新左派和離散華裔左派的「橋」主要關注的是中國在世界的位置，認為中國在世界上是一個左翼力量，並且引述西方左派的邏輯來提升自身在全球左翼的地位。無論是晚清的「中體西用」概念，民國時期魯迅的「拿來主義」，或是其他時期，雖然華裔左翼傾向推翻西方霸權或是美國帝國主義的知識架構，但他們長期以來接受西方的影響，這也突出了一個後殖民主義理論所必要面對的困境。

　　創造台灣的「左翼」論述也面對類似的問題。台灣夾雜在帝國的邊界，古代和現代的中國、日本，與美國等等強權的環繞在側，因此知識生產也勢必夾雜在這些國家之間。日治時代台灣，許多反殖民的知識分子在日本留學，關注馬克思主義以及其他的左翼理念，而近代比較多左翼學者則是於歐美留學，尤其是美國的知識、教育體系與左翼論述影響甚鉅。有鑑於此，台灣的左傾學者也多數引述了美帝的自我批評論述。但關於台灣獨特的觀點或地位卻相對比較少有理論架構的生產，這也造成了學術左翼容易掉入複製西方左翼論述的窘境，進行 Edward Shils 所說的「重複性的知識活動」（reproductive intellectual activity）。[11] 當然，位於帝國邊陲的困境並不代表具有爬梳本土脈絡的左翼論述完全不存在，但在當代的台灣，本土的左翼論述難以與統一和獨立的國族政治辯論全然脫鉤。

---

11 Edward Shils, "The Intellectuals and the Powers: Some Perspectives for Comparative Analysis," *Comparative Studies in Society and History*, vol. 1, no. 1, 1958, pp. 5-22. JSTOR, http://www.jstor.org/stable/177854. Accessed 14 June 2023.

深受中國共產黨革命史以及毛主義影響的華裔左翼，放置在這個脈絡下，經常使得台灣的國家主權成為在階級以及（美）帝國之後的次要問題，即使毛澤東在國共內戰時期曾主張台灣為一個獨立的「民族」並應享有一定的主權，與當代的中共政權不同。[12]

2014 年的太陽花運動讓新世代受到了「左獨」啟發，但這股能量卻是稍縱即逝。對於廣泛的台派而言，中國因素與中共武統的問題，仍是當下政治的首要考量，也因此可能會將左翼的關懷，包含勞權、人權，以及對於政府公權力的批判，放入次要的考慮。太陽花運動後「第三勢力」政黨的短暫崛起──一個渴望建立能夠制衡兩大黨的本土政權的政治範疇──也逐漸被搖擺不定、功利主義導向的政治操作模式所取代。在當代，夾雜在中、美大國政治之間的「左獨」，究竟能否成為一個有實質影響力的政治範疇與論述？必須源於「左獨」的政治社群思考如何製造符合台灣獨特性的左翼獨派論述，而不是複製西方的反美帝論述。左獨在立足於台灣主權的基底上，必須同時批判中國民族主義、漢人墾殖殖民主義，以及美國帝國霸權。在中國侵略台灣意圖越加明顯，以及灰色地帶戰爭越加頻繁的現況下，要維持「左」與「獨」兩者的兼容更為困難。與其在兩者的立場之間擺動，左獨的位置能做的，即是對兩者皆提出合理的社會分析，並與兩國中受到政權壓迫的少數族群建立連線政治，才是能夠擴大左獨思想與政治實踐的出路。「左獨」的思想，必須理解和反映台灣的政治現實狀況，而不是依附中國或美國不符合真實的政治想像。在一個離散華裔、香港人、西藏人，新疆人以

12　Gerrit van der Wees, "When the CCP Thought Taiwan Should Be Independent," *The Diplomat*, https://thediplomat.com/2022/05/when-the-ccp-thought-taiwan-should-be-independent/, 3 May 2022, Accessed 14 June 2023.

及台灣人都受到政治壓迫的時代，「左獨」的政治和離散左翼的交集，即在於提供這些運動批判漢人文化霸權的思想資源，擴張世界左翼對於「華人左翼」的理解，以超越單一絕對的民族主義。

劉文，中央研究院民族學研究所助研究員。研究專長為酷兒理論、情動研究、批判種族理論、中美帝國之下的亞太平洋地緣政治，以及亞裔美國人的主體性。

丘琦欣，創建「破土」的編輯之一，專於撰寫社會運動和政治的自由作家偶而亦從事翻譯工作。他自哥倫比亞大學畢業，是亞洲語言及文化科系的碩士，同時擁有紐約大學的歷史，東亞研究及英文文學三項學士學位。

無法達成的同志婚姻：

關於當代兩岸思想與論場中「左」「右」糾葛的思考

施東來

　　2020年5月，一支講述跨國同志困難處境的MV（音樂錄影帶）在華語網路上被廣泛傳播點閱。它是由大馬歌手梁靜茹和台灣歌手艾怡良合作翻唱的《漂洋過海來看你》。MV中，一位日本籍的男同志來台看望台灣籍男友，卻因往來台灣太過頻繁，被滯留在機場，受海關審訊。審訊時，海關官員問及日本男生來台原由，他只面帶無奈地說來「看望一位朋友」。經過海關對其筆記本等貼身物品進行搜查後，才發現原來他口中的這位朋友其實是他的同志戀人，只是因為台灣當時的同婚專法尚無法支持台灣人與尚未將同婚合法化國家的國民完成跨國婚姻，所以只能以探望朋友為理由頻繁來台。MV請來兩位帥哥主演，在呈現機場審訊和焦急等待的畫面中間穿插了不少二人熱戀時的甜蜜畫面，並且成功通過這種私人關係的親密與國家機器的阻撓之間的反差感，令觀眾對無法完婚的跨國同性情侶產生同情心和同理心。MV最後，兩位女歌手更是現身說法，呼籲觀眾支持由「台灣伴侶權益推動聯盟」和「愛最大慈善光協會」聯合發起的「跨國同婚集資計畫」，彌補台灣同婚專法的漏洞，幫助台灣同志和他們來自同婚尚未合法的國家或地區的伴侶達成在台結婚的心願。

　　從2024年春天的當下回望，這支MV所呼籲的改變業已達成。

2023年初，行政院終於解釋函令，開放跨國同性伴侶攜手登記。也就是說，不管台灣同志的另一半來自哪一個國家，他們現在都可以在台灣結婚並享受和異性戀跨國婚姻一樣的待遇了。

但這也意味著，來自印度、柬埔寨、奈及利亞等十九個主要分布在亞洲和非洲國家的同志伴侶，也要像涉及這些國籍的異性戀跨國夫妻一樣接受「境外面談」這一道程序。根據這道程序的規定，想要結婚的跨國伴侶需要先向台灣駐外辦事處提出結婚申請，由台灣辦事處組織雙方面談，若是雙方對於各類隱私問題的回答不一致，面談官就能以懷疑假結婚為理由否決他們赴台結婚的申請。台灣外交部曾解釋說，這項對同婚和異婚「一視同仁」的額外規定，目的是為了防止假結婚造成人口販賣和外國人來台「打黑工」的負面效果。但其不言自明的基本預設其實是：這些亞非國家因為經濟狀況比台灣差、人口質素比台灣低，從而需要「特別照顧」，台灣需要嚴格防範來自這些地區的人口流入。更諷刺的是，這份「特別照顧」的國家名單，包含了不少如越南、印尼、菲律賓等台灣當局在「新南向」政策的引導下想要重點交好的東南亞國家。[1]只能說，跨國婚姻的問題就跟大部分政治概念操弄下的民生事務一樣，理想和口號總是說得五花八門、天花亂墜，而現實卻充滿了各種各樣的

1　台灣外交部自2005年起即實施針對21個「特定國家」外籍配偶的「境外面談」制度，包括蒙古、哈薩克斯坦、白俄羅斯、烏克蘭、烏茲別克斯坦、巴基斯坦、尼泊爾、不丹、印度、孟加拉、緬甸、塞內加爾、迦納、奈及利亞、喀麥隆、越南、菲律賓、泰國、斯里蘭卡、印尼、柬埔寨。但在2022年最新發布的文件中，哈薩克斯坦、白俄羅斯、烏茲別克斯坦已不在名單中，而增加了甘比亞一國，形成新的更加集中在亞洲和非洲地區的十九國名單。詳情可參考台灣外交部發布自2022年10月26日的官方文件《特定國家配偶申請來臺依親手續說明》。

人造壁壘和刻意為之的區別對待。

藉這支MV引發的一系列關於台灣同婚的觀察，筆者其實想討論的是如今華語世界日益牽扯不清的「左」與「右」的話題。作為成長於千禧年代的中國大陸青年，筆者對「中國特色社會主義」的說法自是爛熟於心。但弔詭的是，當代許多中國年輕人，對於「左」與「右」這組看似對立的概念，其實並沒有很清晰的、非此即彼的認識。一方面，身為成長在「中國特色社會主義」實踐中的一代，「右派」似乎是天然的貶義詞；另一方面，「反右」作為跟文革歷史牽扯甚深的一個歷史概念，總是跟「極左」或「左傾機會主義」勾連在一起，自然也並非褒義。

離開了中國大陸的特殊語境，「左」和「右」之間的矛盾則更加複雜而令人困惑了。在歐美港台地區，以反資本主義的階級論述為基礎的「左翼」陣營幾乎已經是潰不成軍的邊緣，而大眾認知裡的「文化左派」則變成了「自由派」的某種標準道德姿態，強調的是對各種後冷戰時期浮現出來的不斷細分的弱勢群體的同情和支持，包括女性、性少數、少數族裔、身心障礙人士等。在許多這樣的「文化左派」眼中，中國大陸政府無疑是偏「右翼」的、是在保障基本人權與維護少數群體權益等方面都**不夠進步**的「國家主義」代表。而那些堅持階級鬥爭、關注勞工權益的馬克思主義「老左」，也同樣會將改革開放以來的中國大陸視為國家資本主義的先鋒，將中國共產黨視為一個「右翼化」了的政黨，並予以批判。也就是說，這孰左孰右的分野，從一開始在定義上便是高度語境化了的。在中國大陸的某一情境下被認為是「左」的，到了港台歐美語境也許就是「右」的，反之亦然。

當然，不管這「左」的含義是有多麼模糊不清，對大部分文科知識圈中人是來說，「左」還是比「右」更政治正確，更能「上得

了檯面」的，畢竟很少有明目張膽標榜自己為「右翼」的知識分子會受到主流學術界和文化界的高度讚賞。但這種與「右」的距離，也並不能使人簡單地認同某種標籤化了的「左」。筆者並非經濟學家，亦無意在此系統性地釐清「左」和「右」在政治經濟學中的標準定義。但是作為文化研究學者，我想通過本文點出當代華語思想輿論場中充斥著的「左」與「右」相互滲透、糾纏、位移的事實，再次提醒讀者們「左」與「右」並非一個簡單明瞭的二元選擇。在餘下的篇幅內，我將就同志婚姻這個具體的議題，剖析其在輿論場中發散出來，並蘊含著的「左」「右」糾葛，來強調知識分子對於「左翼」的認同不能是泛化的而必須是具體的，不能是理想化的而必須是自反性的，不能是僵化不變的而必須是動態應變的。

在「文化左派」的論述中，推動同婚的平權機構和彩虹組織，與反對同婚的「護家盟」和宗教團體就形成了一組「左」與「右」，「進步」與「保守」之間的典型對立。在台灣這樣的儒家忠孝觀尚濃的異性戀正典社會裡，同志當然是弱勢群體，而捍衛弱勢群體的平等利益，自然是一種「左翼」的文化姿態。梁靜茹和艾怡良版本的《漂洋過海來看你》的MV背後的「跨國同婚集資計畫」理應被視為一種「左翼」的自我更正與延伸——將跨國同志伴侶視為弱勢中的特殊群體，給予更多支持，這自然是無可厚非的好事一樁。但是，就上文提到的十九國「境外面談」規定為例，台灣同婚合法化的進程也曝露出許多具有「右翼」色彩的法律漏洞、文化心理和輿論現象。

台灣的婚姻平權運動有著複雜的脈絡。在1980、1990年代，女性主義、同志婚姻、酷兒理論等源自歐美學界的性別議題被何春蕤、卡維波（甯應斌）、洪凌等現已被劃為「左統派」的學者引進，並發展出在地化的討論。他們的論述後來發展為反帝反資反對「家庭

婚姻連續體」的「罔兩」激進政治，與重本土、推民運、親西方、尊自由的「文化左派」逐漸分道揚鑣，而後者在21世紀明顯成為了婚姻平權討論的主流觀念，也是2019年同婚專法得以通過的思想基礎。

然而，在這種主流的「文化左派」論述背後，總也夾帶著進步主義的「右翼」暗流：台灣將同婚合法化，就可以進一步向歐美社會看齊，彰顯自身「自由民主」的特質。在同婚專法通過後的很長一段時間內，台灣都被島內外媒體稱作「亞洲之光」。在許多學術與文化話語中，同婚也成為了一種本土主義標杆，可以經常拿出來彰顯台灣的「道路自信」、「制度自信」、「理論自信」、「文化自信」。這種「文化左派」的自信，更是經常被一些台灣網民拿出來與對岸官方的「四個自信」做對比，來諷刺中國大陸的「落後」、「愚昧」、「極權」等等。這股打著「反右翼」旗號卻頗具右翼民族主義色彩的暗流，也同樣支撐著前面講到的十九國「境外面談」規定，將台灣的自我定位進一步拉向所謂「富庶又自由」的全球北方，與全球南方國家的心理距離則越來越遠。這種「左」中有「右」的奇特現象其實也在以色列的同志運動中有所呈現，而以Jasbir Puar 為 代 表 的 西 方 學 者 們 將 其 稱 作 「 同 志 國 族 主 義 」 （Homonationalism），並進行了系統性的批判。

意識到這股來勢洶洶的「右翼暗流」在台灣同婚議題中的盤旋湧動，我們便可以進一步理解為什麼這支《漂洋過海來看你》的新MV要將男主角之一設定為日本人，而且必須是陽光帥氣的跨國中產階級日本人。台灣的「哈日」傳統其來有自，而日本又是少數尚未全面將同婚合法化的發達國家之一，身處亞洲又與台灣同屬美國在太平洋地區部署的「第一島鏈」，在島內「抗中保台」呼聲甚囂塵上的這些年與台灣的「盟友」關係愈發彰顯。更弔詭的是，日本

也有自己的「脫亞入歐」思想傳統，這跟台灣同婚運動中牽涉的右翼思維亦不乏異曲同工之處。

而與MV中日本的強烈在場正好相反的，是中國大陸和與兩岸同志伴侶困境的相關議題在這波爭取跨國同婚權益鬥爭中的明顯缺席，或者更準確的說，是被刻意地避而不談。2019年同婚專法通過以後，在台灣網路上的一些同志社群中就曾出現過「以後中國同志都要來找台灣人結婚怎麼辦」這樣的擔憂。更有敵視中國大陸的網民，在論及兩岸同志伴侶結婚難的話題時，直接斥責台灣一方「一開始就不應該找大陸人戀愛」、「不能結婚是自作自受」等等批評。[2]

其實，《漂洋過海來看你》這首歌，不管是原唱金智娟1991年的版本，還是讓其再次走紅的劉明湘2014年在《中國好聲音第三季》翻唱的版本，都是在講述分隔兩岸的陸台情侶經歷磨難後團聚的故事。諷刺的是，梁靜茹和艾怡良這一跨國同志版的《漂洋過海來看你》在2020年5月發表時，正值新冠疫情第一波全面爆發，兩岸關係處在歷史新低點的困難時刻。時至今日，大陸的台灣自由行也沒有恢復，而法理上同屬一個國家的兩岸同志伴侶卻已然成為唯一一個無法在台結婚的跨域組合。

時移世易，《漂洋過海來看你》的MV導演即便有心關注兩岸同志議題，也無法用相同的劇情重拍這隻MV，因為目前中國大陸的同志根本無法以探望友人為由入境台灣，連被海關扣在機場盤問的機會都不存在。根據台灣現行的法律規定，包括港澳居民在內的跨國同志婚姻一律按照《涉外民事法律適用法》處理（也就是可赴台結婚），而涉及中國大陸居民的兩岸婚姻則需遵照《兩岸人民關

---

2 對於相關言論的報道可參見https://p.dw.com/p/4MZG2（2023/8/15日瀏覽）。

係條例》特別處理，而這個特別處理的結果就是兩岸同志伴侶的婚姻平權遲遲無法落實。在2023年5月陸委會的記者會上，針對《中國時報》記者就此問題提出的質疑，陸委會官員則是直接說道：「我這邊是陸委會記者會，不是國台辦記者會，你應該去問國台辦的人！」。由此不難看出，台灣官方將兩岸同婚視為國安問題，也往往將矛頭轉向中國大陸本身缺乏同志權益的事實，從而令矛盾移轉至大陸伴侶個人，將雙重標準貫徹到底。縱然有一天兩岸同婚平權真的在台灣得以實現，同婚伴侶又必須要面對當前異性戀「陸配」面臨的種種問題，包括在居住時間長短和入籍規定上的差別待遇。這些都是跨國同婚這個看似非常「左」的議題中非常容易滑至「右」的面向。

　　本文聚焦兩岸同婚在台灣之「無法達成」的困境，並非是要指摘同婚作為一種「文化左派」的進步追求本身。坦白講，同婚合法化作為台灣本地同志平權運動和性別概念改革成功的重要里程碑，其主要關懷對象為台灣本地人，這當然無可厚非，而2020版的《漂洋過海來看你》成功助力跨國同婚的落實，更是彰顯了「文化左派」的反身性及其對現實政策的影響力。只是由於其弔詭的「非跨國性」兩岸同婚現已成為台灣婚姻平權運動中缺失的最後一塊拼圖，似乎正說明了台灣「文化左派」邏輯在遭遇「中國人／中國性」時的尷尬處境和包容上限。不願與被視為「右翼」的中國大陸有過多牽扯，而將矛盾轉移至中國大陸本身的人權問題，這樣的姿態也許依然是「左翼」的，但將中國大陸人民與全世界其他人民區別對待，在自詡民主進步的同時又拒絕給予兩岸同志伴侶同等的權利，這樣的事實卻又毋庸置疑是「右翼」的。

　　這樣的「左」「右」兩難，在當下中國大陸的同志運動進程中也有著類而不同的表現形式。自2021年7月中國大陸爆發「未命名公

眾號」事件以來，同志運動可以推進的網路言論空間和尺度都在不斷收緊，而受到疫情管控影響的線下同志活動空間一旦關停就難以再生。[3]「中國特色社會主義」中包含的市場經濟和國際交流實踐，的確在過去四十年給普通人打開了更多自由選擇自己生活方式的空間，但在「共同富裕」和「文化自信」的當下，這些空間也面臨著不同程度的重組與洗牌。這樣的現狀在中國大陸的「自由派」和大陸之外的「文化左派」看來，當然是一種維穩的、保守的、退步的、值得譴責的「右翼」國家主義趨勢。但在中國試圖走出「世界工廠」定位、實現產業鏈升級，而中美博弈又日趨緊張化的時代大背景中，八十年代以降同志文化在中國的本地化模式也可以被視為「右翼」的：它是歐美舶來的、由資本和消費主義支撐的、並以城市、白人和男性為中心的。在這樣逐漸同質化的同志文化中，「進步」就意味著向歐美看齊，向台灣看齊；而這樣的「看齊」，是現已「文化自信」的國台辦倘若真的被質詢到兩岸同婚議題時，無論如何也說不出口的。

　　如果說兩岸同婚真如陸委會等官方機構明示暗示的那樣，需要

3　「未命名公眾號」事件是指發生於2021年7月6日晚間的針對中國LGBT組織的社群媒體的集體封禁管控。當晚，中國高校各LGBT學生社團及個別相關社會組織所屬的微信公眾號帳號被集中清理，公眾號名稱全部變為「未命名公眾號」並顯示：「接相關投訴，違反《互聯網用戶公眾帳號信息服務管理規定》已被屏蔽所有內容，帳號已被全部停止使用」。對於事件發生的原因眾說紛紜，但在次日晚，《環球時報》總編輯胡錫進在微博上發表評論「LGBT在現階段的中國不應追求成為一種高調的意識形態」。該評論中隱含的國家主義與自由主義身分政治的意識形態衝突可見一斑。關於本事件詳情可見https://www.chinalgbt.org/banned-voices（2023/8/15日瀏覽）。

在中國大陸也推動同婚合法化後方可實現，那我們是否可以在一個既滿足「文化左派」標準又符合「文化自信」追求的框架中推動同婚在中國的合法化呢？當原來的西式同志運動遭遇地緣政治的瓶頸而日漸式微，我們是否可以藉機想像一種反帝又女權的、不被消費主義裹挾也不被民族主義收編的、全球南方式的性別運動呢？在這樣的想像中，已然被台灣主流論述拋棄的「罔兩政治」又能提供怎樣的理論資源呢？

將這樣的「左翼」理想主義叩問推至文化生產本身，似乎比兩岸同婚更難實現的，是有一天兩岸歌手會攜手再度翻唱《漂洋過海來看你》，而MV的主角則換成跨過重重阻礙才得以相聚的中國拉拉和她的奈及利亞女友。但不管這樣的未來有多難實現，如果自認「左翼」的知識分子真的有心推動同志權益的健康長足發展，我們必須不斷警惕被「文化左派」話語遮蔽的「右翼」暗流，也必須拋開「左」與「右」的表面糾葛，並重新想像目前主流化了的「文化左派」不願挑戰的世界秩序。

施東來（Flair），上海交通大學人文學院長聘教軌副教授。編有 *World Literature in Motion: Institution, Recognition, Location*（ibidem with Columbia，2020），並在 *International Journal of Taiwan Studies, Kritika Kultura, Comparative Critical Studies* 等國際期刊發表論文十餘篇。研究領域為中英比較文學、殖民主義與種族主義、亞裔身分論述、當代華語電影等，目前正在進行第一本英文專著 *Yellow Peril Revisited* 的出版工作以及關於中國和非洲之間人文交流現象的研究工作。

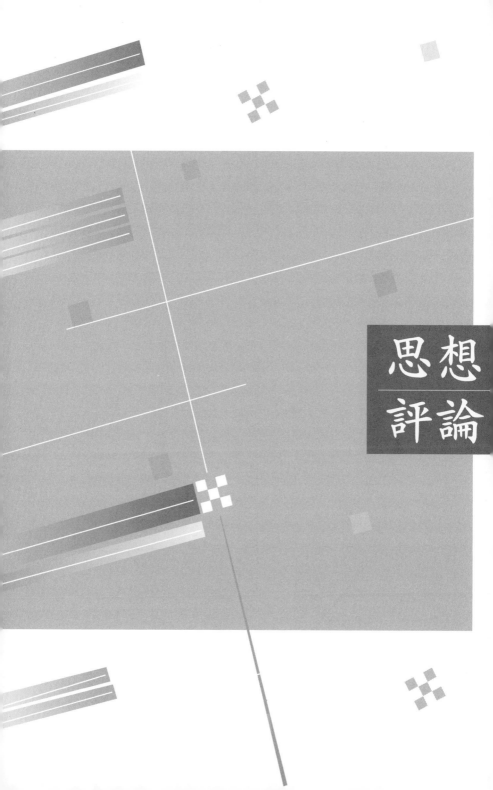

思想
評論

回憶《艷陽天》：
虛構歷史中的文學教化

張　寧

　　大約1973年，作為五年級小學生的我，在當地新華書店買了平生第一本小說《閃閃的紅星》。這是文革後出版的第一批小說，寫了江西蘇區的一個孩子（潘冬子），在父親跟隨紅軍長征，家鄉淪為白區，母親犧牲，一個人帶著滿腔仇恨度過了十幾年黑暗歲月，終於在1949年之前找到了已經改名為中國人民解放軍的紅軍隊伍。這是我們那一代人的勵志文學，我讀得很入迷，從此開始成為一個文學少年。

　　隨後又買到了《海島女民兵》、《海潮》等一批作品，漸漸地，浩然便進入了我的視野。我一遍又一遍地讀《艷陽天》、《金光大道》，還有他的詩化中篇小說《西沙之戰》……以致到文革結束、高考恢復，入讀大學中文系時，我仍然以為中國最大的在世作家就是浩然。接下來的尷尬可想而知，因為那些閱歷豐富的年長同學在寢室裡大談莎士比亞、塞萬提斯及老舍、巴金時，我羞愧難當，這些作家是我以往聞所未聞的，那一點文學少年的自信瞬間就被擊垮了。當然，被擊垮的還不僅是那點自信。

　　從那之後的三十多年裡，我再沒想到過要讀浩然。浩然也從一個少年心中的頂級作家，淪為不入流者，以致2009年春天，我第一次來台灣時，碰到這兒的中文系老師把從大陸購買的《浩然全集》

一包包從車上卸下，再扛到樓上時（我也幫了份苦力），忍不住輕蔑和不解的神情。

　　但這次因備課再讀《艷陽天》時，已不再帶任何輕蔑，也同時（其實也早試著）理解了台灣同行為什麼還那麼青睞浩然。但閱讀的心情卻是複雜的，一方面是理性的審視，是不斷的批判（歷史的虛假，意識形態的演繹），是反向看到的被曲折保存著些微歷史真實；另一方面，則是久違了的那種熟悉，是對少年閱讀時刻的不再刻意譴責的溫馨回憶。

　　這是一種很奇怪的閱讀現象，就像中國歷史充滿著悖論和怪異現象一樣。一方面，以「清明的理性」燭照，《艷陽天》毫無疑問是繼《三里灣》、《山鄉巨變》、《創業史》之後，又一部描寫合作化歷史的長篇巨制，而且因出版於文革前夕，對歷史的真誠歪曲程度比其他合作化小說尤甚。

　　如果說趙樹理在表達了「農民喜歡單幹」後，由於相信組織無錯，又把「單幹」置於批判的敘述中，但他還以鄉土生活的「原生態」來演繹意識形態，把「壞人」寫得不壞，「好人」寫得樸實，結果他通過幻想和省略而增加或刪減了歷史；如果《山鄉巨變》將一個人為的政府動員過程，寫成一個符合歷史規律的群眾自發過程（群眾的自發性隱藏在政府動員的方向之中，所有阻礙這一方向的人，非「落後」即「反動」），那麼在反向的敘述中，仍然保留著部分歷史真實；如果說《創業史》雖注入了過多作家主觀性（也即意識形態性）的投射，並人為設置了階級鬥爭的線索（即把反向因素寫成反動因素），但通過家庭分歧、鄉里紛爭或暗鬥，他仍然表現了「互助合作」之艱難，透露出歷史的諸多真實訊息；那麼到了《艷陽天》，他刪去了所有這些從「指縫」裡遺漏出來的歷史真實，把生活中的複雜矛盾，把因僵硬政策而帶來的民怨，乃至把家族間

的權力糾紛，直接書寫成分別代表兩個歷史方向的階級鬥爭。

　　小說承續了《三里灣》中對農村青年的青春書寫，把趙樹理寫出的一組追求「進步」、渴望更多社會生活，但仍在各自軌道上運行的青年群像，轉述成一組幾乎無牽無掛、散發著青春活力，且更加城市化的緊密的年輕團體，連「看麥」、「造林」這些體力活兒，都變成了年輕人的自發的娛樂。除了團支部書記蕭淑紅參與權力鬥爭，同時也有著個人的曲折情思外，幾乎其他進步青年（除了會計馬立本外，青年們幾乎沒有不進步的）都成了服從意識形態演繹的道具。連那個與新婚丈夫焦克禮志同道合的新媳婦，也只有「新媳婦」這一稱謂，而無任何故事和來歷。這組過著自發集體生活、散發著青春氣息的青年群像，完全依循了幻想和意識形態邏輯，遠離真實生活的邏輯，彷彿一群從石頭縫裡蹦出的神力無比的孫悟空。

　　小說也承續了《創業史》裡的父子關係模式，但讓梁生寶與梁老漢之間衝突張力所體現的沉重歷史內容，演變成蕭長春和蕭老大之間僅關「娶媳婦」和「過日子」的日常誤解。它讓蕭老大在政治上與兒子蕭長春保持高度一致，甚至連拿自己的口糧餵生產隊馬駒兒而給家人煮野菜這樣的奇葩事兒，也讓父子二人高度一致（竟沒有考慮兒童的營養問題）。《艷陽天》在寫先進人物時，幾乎拷貝了當時新聞中的「好人好事」模式，甚至穿插著「老班長犧牲」這樣傳奇的勵志故事，讓「源於生活」完全服從於「高於生活」。

　　小說反向保留的歷史真實，也遠比其他三部小說少得多。許多需要詳細描寫之處，都被主觀的抒情一筆帶過了：

　　　　去年大災荒，困難的關口他們都鼓著肚子挺過來了，好光景伸手就抓到了，誰不想聽一聽從家裡傳來的好消息呢！
　　　　他們像是火種，在許多人的心裡點起了熱情。常言說：路

遙知馬力，日久見人心；當東山塢的集體事業在前進的路途上
碰上災難的時刻，一心奔社會主義的人們相信了這個年輕的共
產黨員蕭長春，跟他心見心，心碰心，撐成了一股子勁兒，撐
起這個要塌下來的天！

今人蹊蹺的是，同樣是遭災而生產自救，老支書馬之悅帶人出
去搞運輸，「跑買賣」，就是「資本主義」；而新帶頭人蕭長春「領
著社員打柴、燒窯」（同樣出力、經營、換錢）卻是「社會主義」。
結局也完全兩樣：

馬之悅——
　　……半個月以後，鄉里的大個子武裝部長送來一個出人意
料的壞消息：馬之悅放棄生產自救，走邪門歪道，用救濟糧和
生產貸款跑買賣賠了本……
蕭長春——
　　領著社員排水、種秋菜，又領著社員打柴、燒窯，結果得
到一些收成，也得到一些收入，使這個搖搖晃晃的農業社穩固
下來。

早在《不能走那條路》中，李準便讓貧農張拴「倒騰牲口」，
結果賣啥賠啥，欠下一屁股債；如今浩然又讓馬之悅幹啥賠啥（連
跑運輸都是失敗的，而所謂「跑買賣」，連什麼買賣都不交代，便
含混過去），用下合作社，「自己卻跑到北京治病去了」。這種選
擇性分攤運命，把偶然性寫成必然性，透露出非歷史寫作的尷尬。
同時也不無隱喻著「指令經濟」只安排農民依附於土地，禁止自由
流動，也禁止染指流通的國家願望。

　　浩然的政策警覺性（大陸叫「政策水平」）也十分之高，在進行新／舊對比時，總忘不了兩個時期——

　　這會兒不是舊社會了，也不是單幹的日子了……

　　人為突出「新社會」／「新階段」的神聖性，也不無真實地透露出合作社／人民公社與政府「統購統銷」政策（剪刀差）的內在關係：

　　蕭長春說：「這是什麼話！豐收了，應該多支援國家啊！……我們是高級社，土地怎麼能夠分紅呢，這些個人可真會轉著腰想主意！」

　　今年收成多了，按著蕭長春的意思，應當多支援國家。瞧瞧，這些人心裡邊光裝著自己，早就把國家給忘到脖子後邊去了。

　　彎彎繞說：「怎麼變不了哇？變啦！先賣國家的餘糧，回頭再說咱們。留多了，咱們就多吃點兒，留少了，咱們就少吃點兒，不留，咱們就勒緊褲帶，這個帳還不是很好算嗎？」

　　王國忠把屋裡的人都看一眼，不慌不忙地問：「妳們說說，現在有人提出要土地分紅，不願意賣給國家糧食，這到底是怎麼一回事呢？」

　　韓百仲說：「福嫂子妳這些話算是說到家了。國家是咱們自己的嘛！支援國家建設，也是支援咱們自己，一點不假。」

　　馬翠清吐吐舌頭，又解嘲地推了焦淑紅一把，繼續說：「我媽……說：『怪誰呀！這麼大的村子，大男大女一大群，使著牲口使著車，擺著大塊好平地，不說多支援國家糧食搞建設，還厚著臉皮喊缺糧、缺糧，伸手朝國家要，不嫌丟人呀！』妳

瞧⋯⋯」

在小說中，自始至終如此多的人物都把「支援國家糧食搞建設」正向或反向地掛在口邊，無不折射著「合作社」的鞏固與「統購統銷」政策落實之間的那種內在焦慮（農民的焦慮，作家的焦慮，國家的焦慮）。還有一處，甚至借蕭長春之口，出示了這樣一種邏輯鏈條：把合作社──支援國家建設──實現共產主義關聯在一起，賦予策略性的「發展重工業」之國家邏輯以神聖性（國家邏輯農民化，工業邏輯農村化），也給迫使農民做出犧牲以神聖的理由：

> 今年生產領導好了，又為什麼無事生非呢？豐收了，就把國家忘了，沒有國家能有這個豐收嗎？咱們莊稼人不是先前那樣的莊稼人了，咱們過日子不是光求三個飽一個倒就行了，咱們要往共產主義那個目標奔哪；不用最大的勁兒支援國家建設，不快點把咱們國家的工業搞得棒棒的，機器出產得多多的，咱農村的窮根子老也挖不掉哇！妳們怎麼就不想想這一層呢？

通過鄉黨委書記王國忠「這到底是怎麼一回事」式的明知故問，或不知而真問，顯示了國家邏輯的強大無比，或對於民生民瘼的隔膜。

儘管《艷陽天》遺留的歷史真實最少，但還是從個別落後人物那裡，遺漏出些微真相──

> （馬連福吵會場）「去年變了高級社，高幾尺，高幾丈？社員分了多少糧食？這個苦瓜尾巴夠莊稼人咬的了！眼下收來了，老天爺餓不死瞎眼的鳥，就得按著收來的算盤打，多給大

夥兒分點兒，再不給個甜頭吃，這個高級社還有個屁搞頭！哼，沒事找事搞農業社，再搞下去，把人都得餓扁啦！」

（馬連福心裡活動）這個隊長可有什麼當頭！虧不少吃，罪不少受，罵不少挨，家裡外邊不成樣子，豬八戒照鏡子裡外不是人，說句話連個屁地方都不占！唉，沒事兒找事兒，搞他媽的農業社有什麼用，妳不搞，人家老百姓還不知道種地過日子，到時候收糧，到時候要款，國家建設照樣搞。要是沒有農業社，論技術，論力氣，馬連福跟誰都能比一比，日子早過得像個日子了，還至於為了吃飯兩口子傷和氣呀！

此外，小說最大的歷史貢獻，是反向記錄了1957年「整風」（後演化為大量整肅知識分子的「反右」）在農村的反應。小說中多處寫道：

（馬之悅）「去年不光東山塢一個村沒收來，全國好多地方都減產了，報紙上登著；說今年收來了，國家要大收大購，只給社員留個尾巴；還說，只要馬連福帶個頭，分了麥子，沒他的虧吃；還說，眼下農業社要變章程了，要講群眾路線，講自由民主了，群眾說話算數，只要一口同聲，就是縣委下來也沒辦法⋯⋯」

（馬立本）「我是說，群眾不贊成的事兒。黨整風，讓大夥提意見，要發揚民主，大夥說怎麼辦就得怎麼辦。咱莊分麥子的事，土地分不分，要看群眾的，要是大夥都贊成土地分，那就成了民主運動了，隨隨便便反對，那還了得嗎？」

（馬之悅）⋯⋯又笑了：「同志，這叫智謀、策略。搞工作既要有膽量，又得有智謀。蕭長春是個野心家，想獨攬大權，

他正是妳說的那個大鳴大放的靶子呀！不跟他鬥爭，將來民主
運動就難開展，咱們爺們可就算不顧群眾利益，算是犯罪了。」

（彎彎繞）「老馬，妳千萬不要灰心呀！雖說去年上邊整
了妳，給妳加了罪，這罪狀是在妳們黨裡訂的，要實行個民主
性的，我保管東山塢的老百姓三溝有兩溝半不承認這個帳……
妳等著，只要那個大鳴大放的民主運動一到咱們鄉下，我們就
替妳說話，一定要讓鄉裡的王書記把罪狀給妳抹去。」

（王國忠）……又問：「他們沒跟妳說國家形勢嗎？比如
說大鳴大放之類的話。」

（馬連福）「說了，說了。他們說將來要真民主了，什麼
事情都是中農以上的人家說了算。我不信，馬大炮說，中農根
子硬，鬧起來就厲害。」

　　浩然大概是真的認為當年的「大鳴大放」如果不予壓制，會對
他心儀的農業合作化產生毀滅性打擊。他進入新時期後仍拒絕徹底
反思，說明「觀念」之於一個人，遠比「真相」重要得多。「睜了
眼看」對一個中國人的內在毀滅性（也是國人內心的脆弱性，通常
只有兩途：一依賴社會等級，二依賴大哥／領袖／皇上），遠比看
上去要大得多。

　　但應該說，《艷陽天》在藝術上還是相當不錯的，如語言的樸
實、凝練，鄉土景色的描寫，鄉村場面的描繪，人物對話的描摹，
尤其是在長篇小說結構上的大手筆——把幾天時間鋪展成情節曲
折、懸念疊出、節奏明快的幾十萬字的長篇（指第一卷，其實第二
卷涵蓋的時間也很短），其中戲劇衝突不斷，鬥爭之弦緊繃——對，
是「鬥爭」，表面上是根據意識形態鋪陳的階級鬥爭，但字裡行間
卻潛伏著鄉村家族之間權力爭奪的原型。只要看看雙方陣營中的姓

氏就會詫異，如此懂得政策的浩然，為何執意不讓姓氏混合一下，從而完全遮蓋住鄉村家族權力之爭的任何蛛絲馬跡？

——馬之悅、馬立本、馬連福、馬同利（彎彎繞）、馬連升（馬大炮）、馬小辮（地主）⋯⋯（也有韓家人在裡面，如韓百安，但並不居於主流）

——蕭長春（韓家外甥）、韓百仲、焦淑紅（韓家傳統姻親）、焦二菊（韓百仲妻）⋯⋯（後一序列有點雜，一些馬家窮人也在裡面，但該序列是村裡實際掌權者）

而家族權力之爭，至今也是鄉土村民選舉難以正常化的重要原因之一。

就所敘時間而言，趙樹理寫的是1952年（個體單幹、互助組、個別先行的合作社），柳青寫的是1953年（渭南互助組），周立波寫的是1955-1956年（「社會主義高潮」，快速成立初級社及高級社），浩然寫的則是1957（高級社完成，即將步入人民公社）。[1]

1 　中國1950年代的農業合作化運動共經歷了四個階段：互助組（1953年）、初級合作社（1955年）、高級合作社（1956年）和人民公社（1958年）。互助組指農民在個體經濟基礎上的集體勞動組織，自願互利，常年（有的是臨時）互換人工或畜力，共同勞動，起源較早，1953年形成全國性規模。初級合作社，簡稱初級社，一種半社會主義性質的集體經濟組織，特點是土地入股，耕畜、農具作價入社，由社實行統一經營；社員參加集體勞動，勞動產品分別按兩種方式（按股分紅＋按勞分配）分配，1955年普及到全國各地。高級合作社，簡稱高級社，特點是農民土地無償轉為集體所有（但社員仍留有少量「自留地」），實行按勞分配，大規模推行於1956年。人民公社，於1958年「大躍進」運動中在高級社基礎上建立，並取代鄉鎮政府，成為政社合一和工農商學兵一體的基層體制，既是一個經濟組織，也是一級政權機構，特點是「一大二公」（即規模大，

就敘述時間而言，趙樹理寫於1954年，周立波寫於1957年（上卷）和1959年（下卷），柳青寫於1960年，浩然則寫於1964年。

四部主要的合作化小說，寫的皆是互助組—初級社—高級社，即便是浩然，也避過了寫1958年或之後的人民公社。這本身就也隱含著合作化／人民公社危機的隱線和苦衷。

而隨著大躍進和「跑步進入共產主義」而造成的大饑荒的到來和度過，糾偏工作淺嘗輒止，「以階級鬥爭為綱」的極左思潮則越演越烈，終於迎來了文革。於是，隨著歷史劫難發生，趙樹理的寫作被認為有問題了，周立波、柳青的寫作在文革開始後也被認為有問題了，唯一剩下的就是浩然。他不僅是寫合作化作家中唯一允許存在的作家，也是所有作家中唯一允許存在的作家。由此，《艷陽天》中的「敗筆」，或今天看來的負面內容（如處處以階級鬥爭眼光看待人，這種眼光在文革中極有可能發展成一種變相的借刀殺人，即把住意識形態制高點，以高論而行私欲），則逐漸成了那個時代文學的「正統」。

上述所謂「敗筆」，包括：

一、社會和生活的聖潔化。主要是抽掉人性、價值、自我想像、正當利益等衝突。例如《創業史》梁氏父子間的那種價值衝突：一個欲通過個人奮鬥而發家致富，一個欲通過個人犧牲而獲得社會化價值，結果僅僅剩下被聖潔化的「正義」與其假想敵（即正／邪）的衝突，社會和生活的豐富性和複雜性，完全被抽空。

二、「原生態」差別的無差別化。在小說中主要是把鄉村城市

（續）————

公有化程度高），後在改革開放後撤銷。從1978年起，長期被視為「資本主義」的「包產到戶」（即「家庭聯產承包責任制」），逐漸成為地方和中央政府的農村基本政策。

化，粗放雅緻化，把理想中的「消滅三大差別」[2]在小說中先予以消滅，實現了世界的童話化。

而這一切正是那個時代的產物。通過「批判封資修」，「埋葬帝修反」，從縱的歷史方面（反封），和橫的空間方面（反資、反修），徹底切斷了所有提示人之差別、社會之差別的視角，把世界的大千性，完全削足適履地納入一個單色模式裡。正是在這種歷史條件下，《艷陽天》向一個少年，向無數少年，展開了它內蘊的想像空間。

這是一個什麼樣的世界呢？

——在山搖地動、天塌地陷之際，一個被忘卻的王子挺身而出，站立於山巔：「站住，不能走那條路！」奮力奪過馭馬的鞭子，駕車趕回人心浮動的王國。不久，他便被擁戴了。

年輕國王不居王宮，卻大禹般來到鑿河工地上，和臣民們一起搬石運土。不久，家裡就來信了，一場奪權的陰謀在進行，皇叔（其實是被廢黜的老國王）陽奉陰違，美麗的護王女英雄鐵心守衛也貼心呵護。而年輕國王三過家門而不入，深夜密商於老臣，孤身探尋於叛眾，持心平正，深謀遠慮，於宮廷政變之際，臨危不懼，克己安眾……

《艷陽天》好看就好看在：它能把日常的鄉村生活寫得故事連連，衝突不斷，使村頭「飯場」也往往猶如王國的「戰場」，只要妳不去質疑構成故事本身的前提，完全置身於一個封閉的閱讀環境裡……

2　「三大差別」，即城市與鄉村的差別、工人與農民的差別、腦力勞動與體力勞動之間的差別。「消滅三大差別」是文革中流行的口號，被認為是實現共產主義的重要目標。

　　在這樣一個封閉自足的言語環境裡，妳可以完全依循作者提供的邏輯，把自己代入主人公的生存境遇裡，成為神聖的天空下的一個英雄，一個草根王子（也可以不是國王，因為背後還有組織）。而他，絕不會像梁生寶那樣，艱苦卓絕而又備受壓抑，完全苦行僧式的，連愛情都不得不割捨；但也無須像（樣板戲）楊子榮、郭建光、雷剛樣的孤單英雄，一生正氣卻又了無生趣……他就是東山塢的新掌門人蕭長春，有著不用操心的絕對正確的方向——彷彿上帝擔保，無須個人思索，因而也沒有哈姆萊特的煩惱；有著自主伸展權力的空間，似可為所欲為，但又低調謹慎，戒驕戒躁。他不輕易表態，但說起話來則滴水不漏：

> 要我看，麥子豐收，這是真的；麥子一豐收，……工作比過去好搞了，咱們的農業社要鞏固了，這也是真的；說的一點問題沒有，那倒不一定。

　　這是一種正面的老練而非負面的狡黠，足以增加一個男人的魅力，而非空洞的標籤。與「反對黨」打交道，他也不黑臉高聲一臉正義相，而是假設對方有理：

> 　　蕭長春攔住馬大炮：「妳是個心直口快痛快人，咱們說話別拐彎，一拐彎，話說不透，妳們想讓我擁護妳們，不也就困難了嗎？」
> 　　「這麼說，能商量？」
> 　　「當然，什麼事都能商量，有一條，得講出道理來。」
> 　　「……」（略）
> 　　「這算一個理由，還有呢？」

「……」（略）

「這算一條，還有呢？」

「哎呀，這還不夠嗎？」

「不夠，不用說別人，我就不通！妳們的理由太少了，這兩條理由，讓人家一駁，不就駁倒了嗎？」

「對了，還有一條，這可是頂重要的，是對咱們全村人都有好處的。」

「妳說說，我聽聽。」

「……按地畝分，糧食都分到戶，不像裝進農業社大囤裡那麼顯眼，就可以少往上邊報產量，少賣餘糧；少賣了，大家吃的多，存的多了，糧食可以隨意使用了，誰不說你們幹部給大夥謀了幸福，大夥不就擁護你啦！你聽聽對不對？」

蕭長春眨眨眼睛，……想問，這個主意是誰出的，話到舌尖，又改口了：「連升，妳想的倒挺美，就怕不行。」

馬大炮說：「蕭支書，你就放心吧，保證行。說實話吧，我們最擔心的是你這個支書攔著路子不讓我們走，要是你想通了，溝南邊的人，還不聽你的呀？」

蕭長春說：「溝南邊的人聽我的，溝北呢？溝北的人可是很不容易圈攏，對這件事情能夠一個心眼嗎？」

這是心理偵察，套人心思，也是試圖理解，悉心規勸，寬容中有堅持，爭辯時有耐心，讓一個而立之年的年輕支書，集智慧、機敏、老練、誠懇於一身，輕易地拿下了一個中年人，也並無艱難地戰勝了咄咄逼人的隊長馬連福，陰險狡詐的前掌門人馬之悅，幾乎達到無役不與、無役不勝的地步。

他還那麼富有人情味，與老人貼心，與青年共鳴，溫和中有果

敢，穩重裡有狠勁⋯⋯他給處於封閉狀態中亟需精神成長的少年
們，樹立了移情的對象和模仿的榜樣。

　　可以說，整個《艷陽天》都洋溢著青春的氣息，但青春氣息的
中心卻不是焦淑紅領導的「青年突擊隊」，而是蕭長春本人。這是
一個足以擔當「指導者」的青年政治家，成熟、幹練、真誠、熱情，
而且低調、內斂，而且質樸、踏實，而且果決、勇敢、愛憎分明，
集所有優秀質素於一身，怪不得贏得了小說最美麗的女性焦淑紅的
愛情。

　　這是「十七年文學」中「青春主題」的極致，因為這種明快、
樂觀的主題，在《三里灣》中很分散，在《山鄉巨變》太陰柔而不
高大，在《創業史》中是苦巴巴的，在《青春之歌》中只是依附性
青春投射的對象（即男性指路者兼愛人），只是在《組織部來了個
年輕人》以一種「少共」的「布禮」形式、在電影《年輕的一代》
中以一種猛漢形式，才得以完整出現。而到了《艷陽天》，則以一
種有血有肉的「高大全」形象出現（反而《金光大道》裡真正的高
大泉卻遜色許多）。「他」讓少年們安全、放心地進行情感心理投
射，也讓這個歷史語境之外的人得以移情，並賦予一個超現實的想
像空間（如葉嘉瑩在海外寫了八萬字的〈我讀《艷陽天》〉及關於
「春／紅式」愛情專論[3]）。

　　有論者評葉嘉瑩論《艷陽天》時認為，葉先生之所以對《艷陽
天》評價如此之高，相當程度上是深陷不幸愛情中的她，在蕭長春

3　〈我看《艷陽天》〉，1976年連載於香港《七十年代》，後收入《浩
　　然研究資料》，孫達佑、梁春水編，百花文藝出版社，1994年；〈蕭
　　長春與焦淑紅的愛情故事〉，1977年連載於北美《星島日報》，後
　　收入《迦陵雜文集》，北京大學出版社，2008年。

／焦淑紅式愛情中找到了心理補償。[4]但必須承認，「春／紅式」愛情對於未曾經歷過愛情的少年，也具有無比的魅力。這當然也無不伴隨著「不幸」，即不幸的時代，而禁慾主義正是其中重要的生活內容。那是一個毫無任何愛情描寫、更無愛情教育的年代，這反而使任何愛的情愫的閃現，都會讓少年的心悸動。但也不能不承認，「春／紅式」愛情也匹配於一個童話的時代，一個童話式的世界：

> 那邊突然響起清脆、爽朗的笑聲：「哈、哈，是妳呀！」
>
> 蕭長春也認出來了，朝前迎了一步，叫一聲：「淑紅！」焦淑紅手提著木棒，邁著輕盈的腳步，朝這邊走過來。她的身上散發著潮濕濕、熱騰騰的汗氣，順著微風飄過來。她是二十二歲的姑娘，長得十分俊俏，圓圓的臉蛋，彎細的眉毛，兩只玻璃珠似的大眼睛裡，閃動著青春、熱情的光芒。（第3章）
>
> 媽媽又往竈膛加了一把火，見閨女端著洗臉盆子往後院張望，就說：「沒妳表叔那樣的……」
>
> 閨女打斷媽的話：「誰表叔呀！」
>
> 「喲，蕭支書不是妳表叔嗎？」
>
> 「同志不分輩兒。再說，我們又不是真正的親戚，我不跟妳們排。」（第16章）
>
> 小石頭又從煙霧裡跳出來，拍著手喊：「我爸爸回來了，淑紅姐！」
>
> 焦淑紅把飯碗塞給小石頭，說：「吃吧，乖乖的。往後不許再叫我姐了。」

---

4 王鵬程，〈論葉嘉瑩先生的《艷陽天》研究〉，《粵海風》，2012年第2期。

　　小石頭接過飯碗，眨巴著眼問：「叫什麼呀？」

　　焦淑紅說：「叫姑姑，好不好？」（第17章）

　　夏天的月夜，在運動，在歡樂。

　　兩個人，一男一女，邁進這美妙的圖畫裡。他們在那條沿著小河、傍著麥地的小路上，並排地朝前走著。

　　……焦淑紅偶爾一回頭看到了，連忙說：「別脫，外邊風涼，小心受涼！」

　　蕭長春立刻又把衣裳穿好。

　　……焦淑紅朝蕭長春這邊靠靠。她立刻感到一股子熱騰騰的青春氣息撲過來。姑娘的心跳了。

　　……焦淑紅看過許多本動心的小說，她曾經給創作這些書的作家寫過信，感謝那些作家，表示要跟書裡的人物學習；認識蕭長春，不是從書本上，而是生活鬥爭展示給她的。因此，更激起她熱愛生活、熱愛東山塢、熱愛這個活生生的人物了。

　　……她忽然停了下來：「蕭支書，我還有件事兒，沒跟你匯報哪！」

　　「什麼事兒？」

　　「跟社裡工作沒關系，我自己的。」

　　……「你以為我要離開東山塢呀？沒那日子。」

　　「不離開東山塢，你就保險不會退坡，永遠都跟我們一塊搞咱們的農業社嗎？」

　　「當然啦！」

　　「那就好啦！」

　　兩個人都沈默下來了，又慢慢地朝前走。

　　一片流雲遮住了月亮，野地暗淡起來；月亮使勁一縱身，跳出來了，野地裡重又大放光明。（第27章）

　　「英雄」伴以「美人」，這是最深層的心理原型；「革命+戀愛」，則是最現代的表現模式。但在艷陽天下的美麗新世界中，「英雄／美人」和「革命+戀愛」卻相當程度上脫離了原來的軌道，既不是現代文學中革命和戀愛的衝突，也不是真實歷史中身居高位者對年輕知識女性的優勢性占有，而是讓情愛的私人性質，躍升到共同獻身的偉大事業的神聖時間裡，讓革命與戀愛達到高度的統一。

　　焦淑紅望著照片，害羞地一笑，把照片按在她那激烈跳動的胸口。她回味著昨天晌午的幹部會，回味著昨晚月亮地裡的暢談，特別回味著剛才跟蕭長春面對面坐著剖解東山塢的階級力量，部署他們的戰鬥計劃。她感到非常地自豪。他們開始戀愛了，**他們的戀愛是不談戀愛的戀愛**，是最崇高的戀愛。她不是以一個美貌的姑娘身分跟蕭長春談戀愛，也不是用自己的嬌柔微笑來得到蕭長春的愛情；而是以一個同志，一個革命事業的助手，在跟蕭長春共同為東山塢的社會主義事業奮鬥的同時，讓愛情的果實自然而然地生長和成熟……（黑體字為筆者所標）

　　這個莊稼地的二十二歲的大姑娘，陶醉在自豪的、崇高的初戀的幸福裡了。（第35章）

　　這「不談戀愛的戀愛」讓人匪夷所思，卻是那個時代的必然產物，符合文革前夕就已在形成中的禁欲要求，因為進入文革後，就再無任何愛情的文學描寫。這可憐的、淡淡的情思，也是經「文藝革命的旗手」江青欽定而難得地保留在文革中，因而也珍貴而濃郁。但「不談戀愛的戀愛」也符合童話的邏輯，因為「戀愛／愛情」包

含性愛，性愛便有身體的一面，而身體的「肉體性」必然破壞「神聖」。這是一種特殊時期的「發乎情止於禮」，於歷史當然十分虛假，於童話卻非常切合，它會讓少年們在自居為「蕭長春」式的政治青年的同時，更得到一個「焦淑紅」式剛毅、美麗而又不即不離的愛情報償，情思蕩漾而又美好、純淨。在少年想象的世界裡，人生就這樣而被天地加冕。

　　當然，在這人生的加冕儀式中，任何貫穿其中的意識形態都會得到認可和讚頌，歷史的錯誤及罪惡也在認可和稱頌中被掩蓋，被辯護。少年們的成長過程，就是一個自己「被吃」（所謂吞食「狼奶」）又參與「吃人」（極力認同和贊譽極左時代）的過程，幡然醒悟後也無不伴隨著憤怒的情緒，並施以激烈的譴責和批判。但這只是事物的一個方面，事物的另一個方面則是，在一個無可選擇的人生境遇中，一個完全吞吃「狼奶」而成長的少年，又是如何在「幡然醒悟」後立即產生憤怒的情緒，並具有譴責和批判能力的呢？的確，「艷陽天」下的歷史，是一個被扭曲的、畸形的歷史，但在少年主觀世界裡，也自成一個空間，一個虛構的童話空間，少年們在無意中肯定和辯護了文革罪惡的同時，也習得了童話中的「正義」原則。他當然需要一個反芻狼奶的漫長過程，但那個被習得的「正義」原則也滋養了一個孩子的心靈。因為——

　　一、一種意識形態灌輸，若不依循讀者群體／大眾既有文化想像和價值系統，便不可能成功。如文革後期的「寧要社會主義的草，不要資本主義的苗」、「寧要社會主義的低速度，不要資本主義的高速度」，便無法扎根於哪怕只是一個少年的心。而《艷陽天》（但不限於《艷陽天》）則訴諸了某些正義原則，及品性類型，如「善待每個人（當然不包括「地富反壞右」），同情弱勢者」、「講道理而不以勢壓人、以權壓人」、「承擔公共責任」、「造福鄉里」、

「愛」、「克制」等等。

二、日後在反思文革及極左時代時通常所說的「狼奶」,其實是把一種東西極端化的結果,是「彌達斯邏輯」[5]的產物。如把對領袖的敬愛,發展到「無限崇拜」、「無限信仰」的地步;如把社會主義發展到「寧要草,不要苗」、把革命發展到不要「生產」的地步;如把對少數人才掌握的「權力」的想像,發展到與普通人自己生死攸關的地步⋯⋯但歷史的辯證法也在此時啟動,在每一個偶然出現的縫隙裡,醞釀著懷疑和反思的行動(如1968年、1971年、1978年),但卻又無不肇因於這一顛倒的歷史時期中的「正義」法則,乃至承續於古老歷史中的「正義」法則。因而所謂反芻狼奶,清洗毒性,便不是哼一句「公社是棵常青藤」就證明「毒」性仍未清除,直至消滅那個時期的所有符號為止(而真正的狼奶,就是習慣於極端化和單一顏色,即「彌達斯邏輯」)。

談《艷陽天》(不限於《艷陽天》)之於一個少年人群的閱讀效果,便不能不說,這是一個奇特的、滿含悖論的道德教化和文學教育過程,可以將之命名為「奴化社會主義」教育。但在漫長的反芻之後,最終,「奴化」還回去了,「社會主義」則潛移默化於心中。後者不是以政治、經濟的教條或指標盤踞於頭腦,而是以某種

5　語出古希臘神話:佛律癸亞國王彌達斯喜歡黃金,想讓整個世界都變成黃金,後來果真獲得一個魔法:只要他看見(另一說是觸摸),什麼就會變成黃金。於是,石頭、樹木、宮殿等都金光閃閃了,連朝他跑來的女兒和餐桌上的食物也變成了黃金之人和黃金之物。他所期盼的黃金世界,終於變成了一個恐怖的世界,寓意只追求、也只要一種最好的東西,結果讓美好之物變成恐怖之物。見拙文〈走出彌達斯邏輯——關於「祛左翼化」與「歷史本質論」〉(《鄭州大學學報》2006年第1期/《新華文摘》2006年第12期)、〈告別彌達斯邏輯〉(《財新周刊》2014年第6期)。

倫理的感覺留了下來。這種感覺，相當程度正是在《艷陽天》（當
然不僅止於這一部作品）的深處被濡染的，它辯護了歷史錯誤及罪
惡，却也孕育了德性、正義感、平等意識和「從下面看」的視角……

　　但也需要指出，這只是生活在相對平穩的具體環境中、並對意
識形態深信不疑的少年們的閱讀經驗。對於不在其中、且早已深感
到受侮辱受損害的另一部分青少年，如我後來的一些同學、朋友，
是很難把自己代入蕭長春的位置上的。他們看到的只是一種虛假敘
述，一種替當下「受侮辱受損害」的那個時代的辯護。上文所說的
「辯護」，指的也是這個。

2015年3月草於彰化師範大學
2021年7月改於廣州白雲山居

張寧，廣東外語外貿大學南國商學院教授，從事魯迅與左翼文化
研究及當代思想評論，著有《內部的時空》、《無數人們與無窮遠
方：魯迅與左翼》。

文明衝突論、薩義德與中華文明主義

雷樂天

一、導論

　　在冷戰結束以來圍繞亨廷頓文明衝突論的論爭中，部分由於中文學術與伊斯蘭學術的脫節，薩義德對文明衝突論的反本質主義解構並未在中文學界得到應有重視。亨廷頓的文明衝突論將中華文明與伊斯蘭文明列為對西方文明構成挑戰的兩種文明，薩義德從伊斯蘭學術背景出發對文明衝突論的省思，尤其值得中國學者關注。

　　應當指出，薩義德在生平背景上與亨廷頓存在諸多相似之處。兩者圍繞文明衝突論的論爭，與其說是一位美國學者與一位伊斯蘭學者的對壘，不如說是美國學術體制內部兩種族裔和文化背景學者的分歧。薩義德和亨廷頓出生於20世紀20-30年代，是同時代人；都在象徵著美國上流社會的私立精英常春藤盟校任教，前者是哈佛大學政府學系政治學教授，而後者則是哥倫比亞大學英語文學教授；兩人都翻出學院高牆，活躍於美國社會的公共領域和政治話語之中。另一方面，兩者家世堪稱美國國家多元性的極端對照。亨廷頓出身於紐約市一個荷蘭裔美國家庭，是出生在美國的美國人，早年

經歷跟那些所謂「真正的」、[1]主流的、典型的美國人無異。所謂白種盎格魯—撒克遜新教徒（White Anglo-Saxon Protestants, WASP）特指壟斷美國金融、政治與慈善事業的一個占據優越地位的文化族群。在公眾用語中，這個詞也外延到非英裔的西北歐如瑞典、荷蘭在東海岸的早期殖民時期的移民。[2]亨廷頓顯然無愧於這一標籤。

　　巴勒斯坦裔美國人薩義德的美國公民權和國籍並非出身所賦予。與亨廷頓身上的某種同質性和一元性形成鮮明對照的是，薩義德的親屬、族群和文化背景與地中海東岸的後殖民政治動盪糾纏在一起。[3]薩義德的母語是阿拉伯語。在英國對巴勒斯坦地帶的殖民統治下，薩義德的家庭信仰安立甘宗，他在耶路撒冷和開羅的英語中學念書。[4]薩義德回憶起他早年在維多利亞學院埃及校區（Victoria College, Alexandria）的那段經歷：學生中沒有以英語為母語者，倒是幾乎所有人都會說阿拉伯語，但學生不說英語就會受到懲罰。[5]由於法國對黎巴嫩的殖民統治，薩義德的黎巴嫩裔母親教會了他說法

1　關於「真正的」美國人一詞所含對少數族裔的隱形偏見（implicit bias）可見K. Yogeeswaran and N. Dasgupta, "Will the 'Real' American Please Stand Up? The Effect of Implicit National Prototypes on Discriminatory Behavior and Judgments." *Personality and Social Psychology Bulletin* 36, no. 10（October 2010）: pp. 1332-1345.

2　D. Wilton, "What Do We Mean by Anglo-Saxon? Pre-Conquest to the Present." *The Journal of English and Germanic Philology* 119, no. 4（2020）: p. 425.

3　參見薩義德晚年對其童年經歷的回憶文〈處在兩個世界之間〉（Between Worlds），收錄於《思索流亡及其他散論》（*Reflections on Exile and Other Essays*）。

4　E. W. Said, *Interviews with Edward W. Said*（Oxford: University Press of Mississippi, 2004）, "Chronology," xxx.

5　E. W. Said, *Reflections on Exile and Other Essays*（Cambridge, Mass.: Harvard University Press, 2002）, p. 557.

語。薩義德父母對歐洲殖民主義的宗教、語言、文化、資本與權力的順服態度，極大地塑造了薩義德的早年經歷。如果沒有他父親作為英國巴勒斯坦託管地之本土精英的支持，薩義德無法在沒有財務負擔的情況下接受如此完備的教育。而薩義德的母親給予他「愛德華」的名字，僅僅是出於對愛德華八世[6]的膜拜。薩義德晚年從基督教轉向了不可知論，終其一生從來不是穆斯林。[7]

家世迥異的薩義德與亨廷頓在馬薩諸塞州劍橋市因緣際會。在普林斯頓獲得英語文學學士後，薩義德在1950年代來到哈佛攻讀文學碩士和博士學位。而不久之前，亨廷頓剛在此取得政治學博士學位。哈佛博士是讓薩義德和亨廷頓在後來的幾十年裡，繼續他們的學術研究和職業生涯的共同憑證。亨廷頓生前冠絕國際關係學科領域中地位最高的美國學者，作為文化評論家的薩義德也因其東方主義和後殖民研究的著作，以及對巴以衝突的評論而聞名於世。然而在象牙塔之外，兩位學術巨擘參與政治的方式截然不同。亨廷頓曾擔任卡特政府國家安全委員會的白宮安全規劃協調員，並在種族隔離時代的南非擔任波塔（P. W. Botha）政府的安全部門顧問。亨廷頓的職業生涯與美國的內政外交政策密切相關。薩義德不僅從未為任何官方的政治機構服務，而且是一位直言不諱的巴勒斯坦人返回權（right to return）倡導者，甚至還曾親自向黎巴嫩南部一個廢棄瞭望塔的以色列國防軍哨所投擲鵝卵石。[8]

---

6 薩義德出生的1935年還是「愛德華王子」。

7 E. W. Said, *Interviews with Edward W. Said*, p. 19.

8 事發於2000年7月3日，被法新社、黎巴嫩報紙《賽菲爾》（*As-Safir*）等國際媒體拍攝報導後，薩義德解釋沒有瞄準任何人，只是為了表達對以色列占領終於結束的喜悅。

二、亨廷頓論歷史的終結與文明的衝突

1992年，亨廷頓在美國著名保守派智庫美國企業研究所發表演講。翌年，其內容以〈文明的衝突？〉為題刊於《外交事務》[9]，是為對他從前的學生福山1992年巨著《歷史的終結和最後的人》的回應。福山的論點是，隨著冷戰結束，人類歷史行將結束，世界盡頭是市場經濟和自由民主的結合體。唯一剩下的就是時間：其他所有國家都終將遵循美國的生活方式。福山甚至「能感受到自己和周邊的人對曾經存在過的歷史抱有強烈的懷舊情緒。」[10]亨廷頓批評福山過於樂觀，以至於忽略了文明之間的本質差異，警示文明衝突的可能性。亨廷頓的文明衝突論在1996年出版的《文明的衝突和世界秩序的重建》中又得到了進一步擴展。[11]

亨廷頓預言，人類的文化和宗教身分認同將成為冷戰後世界衝突的主要根源。在此之前，現代世界衝突的意識形態根源都內在於西方文明之中，即「西方文明之內的衝突」：三十年戰爭時期宗教與世俗之爭、法國大革命所代表的專制與共和之爭、維也納體系下的封建帝國與民族國家之爭、冷戰期間的資本主義與共產主義之爭，其中對立的思想和制度都內生於西方自身。冷戰後，衝突首次擴展

9 S. P. Huntington, "The Clash of Civilizations?" *Foreign Affairs*, Vol. 72, No. 3（Summer, 1993），pp. 22-49.

10 F. Fukuyama, "The End of History?" *The National Interest*, no. 16（1989）: p. 18.

11 S. P. Huntington, *The Clash of Civilizations and the Remaking of World Order*（New York: Simon & Schuster, 1996）.中譯本：塞繆爾·亨廷頓《文明的衝突與世界秩序的重建》，周琪、劉緋、張立平、王圓等譯（北京：新華出版社，2002年1月）。

到了西方文明以外，形成「不同文明之間的衝突」。亨廷頓承認，冷戰的結束確實標誌著走向一種人類世界普遍性的一座里程碑，但這並不意味著永久和平和世界政府的降臨。更確切的說，冷戰的結束僅在「西方文明」內、而非如福山聲稱的在「世界範圍」內，建立了對「美國生活方式」的共識。

　　毫無疑問，亨廷頓理論中的關鍵概念是「文明」。但由於他從未明確定義過這個概念，這也成為其「阿克琉斯之踵」。如果能夠解構「文明」概念的方法論或價值論的合法性，就能說明所謂的「文明衝突論」無甚新意。畢竟，人類社會中，民族國家、國家聯盟、軍事同盟等之間發生「衝突」的潛在風險永遠不會被消除的審慎態度，只是既有的國際關係現實主義基本立場，[12]而非亨廷頓的發明。

　　在「文明」概念意涵未明的情況下，亨廷頓在《文明的衝突與世界秩序的重建》中對世界上各種文明進行了一項直觀的分類，提出八種「主要的」文明和一種「潛在的」文明，即非洲文明。其中兩種文明，即中華（Sinic）文明和伊斯蘭文明，在亨廷頓看來，是對於西方文明而言「具有挑戰性的」文明。

　　亨廷頓繪製的這幅世界文明地圖，引發了關於其對文明的定義的諸多疑問。如果將「西方文明」定義為自由民主以及其必要條件如政治多元主義、法治與私有制等，亨廷頓似乎在此著於1996年出版時，就已經含蓄地暗示且成功地預言了俄羅斯、白俄羅斯、烏克蘭等東斯拉夫國家的政治轉型試驗[13]注定要以失敗告終，因為它們屬於跟西方文明不兼容的「東正教文明」。相應地，波羅的海三國

---

12 Robert E. Goodin, *The Oxford Handbook of International Relations* （Oxford: Oxford University Press, 2010），pp. 132-133.

13 如葉利欽總統第一任期（1991-1996）和舒什克維奇（С. С. Шушкевіч）主席任期（1991-1994）。

和維謝格拉德四國[14]屬於「西方文明」，其新生的民主政體必將長
存。但這種民主與西方相關聯的邏輯卻不適用於同樣被亨廷頓劃歸
「東正教文明」的希臘。希臘的戰後工業獨裁和1970年代中期的民
主化都是在冷戰結束之前完成的。民主與「文明」類型的相關性和
民主與社會經濟發展水平的相關性哪個更高，就成為了一個問題。
鑑於波蘭自 2015 年以來和匈牙利自 2010 年以來的民主倒退，[15]亨
廷頓賦予兩國的「西方文明」身分似乎無法支撐作為一種相當晚近
的現代制度的民主。

　　而如果將文明與獨特的文化要素如語言、宗教、禮俗等聯繫起
來，亨廷頓在書中將「日本文明」列為一種與西方文明、東正教文
明、中華文明並列的文明就頗為費解，但與1990年代初期日本的國
際經濟地位相匹配。不得而知的是，在日本例外論的神話破滅後，
亨廷頓是否還會堅持其原有主張。亨廷頓的「文明」概念似乎與社
會生產力水平相關聯，但後者是一個隨著時間推移變動不居的因
素，無法與固定的、本質主義的「文明」相容。

　　亨廷頓在著作中承認文明之間的界線具有模糊性。例如，哈薩
克斯坦被歸類為東正教文明，但即使是在1990年代初期哈薩克斯坦
的俄羅斯族也並非絕對多數。如果說東正教在哈薩克斯坦的文化主
體地位是以「主宰」的形式確立的，種族隔離結束前的南非就應被
歸類為西方文明。獨立後的撒哈拉以南非洲，幾乎都被英語—英國

14　波羅的海諸國（Baltic states）指愛沙尼亞、拉脫維亞和立陶宛；維
　　謝格拉德集團（Visegrád Group）指捷克、斯洛伐克、波蘭和匈牙
　　利。

15　參見James Dawson and Seán Hanley, "What's Wrong with East-Central
　　Europe? The Fading Mirage of the 'Liberal Consensus'." *Journal of
　　Democracy* 27, no. 1（2016）: pp. 20-34.

國教和法語—天主教屬性的本土精英統治，是否也歸屬「西方」文明？菲律賓被亨廷頓歸類為「半西方文明」也體現出這種兩難：文化多樣性使得對「文明」的指認走向折衷主義。

亨廷頓的研究背後的主要方法預設是，主權國家的文化可以概括為單一的一種。這種文化通常是政治經濟上占據支配性的，但不一定占人口多數。例如，美國國內雖然存在極其顯在的非洲裔和拉丁裔元素，但仍被描述為「西方」文明，絕非拉美文明或非洲文明。實際上，在2004年出版的《誰是美國人？》中，亨廷頓進一步主張，要防範美國國家的「西方」身分認同隨著未來人口發展趨勢出現褪色和淡化，即白人比例愈低而有色人種比例愈高。[16]

亨廷頓在著作中在外交政策方面給出的規範性建議則是「非西方」世界與西方有著本質區別，西方應避免落入國際關係自由主義的理想主義陷阱，應以實力政治（Realpolitik）和政治現實主義跟非西方打交道。在亨廷頓看來，只有尊重非西方世界堅守其傳統的權利，才能騰出手來做好自己的事情，以保存西方文明的實力地位。如果誤以為其他文明都會接受美國價值，在世界範圍內強行推廣美國生活方式，最終會徒勞無功乃至適得其反，利益受損的會是西方自身，而這也是咎由自取。這一論點早在亨廷頓於1957年發表的〈作為一種意識形態的保守主義〉一文中就可初見端倪：「最需要的不是創造更多的自由主義制度，而是成功地捍衛那些既已存在者。」[17]在其1968年出版的《變化社會中的政治秩序》中關於後發現代化國家政治秩序重要性的觀點中，也可以找到線索。

16　S. P. Huntington, *Who Are We: The Challenges to America's National Identity*（New York: Simon & Schuster, 2004）.

17　S. P. Huntington, "Conservatism as an Ideology," *The American Political Science Review* 51, no. 2（1957）: p. 472.

三、薩義德對文明衝突論的批判及其「無知衝突論」

薩義德的文章〈無知的衝突〉於2001年10月發表在美國自由派
雜誌《國家》（*The Nation*）上。[18]當年九一一事件被美國國內輿論
普遍認為驗證了亨廷頓的文明衝突論。早在1996年《文明的衝突與
世界秩序的重建》出版當年，薩義德就在馬薩諸塞大學阿默斯特分
校作過一場批判文明衝突論的講座，題為〈文明衝突論的神話〉。[19]
講座抄本篇幅和分析更為詳盡，惟不及面向普羅大眾的〈無知的衝
突〉傳閱之廣。

薩義德對文明衝突論之批判在英語學界並不孤單。森認為，文
明衝突論具有非歷史主義特徵，西方文明與民主之聯繫完全站不住
腳，「民主實踐在現代西方取得勝利很大程度上是由於自啟蒙運動
和工業革命以來、特別是上個世紀出現的思想共識。宣稱西方幾千
年來對民主的歷史承諾，然後將這種承諾與非西方傳統——將每個
都視為整體——進行對比，會是一個巨大的錯誤。」[20]而喬姆斯基
則認為，文明衝突論恐怕是發動「新冷戰」的藉口。[21]薩義德的獨

---

18 E. W. Said, "The Clash of Ignorance." *The Nation*, New York: Oct 273,
    no. 12（2001）.後作為章節收錄於*Geopolitics*（Routledge, 2014）, pp.
    191-194.該文已有多種中譯版，如閻紀宇，《經濟管理文摘》2001
    年第21期和劉耀輝，《國外理論動態》2002年第12期等。

19 E. W. Said, "The Myth of the Clash of Civilizations." Media Education
    Foundation, 2002.

20 A. Sen, "Democracy as a Universal Value." *Journal of Democracy* 10,
    no. 3（1999）: p. 16.

21 N. Chomsky, "Militarism, Democracy and People's Right to
    Information." Lecture at the National Campaign for the People's Right

到之處在於質疑亨廷頓的文明概念，追溯這種西方學術體系中的「文明類型學（typology）」的譜系，進而發現掩蓋在知識話語背後的權力，才是文明衝突論得以在媒體上大行其道的幕後推手。

薩義德指出，亨廷頓關於伊斯蘭的文明類型學非其本人原創，而是承襲自「一位老牌東方主義者」、專治伊斯蘭研究的猶太裔美國歷史學家劉易斯（B. Lewis）。劉易斯文章〈穆斯林憤怒的根源〉認為，伊斯蘭世界的反西方情緒（anti-Western sentiment）是雙重的，一是中世紀宗教聖戰的延續，二是對世俗主義的抵制。[22]兩者的結合就構成一種文明間的衝突。

如果將這種衝突理解為「伊斯蘭文明」與「西方文明」的衝突，那麼後者顯然蘊含了自相矛盾的兩重意義，聖戰的對象是宗教、前現代的，而現代世俗主義恰恰是反宗教的。這兩種維度不能也不應被混淆。比爾格拉米指出，無論是在西方還是伊斯蘭世界，「在很長一段時間內，我們幾乎不可能在世界任何地方擁有真正的世俗社會」，因為世俗性主要是「程度」而非「有無」問題，在穆斯林保持對伊斯蘭教的虔信同時，「他們也有很大的空間來獲得越來越多的世俗主義」。[23]如此看來，文明「內」的衝突，如不同代際間價值觀的差異，而非文明「間」的衝突，才是矛盾根源。

薩義德質疑文化本質是否存在，認為「亨廷頓稱之為文明的東西」是一個「語義模糊的概念」，亨廷頓的文明類型學以及「七八

（續）──────────────
　　　to Information 5（2001）.

22　B. Lewis, "The Roots of Muslim Rage." *The Atlantic Monthly* 266, no. 3（1990）: pp. 47-60.

23　Akeel Bilgrami, "The Clash Within Civilizations," *Daedalus* 132, no. 3（2003）: 88-93.

個[24]主要文明之間的相互作用」，反映了一個「卡通般的世界」，
可見亨廷頓對「每個文明內部的動態（dynamics）和多元性」[25]的
無知。雖然薩義德沒有提及自己，但他本人顯然就正是這種多元性
在美國的絕佳註腳。亨廷頓的論述實際上逾越了未經審視的、對特
定文化的定義疑難。人類似乎生來有種傾向，通過貼標籤或者扣帽
子來理解無序的、複雜的現實，但這個無序而又複雜的現實，卻不
能被輕易地裝進一些預設好的筐子裡。薩義德指出，「像『伊斯蘭』
和『西方』這樣的標籤只會讓我們對無序的現實感到更加困惑」。[26]
關於何謂「伊斯蘭文明」、何謂「西方文明」的問題，早在《東方
主義》中，薩義德就寫道，所謂的「西方文明」，在很大程度上「是
一種意識形態的虛構，暗示著一種超然的優越感和一小撮價值與觀
念，這些價值和觀念，脫離了……征服、移民、旅行、混居的歷史
以外就沒有任何意義。」[27]〈無知的衝突〉對「文明衝突論」所作
的批判，只是1978年就橫空出世的東方主義批判範式下的一個實例。

對於「什麼是西方」的難解性，薩義德有過親身體會。1994年
他在約旦河西岸地區某所大學的一次演講後，一名男子突然站起來
開始攻擊薩義德，說他兜售販賣「西方」思想──即跟這名男子的
正統伊斯蘭教義有任何離經叛道之處。薩義德腦海中旋即浮現的念
頭是：這名男子為什麼穿西裝、打領帶，難道這些不也都是「西方
的」嗎？可見，即使是那些自稱的「敵西方者」，也根本並不真正
了解「西方」代表什麼以及他們到底反對什麼。如果連反對的對象
這一理性認知的前提都不清不楚，敵意和仇恨只能歸結為非理性的

24　原文如此；亨廷頓提出了八種或九種文明。

25　薩義德，〈無知的衝突〉，載《國家》。

26　同上。

27　E. W. Said, *Orientalism*（New York: Vintage, 1994），p. 347.

狂熱。

　　反過來，在西方，代表「西方」（或被「西方」代表）的「西方人」，也不明白他們代表的是什麼，伊斯蘭恐懼症者（Islamophobic）也不知道他們恐懼的是什麼。九一一事件被廣泛描述為伊斯蘭—西方之間的對立，時任意大利總理貝盧斯科尼（S. Berlusconi）認為這起恐怖襲擊說明伊斯蘭無法成為現代性的一部分。薩義德對此回應道，參與襲擊的恐怖分子對飛行和撞擊的技術細節掌握得一清二楚，這些技術並不是「伊斯蘭」的產物，而是西方的現代文明的產物。真正的對立不存在於所謂伊斯蘭和西方之間，而存在於暴力與和平、野蠻與文明、迷信與啟蒙之間。在更深層次上，自殺式襲擊被用作一把無能為力者的寶劍，反映的是現代性中的文明等級制和權力分配的結構性失衡。

　　在薩義德看來，「西方」和「伊斯蘭」都是泛化概念，由媒體等社會化機構構建，未經推敲又具有誤導性。這些充滿爭議性的本質主義文化概念例如「西方文明」，並非自在即自明。這些概念在公共領域的存在，也不是既定而不可置疑的。文明衝突論引發的軒然大波是由於媒體和政治議程而不是學術界，是由權力而非理性驅動的。因此，文明衝突論只會「強化防衛性的自大感，而不會助益於對我們這個時代令人困惑的相互依存的批判性理解」。[28]

　　薩義德在〈無知的衝突〉結尾處，提出了自己關於文化差異與共生的主張：與其像炮製文明衝突論那樣，人為地在人類與人類之間樹立起更多藩籬和隔閡，不如「從有權（powerful）和無權（powerless）的社群、理性和無知的世俗政治，以及正義和非正義

28　薩義德，〈無知的衝突〉，載《國家》。

的普遍原則方面進行思考」。[29]薩義德所描繪的，是一幅世俗理性
而非狂熱無知、普世正義而非單邊強權、關懷弱勢而非叢林法則的
願景，與文明衝突論所暗示的那種充斥著提防意識的世界觀形成鮮
明對照。

四、中華文明主義

　　亨廷頓和薩義德之間方法論和意識形態上的雙重分歧，折射出
雙重疑難。第一個疑難涉及本體論和方法論方面。本體論意義上的
「他們」——無論是相對於誰，無論是非西方、非伊斯蘭或者非中
華——或自洽的文明或文化他者（the Other）是否存在？如果不存
在「他們」，就難以定義「我們」。這正是亨廷頓2004年《誰是美
國人》一著標題中的疑問——「我們是誰」（Who Are We）？政治
學等實證性社會科學和文化研究等理解性人文學科對此可能有截然
相反的答案。在以自然為客體的知識探究中，脫離了定義和分類這
兩種基本方法，知識生產幾乎是不可能的。但是當涉及到與人有關
的問題時，這種適用於自然的定義和分類又似乎不可避免地造成對
人的客體化和對文化的簡化。這種對立既是文化本質主義與文化相
對主義之爭的回音，也是個體偶然性與整全普遍性之矛盾。薩義德
對文明衝突論之批判的工具是反文化本質主義。正是他對文化本質
主義的拒斥，使得他對文明衝突論的批判成為一種對文化和文明概
念、敘事和話語的解構。

　　第二個疑難涉及價值論、規範和道德方面，即假如「他們」是
確實存在的，那麼應該如何對待「他們」的問題。一系列針鋒相對

---

29 同上。

的主張應運而生：是恪守威斯特伐利亞式現代民族國家，還是走向一種「後（post）現代」或「超越（beyond）現代性」的文化多元主義國家？是以「文明」為旗幟參與某種單一文化的國家聯盟或樹立一種獨一無二的「文明型國家」，[30]還是融入一種跨文明、跨文化的普世共同體？自冷戰結束以來，這些問題並未隨著思想界的論爭而解決，反而愈加深刻地持續影響著當代世界的地緣政治生態，不僅在理論上值得中華文明——亨廷頓所列另一「具有挑戰性的」文明——深思，事實上也引發了一股中華文明主義的思潮。

　　近年來，文明主義（civilizationism）成為國際關係中的一門顯學。文明主義被視為後冷戰時代針對自由主義國際秩序及全球化霸權的意識形態反應，通過強調文明自身所具有的獨特歸屬感和價值體系，抵制關於文明的自由主義標準。[31]在關於文明的自由主義標準中，反自由主義被視為不文明的，而文明主義創造出獨立於自由主義的價值判斷標準，將自身放置在自身文明的框架內進行評價，通過相對主義消解自由主義霸權。典型的文明主義的案例包括美國總統特朗普和匈牙利總理歐爾班（V. Orbán）對猶太—基督教西方的捍衛、伊朗總統哈塔米（M. Khatami）和土耳其總統埃爾多安（R. T. Erdoğan）對伊斯蘭世界的理解、俄國總統普京及瓦爾代俱樂部對歐亞文明的定義、[32]印度總理莫迪的印度教文明主義[33]以及中國思

30　參閱甘陽，〈導論：從「民族—國家」走向「文明—國家」〉，《文明‧國家‧大學》（北京：生活‧讀書‧新知三聯書店，2012年1月）。

31　Bettiza, Gregorio, Derek Bolton, and David Lewis. "Civilizationism and the Ideological Contestation of the Liberal International Order." *International Studies Review* 25, no. 2（2023）: 1-2.

32　Turoma, Sanna, and Kåre Johan Mjør. "Introduction: Russian Civilizationism in a Global Perspective." In *Russia as Civilization*, pp.

想界關於中國作為「文明─國家」的一系列主張。[34]中華人民共和國主席習近平於2023年提出的全球文明倡議（Global Civilization Initiative）[35]也應歸入此類。

　　早在2004年，當代中國保守主義巨擘甘陽就開中華文明主義先河，主張以「文明─國家」替代「民族─國家」來定位21世紀的中國，預料到土耳其「自宮式現代化」和俄羅斯「文明換種」的西化努力都將注定失敗、適得其反，給予亨廷頓文明衝突論以極高評價。[36]甘陽相信中國的出路是「現代化但不是西方化」，[37]與2021年習近平在中國共產黨成立100週年講話中提出的「中國式現代化」[38]如出一轍。在甘陽看來，近代中國精英建立民族國家的努力正是與「中華文明」決裂的過程，這種民族主義與傳統文化存在尖銳的對立關係，即只有拒斥傳統、放棄「天下」，才能保種保國。如今，中國要做的恰恰是反其道而行之，回歸梁啟超當年堅持的「大中華文明─國家」。[39]

（續）─────────────

　　　1-26. Routledge, 2020.

33　Saleem, Raja M. Ali. "Hindu Civilizationism: Make India Great Again." *Religions* 14, no. 3（2023）: 338.

34　Bettiza, Gregorio, Derek Bolton, and David Lewis. "Civilizationism and the Ideological Contestation of the Liberal International Order," 3.

35　習近平，《攜手同行現代化之路：在中國共產黨與世界政黨高層對話會上的主旨講話》（北京：人民出版社，2023年3月）。

36　甘陽，〈從「民族─國家」走向「文明─國家」〉，《書城》2004年第2期，頁35-40。

37　同上，頁40。

38　「中國式現代化」這一術語首次提出於習近平《在慶祝中國共產黨成立100週年大會上的講話》（2021年7月1日）。習近平在《正確理解和大力推進中國式現代化》（2023年2月7日）進一步闡明：中國式現代化，打破了「現代化=西方化」的迷思。

39　甘陽，〈從「民族─國家」走向「文明─國家」〉，頁35-36。

　　正是文明衝突論打破了1980年代中國思想界流行的普世主義幻覺。無獨有偶，亨廷頓文明衝突論也是趙汀陽「天下體系」[40]的源頭，在此之前他一直信奉康德式「永久和平論」。[41]以批判「西方民主」、主張「政治學本土化」著稱的王紹光在1990年代就直言：「亨廷頓把話說得這麼明白，如果我們硬要脫離『黃土地』，擁抱『藍色的海洋文化』就顯得自作多情、太不自重了。」[42]對中華文明主義更晚近也更為普及的表述則是雅克（Martin Jacques）和張維為所謂「文明型國家」。[43]

　　在對自由主義霸權的批評中，不僅有亨廷頓「普世主義必然導致帝國主義」[44]的保守主義主張，還有反對帝國主義的激進普世主義主張。後者之所以反對西方，恰恰在於西方之為西方而非普世的獨特要素，例如亨廷頓所總結的古典遺產、西方基督教和歐洲語言。[45]這種激進普世主義在西方和非西方世界的擁躉主張的是擯棄西方之為西方的文明主義「文明」，擁抱自由主義一類普世文明。照此邏輯，美國不應是亨廷頓式的西方的美國，而是薩義德式的世界的

40　趙汀陽，《天下體系：世界制度哲學導論》（南京：江蘇教育出版社，2005年4月）。

41　段丹潔，〈一位哲學的勞動者——訪中國社會科學院學部委員、哲學研究所研究員趙汀陽〉，《中國社會科學報》，2021年11月1日。

42　王紹光，〈「接軌」還是「拿來」：政治學本土化的思考〉，收錄於《左腦的思考》（天津：天津人民出版社，2002年1月），頁103-104，原文為1999年馬里蘭大學一場學術會議論文。

43　參見張維為，《中國震撼：一個「文明型國家」的崛起》（上海：上海人民出版社，2011年1月）；Martin Jacques, "China Is a Civilization State." *The Economic Times*, 19th July 2012.

44　Huntington, Samuel P. "The West Unique, not Universal." *Foreign Affairs*, vol. 75, no. 6（1996）: 41.

45　Ibid., 30-31.

美國；世界不應被文明割裂開來，而應共享普世價值。雖然這種激
進普世主義以反帝國主義為旗號，其普世本質跟帝國擴張一脈相
承，都是文明主義之敵。

五、結語

　　這場圍繞文化的本質主義與建構主義之爭，可以在亨廷頓和薩
義德各自的學科視域和範式中得到理解。作為政治科學家的亨廷
頓，運用他一以貫之的國際關係現實主義方法，在工具層面以實證
方式感知文化認同，旨在為美國外交、安全、地緣政治及國際事務
等方面提供參考意見，服務於公共政策的科學制定。而作為文化批
評家的薩義德所採取的方法更多地與為人文學科，尤其是文化研
究、文學理論、人文地理學、後殖民研究、族群研究等學科接納。
與亨廷頓的實證主義分析相對，薩義德從後實證主義的角度質疑「西
方文明是由……組成」（如：「從柏拉圖到北約」的「道統」[46]）
這種後設（meta）敘事的可能性和合法性，從本體論層面解構「文
明」概念。其貢獻在於挑戰作為「單一（monolithic）實體」的文明
概念，強調文明間互動的影響，消解「自我」（self）與「他者」（other）
相互對立、「非我族類、其心必異」的觀念。[47]

46　美國高校中關於西方文明與經典著作（Great Books）的必修課程，
　　是思想政治教育社會化的形式，樹立青年一種固定的、西方或歐洲
　　傳統主導的美國國家文化認同，盛行時20世紀70年代以前，如今已
　　式微，參見S. Harten, "Reviewed Work: *From Plato to NATO: The Idea
　　of the West and Its Opponents* by David Gress." *Journal of World
　　History* 11, no. 2（2000）: p. 364.
47　K. H. Karim and M. Eid, "Clash of Ignorance." *Global Media Journal* 5,
　　no. 1（2012）: p. 7.

　　兩者的分歧無疑也是意識形態的。並非所有人文學者都站在薩義德一邊，啟迪了亨廷頓的劉易斯即為一例。亨廷頓的文明衝突論體現出他一貫的保守主義立場，無論是在《變化社會中的政治秩序》（1968）[48]中稱種族隔離時代的南非社會令人滿意（satisfied）、《民主的危機》（1976）[49]中稱西方民主國家面臨「民主過剩」、需要民主節制，還是在《誰是美國人？》（2004）中提出警惕美國的「拉美化」，都體現得淋漓盡致。秩序優先政體、統一勝過多元是亨廷頓政治學的核心要義。甘陽評論道：《文明的衝突與世界秩序的重建》「正是從西方保守派的視野出發，駁斥西方自由派和左派學界的種種『西方化普世文明』幻覺」。[50]而無論是在《東方主義》（1978）、[51]《巴勒斯坦問題》（1979）[52]還是在《報導伊斯蘭》（1981）[53]等一系列著作中，薩義德對美國主流學術和媒體的話語和敘事都秉持一貫的批判立場，以人文主義精神倡導構建更具包容性的社群。[54]從後殖民主義的視角來看，薩義德的著作「揭示了知識生產中象徵性

48　S. P. Huntington, *Political Order in Changing Societies*（New Haven: Yale University Press, 1968）.

49　中譯本：《民主的危機：就民主國家的統治能力寫給三邊委員會的報告》，馬殿軍、黃素娟、鄧梅等譯（北京：求實出版社，1989年4月）。

50　甘陽，〈導論：從「民族—國家」走向「文明—國家」〉，《文明·國家·大學》頁12。

51　又譯作《東方學》，已有多種中文版本（王宇根、王志弘、馬雪峰等）。

52　E. W. Said, *The Question of Palestine*（New York: Times Books, 1979）.

53　中譯本：《報導伊斯蘭：媒體與專家如何決定我們觀看世界其他地方的方式》，閻紀宇譯（上海：上海譯文出版社，2009年5月）。

54　參閱《人文主義與民主批評》（2004），其中薩義德闡述了對知識分子之公共責任的看法，認為一種旨在推動融合、解放和啟蒙的更民主的人文主義是可能的。

暴力的本質主義和認知維度」，[55]對文化本質主義的解構也即成為
「知識之暴力」的抵消。

　　然而，薩義德對亨廷頓的詰難也存在方法論上的局限。正如羅
秉祥從美國神學家尼布爾（R. Niebuhr）之「務實論」或現實主義立
場出發所作的一番評論：「薩義德個人兼具巴勒斯坦人、基督徒、[56]
西方文學研究者、及美國公民這多重身分，他本人就是多元文化大
熔爐。世界的諸文明是否如他本人一樣，是兼容並蓄的大熔爐，則
甚值得商榷。」[57]實際上，薩義德極其獨特的身分多重性，儘管能
夠證明對文化的概括或一般化（generalization）存在以普遍壓倒特
殊、或曰過度簡化的弊病，但另一方面，也顯然不能以特殊替代普
遍，無視主體文化和主體民族在民族國家的普遍存在。在極端的情
況下，任何關於伊斯蘭或任何一種特殊文明或文化之本質的思與
言，都會面臨一系列嚴重指控：「種族主義、帝國主義、固執己見、
無知、傲慢……方法論上的天真、柏拉圖主義關於精神與實在的混
亂」[58]等。亨廷頓的本質主義方法取向值得商榷，但不代表宣稱文
明不存在或世界上只有一種「人類文明」更符合實際情況。大規模
的調研數據證實亨廷頓關於文化具有傳承性和固定性的本質主義論

55　Jeffrey Guhin and Jonathan Wyrtzen, "The Violences of Knowledge:
　　Edward Said, Sociology, and Post-orientalist Reflexivity," *Postcolonial
　　Sociology*（Emerald Group Publishing Limited, 2013）, p. 232.

56　原文如此；薩義德晚年轉向不可知論。

57　羅秉祥，〈文明的衝突，或無知的衝突？一個基督教務實論的評
　　論〉，載《基督宗教研究》第七輯（北京：宗教文化出版社，2004），
　　頁33。

58　Irfan Khawaja, "Essentialism, Consistency and Islam: A Critique of
　　Edward Said's *Orientalism*," *Israel Affairs* 13, no. 4（2007）: p. 690.

點，宗教遺產在當代社會的價值觀中留有獨特印記。[59]

　　在這場論爭的中國迴響中，同情亨廷頓的文明主義儼然占據上風。反對文化本質主義，可能走向文化虛無主義。即便虛無主義並無價值層面上的先驗缺陷，其在現實中的影響也不可忽視。薩義德提出知識分子必須擺脫「民族國家和國族文化施加的集體重負」，[60]但沒有提出「如何擺脫」的可行方案。薩義德對文明衝突論的批判「都是可貴的先知道德批判，但卻不能落實為國際政治政策。」[61]實際上，就國內政策而言，薩義德的理念也難以實踐。加拿大等移民國家的文化多元主義實踐[62]誠然方興未艾，但完全融解現存的主體文化及民族於某種難以分辨出特性的多元文化及族群也有待時日，遑論占人口絕大多數的世界其他地區。適用於國內政治的多元主義尚且如此，世界政治中的普世主義更難以為繼。如果強行實施，甚或適得其反。支持普世價值的中國自由主義者則以「新天下主義」、[63]「新世界主義」、[64]「文化無高下，制度有優劣」、[65]「共同追求」

59　Ronald Inglehart and Pippa Norris. "The True Clash of Civilizations," *Foreign Policy*（2003）: 63-70.

60　E. W. Said, *The World, the Text, and the Critic*（Cambridge: Harvard University Press, 1983）, p. 14.

61　羅秉祥，《文明的衝突，或無知的衝突？一個基督教務實論的評論》，頁33。

62　例如加拿大的英、法雙語政策，美國民主黨亦有英、西雙語的政策主張。

63　參見許紀霖，〈新天下主義：對民族主義與傳統天下主義的雙重超越〉，《探索與爭鳴》2016年5期，頁62；〈新天下主義：重建中國的內外秩序〉，《知識分子論叢》第13輯（上海：上海人民出版社，2015年），頁3-25；〈特殊的文化，還是新天下主義？〉，《文化縱橫》2012年第2期，頁20-23。

64　劉擎，〈重建全球想像：從「天下」理想走向新世界主義〉，《學術月刊》2015年第8期，頁5-15。

⁶⁶等等予以回應，不一而足。從晚清以降的中國思想史上看，這不

啻為反復浮現的中西文化論爭之最新一幕。

雷樂天，政治學者，研究方向為思想史、政治理論等，近作有〈揚·
帕托契卡《歷史哲學的異端論考》中的存在主義〉（《外國哲學》）。

（續）————————————

  65　秦暉、韓德強，〈關於中西文化制度比較的對話〉，《社會科學論
　　　壇》2006年第8期， 頁82-118+2。

  66　溫家寶，〈關於社會主義初級階段的歷史任務和我國對外政策的幾
　　　個問題〉，新華社，2007年2月26日。「科學、民主、法制、自由、
　　　人權，並非資本主義所獨有，而是人類在漫長的歷史進程中共同追
　　　求的價值觀和共同創造的文明成果。」

激進理論的「革命中國」問題：
劉康對齊澤克、巴迪歐

劉 欣

　　齊澤克（Slavoj Žižek）在中國被視為一個精通黑格爾、拉康理論的「後馬克思主義者」，大量的中國研究者試圖解釋他的概念、觀點或體系，卻對齊澤克的「中國問題」默契地保持沉默。實際上，作為左翼思想的試金石，「革命中國」的評估問題決定著一種當代激進理論的效力，也決定了它在中國的準入度。2021年10月，南京大學馬克思主義社會理論研究中心喊停了原定於29至31日召開的「齊澤克哲學思想學術研討會」。原因是齊澤克的發言稿經審查有多處關於中國的「不妥」言論，研討會如召開將禁止齊澤克本人發言。也許是考慮到舉辦一場齊澤克被禁言的齊澤克研討會過於荒誕，主辦方以「COVID-19防控」、「與會專家行程調整」為由將其取消。[1]相比之下，巴迪歐（Alain Badiou）對中國革命的「忠誠」，讓他「安全」得多。

　　這段當代歐洲激進理論與中國的接觸史頗具徵候意味，對它的再考察將有可能揭示「中國」在西方理論中的位置，進而有機會反

1　〈左翼學者齊澤克發言稿妄議中共領導人，南大「齊澤克哲學思想研討會」將其「禁言」後取消〉，見https://bowenpress.com/news/bowen_328728.html（2021.10.30）。

思激進理論本身的操演方式。實際上，基於中國問題的深度對話已
在華裔學者劉康（Liu Kang）與齊澤克、巴迪歐之間展開。這場圍
繞「革命中國」問題的短兵相接發生於*Positions*雜誌2011年冬季特
輯「中國視野中的齊澤克與齊澤克眼中的中國」，由華裔學者呂彤
鄰（Tonglin Lu）擔任專輯的特邀編輯。齊澤克本人提交了兩篇專論
中國的文章，劉康開始是擔任齊澤克論文的外審專家，後在主編Tani
Barlow的建議下擴展為長篇評論，此即專輯開篇的〈詩化革命：齊
澤克對毛與中國的誤讀〉。劉康在文章中質疑齊澤克是在誤讀毛澤
東與中國的基礎上，自造出「詩化」（poeticizing）的、意在戲仿和
嘲弄的「革命」。該文的批評對象延伸到齊澤克的戰友巴迪歐。齊
澤克本人讀後罕見地撰文回應，澄清並捍衛自己和巴迪歐的立場，
此即專輯的第二篇論文〈回應：當惡在惡的廢墟上舞蹈時該當如
何〉。加上北京學者張頤武（Zhang Yiwu）、香港學者羅貴祥
（Kwai-Cheung Lo）對齊澤克理論「中國問題」的反思，該特輯集
中展現了國際左翼知識分子的分歧，甚至是中西間革命經驗的不可
溝通性。論爭透露出歐洲左翼和華裔學者的政治無意識，深入檢討
他們的言說有助於我們理解當代激進理論的「革命中國」論述，從
而理性地分辨今日中國的複雜性。

革命的恐怖、失敗及其傳統

論爭的觸發點是齊澤克在〈革命的恐怖：從羅伯斯比爾到毛澤
東〉[2]和〈中國三箋：過去與現在〉兩篇文章對「革命中國」的圖解。

---

2 該文的一個較早的版本收錄於齊澤克的專著《保衛逝去的原因》
（Slavoj Žižek, *In Defense of Lost Causes*, London and New York:

齊澤克嘗試在革命的總體歷史中錨定中國革命的指導思想（毛主義）
及其實踐（文化大革命）的位置。他將文化革命的失敗歸咎於毛澤
東的矛盾論，中國革命被他視為革命失敗史上的一環，又在鄧小平
修正主義的經濟改革中再失敗一次。劉康認為齊澤克的中國論述建
立在抽象的、斷章取義的概括和猜測之上，暴露其對中國複雜性的
一無所知：「他沒有從馬克思主義或後馬克思主義的角度為我們提
供將西方批評理論與中國理論和實踐相結合的見解。」[3]劉康將齊澤
克測繪的革命圖像視為「詩化」革命，「詩化」體現的是齊澤克視
差理論的相對主義和虛無主義，作為一種充滿個人風格的文藝解讀
法似乎無可指摘，但問題是我們現在面對的是歷史，即一個已經不
可避免地發生，且又不可重複的事件。齊澤克和巴迪歐的「詩化」
雖然不同，卻都是歐洲左翼在後革命時代的「情動」和「症狀」：
他們在承認革命的普遍失敗後絕望地尋找責任主體，同時象徵性地
希望找到「病源」，然後將一切歸零、重新開始。當這種憂鬱症和
精神分裂症併發時，嚴肅地解釋中國革命乃至一切革命都變得不再
可能，理解當代中國的視窗也一同被關閉。「詩化」在劉康看來實
際上是抽空歷史意義的妖魔化，這種帶有偏見的理論操作（「詩意
的誤讀」）就是齊澤克所能給出的唯一「行動」，一種顯然尚未能
與實踐相結合的、抽象的「理論」或「哲學」。

　　劉康指認齊澤克的意識形態偏向不斷在理論的話語中自我繁
殖，卻時刻隱藏於「客觀性」的面具之後，裹挾著不可磨滅的情感
情緒：「生長在前共產主義政權的經歷所形成的政治無意識讓他對

（續）──────────────────

Verso, 2008, pp.157-210）。

3　Liu Kang, "Poeticizing Revolution: Zizek's Misreading of Mao and
China," *Positions: East Asian Cultural Critique*, Vol. 19, Issue 3（2011）:
627-51.

今日中國產生偏見，這不是重點，在他粗暴的激進主義修辭中，潛藏著一種悲觀主義、虛無主義，甚至是宿命論的觀點，與共產主義、社會主義觀念及其引發的革命相對立。」[4]由此我們不難理解齊澤克的「革命」為何如此粗暴、含混、矛盾，且充滿現代犬儒主義的戾氣。在〈革命的恐怖〉中，毛澤東終結文化革命讓齊澤克深感遺憾，並認為文革的失敗作為「沒有革命的革命」，是全球資本主義在中國獲得全面勝利的深層原因。而在另一個語境中，齊澤克又逃離了他所捍衛的「有革命」的革命，他指出毛澤東沒有認識到「否性之否定」為什麼就不能有肯定性，為什麼不能向絕對的否定妥協：「他的問題準確說是缺乏『否定之否性』，沒有將革命的否定性轉化為真正新的肯定性秩序：革命中一切暫時的穩定性都被視為舊秩序的復辟，於是唯一能繼續革命的方式就是無盡重複否定性的『虛假的無限』（spurious infinity），這在文化革命中達到了頂點。」[5]毛澤東的「一分為二」也被齊澤克解讀為一種陷入「惡的無限性」的無休止否定。這裡可以進一步討論的是在齊澤克的革命史敘事中隱含的歷史哲學。當齊澤克在談論革命時，他將秦的法家革命、法國大革命、文化大革命等星座放進一個總體的星叢。如果說巴迪歐從中找尋的是平等、正義的絕對理念，齊澤克看到的只有革命中真實的恐怖和永恆的失敗。

巴迪歐認為歷代革命共用著永恆的理念，即「革命正義的政治」（politics of revolutionary justice），在《世界的邏輯》中，革命的「恐

---

4 Liu Kang, "Poeticizing Revolution: Zizek's Misreading of Mao and China" 646.

5 Mao Tse-Tung, *On Practice and Contradiction*. London and New York: Verso, 2007, p.21.

怖」意味著「粉碎人民公敵的無情意志」。[6]「恐怖」是法國大革命
中雅各賓派的革命哲學，保守主義者視之為一場徹底的災難，是上
帝對人類惡行的懲罰；自由主義者反思其中的暴力，他們想要的是
「沒有革命的革命」；激進主義者則將恐怖當成革命的必然後果，
平等、人權和自由需要恐怖來捍衛和維持。受巴迪歐《世界的邏輯》
啟發，齊澤克在〈革命的恐怖〉和〈中國三箋〉兩文的開篇分別從
法國大革命和秦的法家革命談起，經過漫長的迂迴最終來到「革命
中國」和今日中國的政黨政治。在他看來，無論羅伯斯庇爾的動機
多麼高尚，雅各賓派帶來的恐怖都在歷史的斷裂之年1990之後失去
正當性，左派需要徹底重塑自己，放棄所謂的「雅各賓派範式」。
他主張左派在展開無情的自我批判的同時，無畏地承認革命恐怖的
「合理內核」。如何承認這令左派都感到「羞恥」的革命遺產？齊
澤克頗為反諷地在他的理論工具箱中徵用本雅明、列維納斯、阿爾
都塞與拉康的概念，用來「贖回」革命。齊澤克不出意料地得出一
個公式：神聖的暴力＝非人的恐怖＝無產階級專政。革命的恐怖被他
視為一種作為殘酷的復仇／正義而實施的暴力，它是外在於一切律
法的神聖天罰，一種沒有目的的手段。羅伯斯庇爾的人道主義恐怖
和本雅明式的神聖暴力，被引向反人類或「非人」的維度，即在拉
康的意義上直面人類的非人本質。這個「非人」在羅伯斯庇爾最終
的自我辯護中表現為「我們」到「我」的轉變，不懼怕死亡的「我」
作為神聖的「非人」，最終宣稱自己是得到授權的「主人」，這就
是民主的假面落下的時刻。如此我們就不難理解在迂迴的論述之
後，齊澤克讓毛澤東與切・格瓦拉這兩位「超級英雄」粉墨登場，

---

6   Alain Badiou, "Introduction," in *Logiques des mondes*, Paris: Seuil, 2006.

並稱讚二人如何冒著犧牲幾百萬人民的風險，無畏地宣稱「大，不可怕。大的要被小的推翻。小的要變大」。[7]在用「神聖」、「反人類」、「非人」來解釋革命者的動機時，齊澤克已經抽空了革命的全部意義，這讓他接下來「重塑解放性恐怖」的提議變得無比空洞，也許這正是他像「福山主義者」哈貝馬斯一樣擁抱全球資本主義的另類方式。齊澤克的論述重點不在於保存雅各賓派革命「恐怖」的合理內核，而是尋找革命進程中決定性的「失敗」時刻，即「具體恐怖」反噬革命本身的時刻。它戲劇性地發生在革命勝利後的第二天早晨，革命者發現日常生活中並沒有出現全新的自由、平等、民主，有的只是被強加的新秩序，齊澤克稱之為「革命—民主的恐怖」（revolutionary-democratic terror），[8]在他看來這是雅各賓派革命、蘇聯革命和中國革命最終「失敗」的原因。

在討論革命指導思想的源流時，齊澤克展露出他「詩化」革命的高超技藝。他首先摒棄了三種關於毛澤東思想或史達林主義之起源的觀點：其一，線性的內在邏輯：從馬克思到列寧，從列寧到史達林（從史達林到毛澤東）；其二，作為原始理論，馬克思主義自身已包含走向列寧主義、史達林主義、毛澤東思想的可能性；其三，史達林主義等等不過是對馬克思主義的歪曲和背叛。這三種模式在齊澤克看來都是基於線性歷史主義的時間觀念。他主張用第四個版本來超越「馬克思在多大程度上對史達林主義的災難負有責任」的錯誤提問：「馬克思應負全責，但卻是追溯性的，也就是說，對史達林來說，與博爾赫斯著名表述中的卡夫卡一樣，他們都創造出自

7   Mao Tse-Tung, *On Practice and Contradiction*. London and New York: Verso, 2007, p.109.

8   Slavoj Žižek, "Revolutionary Terror from Robespierre to Mao," *Positions: East Asian Cultural Critique*, Vol. 19, Issue 3（2011）: 680.

己的先驅。」[9]通過激進的轉化，原始理論在新的歷史語境中重塑自身，這是資本主義成為「具體的普遍性」的真正原因。但這裡齊澤克討論的是已被判定「失敗」的革命及其「思想」，歷代革命「導師」創造著被歷史檢驗為「失敗」的思想「傳統」，那麼所謂「創造自己的先驅」的說法也就有了深刻的諷刺意味：他們只是以不同的方式走向永恆的「失敗」，所以我們發現齊澤克在源頭處檢討了作為原始理論的馬克思主義，馬克思的「根本錯誤」在此：「認為一種新的、更高的社會秩序（共產主義）是可能的，這種秩序不僅會保持，甚至會提高到更高的程度，並有效地充分釋放生產力自我增長的潛力。」[10]以此邏輯推論，馬克思的「原罪」在列寧、史達林、毛澤東的版本中一再重複，不斷在新的歷史語境中創造新的「失敗」。

可以發現，齊澤克觀察革命的方式類似於一個充滿新意的文學史研究者，將獨立的文學事件納入無時間性的共時結構中。在這種浪漫主義的文學史哲學中，我們最多能獲得基於個人偏好的文學「傳統」。博爾赫斯認為新起的作品改變傳統作品的位置，這一觀點顯然來自艾略特：「每一位作家創造了他自己的先驅。作家的勞動改變了我們對過去的概念，也必將改變將來。」[11]於是博爾赫斯將卡夫卡的先驅追認至芝諾（Zeno of Elea）、韓愈、祁克果和勃朗寧（Robert Browning），他的依據是這些先驅的文本具有卡夫卡的「調子」或「特色」，即純粹的文學「風格」上的相似性。[12]但革命不

---

9 Slavoj Žižek, "Revolutionary Terror from Robespierre to Mao," *Positions: East Asian Cultural Critique*, Vol. 19, Issue 3（2011）: 683.

10 Slavoj Žižek, "Revolutionary Terror from Robespierre to Mao," *Positions: East Asian Cultural Critique*, Vol. 19, Issue 3（2011）: 690.

11 T. S.Eliot, *Points of View*, London: Faber and Faber, 1941, pp. 25-26.

12 Jorge Luis Borges, *Labyrinths: Selected Stories and Other Writings*, ed.

是任由文學批評家建構的詩化「傳統」，齊澤克提供的也僅僅是在他的想像中存在的革命「傳統」，其中每一次革命、每一個新生的革命指導思想不過是在重蹈覆轍，注定重複前人的失敗。面對這條「失敗」的巨鏈，能做的也許只有拋棄所有的革命遺產，而想「重頭開始」尋找反資本主義的道路無異於癡人說夢，於是他將貝克特（Samuel Beckett）的「再試。再敗。敗得更好」[13]當作中國革命的墓誌銘，最終真正陷入了「惡的無限性」的無窮否定。行文至此，我們可以將齊澤克的革命史觀總結為「永恆失敗的傳統」（eternal failure of the tradition），具體到中國，革命僅僅被當作東方專制主義傳統的再現。他從博爾赫斯處獲得的「回溯性」傳統觀念只是一種浪漫化的理論模型，根本無力解釋革命中國與今日中國的複雜關聯。齊澤克談論中國革命的方法與馬克思主義或後馬克思主義無關，當他用文藝解釋學置換歷史學和政治經濟學，用來戲仿「革命中國」時，已成為他所極力否認的後現代主義藝術（評論）家。

革命的「事件」與「眞理」：烏托邦主義的代價

劉康的批評在指向齊澤克的同時，仔細辨別了巴迪歐與齊澤克的差異。在他看來，巴迪歐嚴肅思考了毛澤東的理論及其實際的後果，保留了其中的「合理內核」。與克里斯蒂娃（Julia Kristev）、福柯等大多數西方左派「悔不當初」的「背叛」不同，巴迪歐重視毛澤東革命理論中的「反叛思維」或「辯證思維」，直至今日仍堅

（續）————————————————

　　Donald A. Yates, James E. Irby, New York: New Directions Publishing Corporation, 1964, p.192.

13　Samuel Beckett, *Nohow on*, London: Calder, 1992, p. 101.

稱自己為「毛派」或「後毛派」。顯然他與齊澤克對文化革命的態度是相左的。巴迪歐反對將毛澤東看成一個偽裝成革命者的東方專制主義化身，這種東方主義的輕佻集中出現在齊澤克的〈革命的恐怖〉中，他筆下的毛澤東儼然成為一個克蘇魯邪神：

> 毛澤東甚至更進一步，超越了人類本身，以原尼采主義的方式宣告對人類的「克服」……毛澤東在這裡是對黨內的意識形態專家說話。這就是為什麼毛澤東的語氣是在分享一個不能公開的秘密，好像他正在洩露他的「秘密教義」——實際上，毛澤東的猜想與所謂的「生物宇宙論」密切相關，這是庸俗唯物主義和諾斯替主義精神的怪異結合，形成玄秘的影子意識形態，即蘇聯馬克思主義淫穢的秘密教義。[14]

即使是在隱喻的意義上，這樣的描述也是不恰當的。他聲稱必須徹底拒絕文化革命，因為它並未創造出新的理論或實踐的空間。巴迪歐則反思了作為「事件」的文化革命及其對世界的影響，並堅持激進的政治參與，於全球共產主義運動的大退卻中，艱難地思考革命遺產的當代價值，堅持實踐一種「否定的政治」。劉康對此表達了敬意。

在對劉康的回應中，齊澤克卻策略性地否認自己與巴迪歐的差異，認為巴迪歐並未將文化革命視為值得嚴肅對待的遺產。他強調自己與巴迪歐都認為為了「從頭開始」，必須與中國革命在內的共產主義經驗決裂。[15]但在另一個語境中，齊澤克嚴厲地批評了阿爾

---

14 Slavoj Žižek, "Revolutionary Terror from Robespierre to Mao," *Positions: East Asian Cultural Critique*, Vol. 19, Issue 3（2011）: 687.

15 Slavoj Žižek, "Reply: What to Do When Evil is Dancing on the Ruins of Evil," *Positions: East Asian Cultural Critique*, Vol. 19, Issue 3（2011）:

都塞與巴迪歐將「毛主義」變成激進的普遍主義的嘗試。也許巴迪歐自己的話語更能清楚地說明他與齊澤克的真正差異。

巴迪歐曾就毛澤東著作的評價問題去信齊澤克，他針對齊澤克為Verso2007年版《實踐論・矛盾論》寫作的序言，說明了他們在文化革命議題上的差異：「文化大革命可怕的失敗有其普遍性因素。在這種情況下，我們要記住，一件事情以血腥的失敗告終，並不是唯一可說之事。你再次把文化大革命的失敗作為一個簡單的論據，以否認它的重要性和當代意義（讓我們記住，毛澤東認為還需要十或二十次革命才能把社會推向共產主義的方向）。」[16]巴迪歐認為齊澤克沒有重視文化革命作為「否定的政治」的歷史意義，僅僅停留在人道主義的意識形態中，走向對毛澤東形象的漫畫式描繪。與劉康一樣，巴迪歐指出齊澤克所採納的毛澤東形象是不可靠的，他甚至認為任何關於毛澤東的新書，無論是官方授權還是以中立自居，以及那些聳人聽聞的傳記，都是惡意的宣傳品，背信棄義且毫無意義。

在巴迪歐「共產主義設想」的場景序列中，其一是從法國大革命到巴黎公社運動（1972-1981），其二是從布爾什維克革命到文化革命，終於1966到1975年間全世界武裝造反的失敗（1917-1976）。第二序列解決了第一序列沒有解決的保存勝利果實的問題，俄國、中國、捷克斯洛伐克、朝鮮、越南、古巴用黨組織的「鐵的紀律」建立起新秩序。但「無產階級專政」作為一種國家治理的過渡形式，最終發展為黨一國的新權威主義。此時黨內官僚主義的惰性與「人民當家做主」的共產主義理念產生對立，文化革命和68年五月風暴

（續）————————————
653-669.

16 Alain Badiou, *The Communist Hypothesis*, trans. David Macey and Steve Corcoran, London and New York: Verso, 2010, p. 273.

成為力不從心的嘗試：「正是由於黨在確保共產主義設想的真正持續和創造性轉化方面的不足，觸發第二序列的最後一次大騷動：中國的文化革命和法國的68年『五月風暴』。」[17]巴迪歐強調的不是革命的「失敗」，而是它敢於勝利的意志。他承認文化革命的「否性的政治」開啟了全新的可能性，並宣稱對此類革命保持「忠誠」（fidèle）。

我們進一步可以在巴迪歐的事件哲學中確認「革命中國」的圖像。在巴迪歐的理論中，事件的發生促使人與之相遇，對這一事件的忠誠使人成為真理的「主體」。巴迪歐的「真理」（vérité）即作為主體的人所宣告、構造和堅守的事物，真理與主體的發生都是偶然的、特殊的，這類「真理程式」有且僅有四類：科學、藝術、政治與愛[18]。梅亞蘇在〈阿蘭‧巴迪歐的歷史與事件論〉中梳理巴迪歐的事件哲學，表明巴迪歐如何在唯物主義的歷史和真理觀下思考事件的意義，從政治革命到文學藝術，巴迪歐堅持事件啟動被壓抑的主體的政治潛能[19]。毛澤東的「一分為二」原則不是對辯證法的粗略概括：「相反，它是一種細緻的、全新的視域，可以用來克服史達林主義的庸俗解釋」。[20]在他看來，20世紀的共同法則既非一

17　Alain Badiou, *The Meaning of Sarkozy*, trans. David Fernbach, London and New York: Verso, 2008, pp.109-110.

18　Alain Badiou, *Theoretical Writings*. Trans. Ray Brassier and Alberto Toscano, London and New York: Continuum, 2004, p. 234.

19　Quentin Meillassoux, "History and Event in Alain Badiou," trans. Thomas Nail, *Parrhesia*, No. 12, 2011.

20　Alain Badiou, Joël Bellassen, Louis Mossot, *The Rational Kernel of the Hegelian Dialectic: Translations, Introductions and Commentary on a Text by Zhang Shiying*, edited and trans. Tzuchien Tho, Melbourne: re.press, 2011, p. 90.

（Un）也非多（Multiple），而是二（Deux），[21]即「一分為二」的分裂和對抗，而非「合二為一」的綜合。中國文化革命的經驗在於社會主義國家不應該是大眾政治的終結；相反，它應被看作在通向「真正的」共產主義道路上的「二」，只是最終綜合戰勝了分裂。正是在一分為二，在質、量變轉化的瞬間，一個獨一無二、不可預料的事件發生了，巴迪歐的「事件哲學」實際上就是對這些事件的召喚。

　　必須指出的是，作為一個堅守「共產主義設想」的理想主義者，巴迪歐對文化革命的評估雖然是嚴肅且認真的，但他的「事件」概念是絕對的、純粹的，它如奇蹟般發生、顯現，遵從「造反有理」的邏輯，是一種無法被解釋的結構所捕獲的存在：「獨特的真理都根源於一次事件。某事必須發生，這樣才能有新的事物。甚至在我們的個人生活裡，也必須有一次相遇，必然有沒有經過深思熟慮的、不可預見或難以控制的事情發生，必然有僅僅是偶然的突破。」[22]這種事件觀它以共時性的面貌遊離於歷史之外，並存在烏托邦化的風險。巴迪歐較為嚴肅地表達對文化革命的「忠誠」，卻抹除了革命的具體歷史性及其後果，正如劉康指出的，巴迪歐將毛澤東提升為普遍的革命理想遭到了歷史本身的挑戰，僅就中國而論，文化革命根本無力解決一黨制國家的官僚體制與被動員起來的群眾之間的緊張關係，無法從內部遏止、整頓權力結構。在將革命─事件理論化時，我們同時需要注視那些運動中真實的個人苦難、政治混亂和經濟停滯。而巴迪歐在忠於馬克思主義原則時，「既沒有正視文化大革命的真正後果，也沒有對毛澤東或革命之於一般革命事業的影響

21　Alain Badiou, *The Century,* trans. Alberto Toscano, Cambridge: Polity Press, 2007. p. 37.

22　Alain Badiou, "Philosophy and Politics," *Radical Philosophy*, Vol. 96, July/August 1999, p. 124.

展開馬克思主義式的批判和澄清」。[23]革命並非事件哲學中的「真理程式」，與齊澤克不同，巴迪歐將中國文化革命抽象化為進行中的「事件」，但遺憾的是他未能反思革命本身的陰暗面及其理論中的烏托邦主義，最終與齊澤克攜手走向對「改革開放」的全面否定。

革命與中國現代性的不同選擇

在巴迪歐看來，毛澤東在文化革命中的英勇嘗試雖然走向了失敗，但它作為上世紀60、70年代「唯一真正的政治創造」，[24]已經成為「我們」政治歷史的一部分，即使「失敗」也並不意味著一種普遍主義的（後）毛澤東思想就已成為空想，（後）毛主義就是他設想中現代性的「不同選擇」，也就是「走中國自己的路」的唯一方式。於是鄧小平的「經濟決定論」被他視為西方現代性道路的復辟，改革開放最終讓中國走上全球資本主義的西方舊路，而黨也在這一過程中必然地腐化，這是對毛主義的背叛。正如劉康指出的，與阿爾都塞類似，巴迪歐的路徑仍是將文化革命視為在資本主義現代性背景之下一個真正的可選項：「巴迪歐的追根溯源不是知識分子的雜耍，也不是對1960年代激進主義的懷舊，而是將革命的理論與實踐、毛澤東與中國，與當代的現實相關聯。」[25]對巴迪歐而言，

---

23 Liu Kang, "Poeticizing Revolution: Zizek's Misreading of Mao and China," *Positions: East Asian Cultural Critique*, Vol. 19, Issue 3(2011): 642.

24 Alain Badiou, "The Cultural Revolution: The Last Revolution?" *Positions: East Asia Cultures Critique,* Vol.13, (2005)：481-483.

25 Liu Kang, "Poeticizing Revolution: Zizek's Misreading of Mao and China," *Positions: East Asian Cultural Critique*, Vol. 19, Issue 3(2011): 640.

毛澤東的文化革命仍是一項未竟的事業。

　　齊澤克比巴迪歐走得更遠，他認為今日中國是在用不受約束的國家權力來控制向資本主義過渡的社會成本，從而抑制混亂，製造「和諧社會」。也就是說共產主義的「專制」保障了資本主義在中國的爆炸式發展。所以這裡不存在「背叛」，全球資本主義在今日中國的勝利正是毛澤東時代的遺產：

> 在毛澤東的自我革命、反對國家結構僵化的鬥爭和資本主義的內在動力之間，存在著深刻的結構性同源……今天，大躍進的悲劇正在重演，成為資本主義極速躍進現代化的喜劇，「村村都有鑄鐵廠」的老口號重新成為「街街都有摩天大樓」。歷史的最大諷刺，正是毛澤東通過撕裂傳統社會的結構，為資本主義的快速發展創造了意識形態條件。[26]

　　這種對中國政治的批評並不新鮮，在劉康看來與哈維爾（Vaclav Havel）在1989事件中對共產主義「暴政」的狂熱指責異曲同工。對於劉康而言，如果說「革命中國」在巴迪歐眼中已成為被背叛的遺囑——至少他用一種經典的馬克思主義的方式嚴肅地（甚至過於執著地）對待了文化革命作為現代性「不同選擇」的遺產——那麼齊澤克的「詩化革命」無疑充滿了無知與傲慢，因為他從根本上否定了現代性「不同選擇」的可能性，如果遵從他的邏輯，連去想像「不同選擇」都將成為玩笑。諷刺的是，在明確表示拒絕文化革命激進的共產主義、西方自由主義的資本主義和中國的專制主義資本主義之

26　Slavoj Žižek, "Three notes on China: Past and Present," *Positions: East Asian Cultural Critique*, Vol. 19, Issue 3（2011）: 718-719.

後，齊澤克選擇退至反全球化、環境保護、同性戀權利等零散的運動中，「只說不做」（Don't Act, Just Think）。他明知這種在全球資本主義內部發生的無政府主義社會運動，只是革命失敗的後現代症狀。

穿過論戰的話語叢林，我們不難發現問題的核心已浮出水面：對是否存在現代性「不同選擇」這一問題的回答，揭示了劉康、齊澤克、巴迪歐三者之間的真正分歧。近現代的真實歷史告訴我們，自洋務運動起，「全盤西化」從來就不是中國追求現代化道路的主流，中國的現代化願景從一開始就在找尋「自己的路」。西方在帝國主義軍事行動之外，將普遍性啟蒙理性、資本主義現代性觀念和實踐「送到」中國，中國人卻在中國共產黨領導下最終走向社會主義革命，為馬克思主義賦予「民族形式」，演變出以毛澤東思想為代表的中國馬克思主義。中國馬克思主義結合了社會主義的普遍主義理想和民族主義目標，成為中國實現現代化的主導方案，卻被齊澤克置於「永恆失敗」的輪迴中。毛澤東在特定的歷史階段重新啟動農民革命和意識形態革命的傳統，發起文化革命，也就是他所認為的現代性獨特且唯一的選擇。文化革命是毛澤東針對國內（尤其是黨內）的資產階級傾向，將把握矛盾的特殊性、不平衡性和相互轉換性的理論付諸實踐的一次行動，也就是真正「以行動說出」[27]的西方現代性批判。這種地緣文化政治的特殊性決定了它無法被轉化為放諸四海而皆準的革命行動指南，一個巴迪歐式的「真理事件」，我們必須正視文革時期老百姓（尤其是農民）的貧困和知識分子的苦難。與此同時，毛時代的中國也不應被圖解為齊澤克式革命「恐怖」與「失敗」的殘酷玩笑，劉康所見的是一個充滿理想主義、樂

---

27 Althusser, *Essays in Self-Criticism*, trans.Grahame Lock, London: New Left Books, 1976, p. 93.

觀主義的時代，它的旗幟是社會平等和公正的道德理想主義和民粹
主義，是一種意識形態高揚的不同選擇的現代性。這條「不同選擇」
的道路暴露了知識精英與革命政權、城市文化與鄉村文化的矛盾，
也確實存在唯意志論、意識形態一元決定論的絕對化傾向。但批判
理論的任務應是對中國現代性「不同選擇」的再反思，而不是用「失
敗」之名將其戲劇化，這對理解革命的複雜性而言太過簡單武斷。

　　更關鍵的問題是「革命中國」與今日中國的關聯性。與齊澤克
的「同源論」、巴迪歐的「背叛論」將兩者相切割的結論不同，劉
康提醒我們注意革命與現代化的矛盾和悖論一直存在於毛澤東─鄧
小平時代。1979年鄧小平開始推出改革開放的現代化新方案，否定
文化革命，但從未全面否定毛時代和毛澤東思想。向經濟傾斜的新
方案是對毛時代方案的辯證繼承與發展，意識形態決定論被拋棄，
個體經濟開始走市場化道路，而這一切都建立在由毛時代奠定的軍
工業、重工業和基礎設施之上。不僅如此，毛時代意識形態革命的
成果繼續發揮著驚人的效力：「毛時代平均主義、理想主義的文化
領導權或文化霸權，是社會的強大凝聚力量。在文化革命最動亂的
時代，占人口大多數的農民和工人，依然在平均主義意識形態氛圍
中保持了社會優越感即所謂的『主人翁精神』。」[28]這就是文化革
命作為現代性「不同選擇」的潛能，它維持著絕大多數人民對中國
共產黨歷史性的、連貫的信任感，直至今日。而當鄧小平對經濟發
展的重視走向經濟的一元決定論時，文化與意識形態的領域再度成
為改革進程的主戰場：「在當代中國的文化和意識形態領域內，『現
代化』取代文化革命而成為一切議題的核心。國內外方方面面，都

---

28 Liu Kang, *Cultural, Media, and Globalization*, Nanjing: Nanjing
　University Press, 2006, p. 48.

或隱或顯地重新確定和認同了現代化及現代性理論中固有的目的論和經濟決定論。」[29]中國在全球市場取得巨大利益之際，似乎也正是資本主義現代性的「勝利」時刻，文化革命於是被反對者打發為現代性規劃的廢案，與毛時代的歷史和馬克思主義一起，遭到全盤否定。問題在於，「革命的幽靈」從未遠離當代中國，農民革命和意識形態革命的傳統作為真實的歷史保存在中國人的情感、觀念和話語／思維方式中，形成了對社會意識影響深遠的話語體系，時至今日依然使用在國家政治生活中。在劉康看來，文化革命的傳統甚至延續在90年代的大眾文化運動中。[30]與齊澤克類似，主張以資本主義現代性救中國的人實際上否定的是「不同選擇」的可能性，不同之處在於齊澤克用他的理論雜耍完美地掩蓋了他的意圖，並在「激進理論」的掩護下反諷真實的革命。

文化革命的發生有其複雜的、多元決定的原因。在毛澤東的矛盾理論中，矛盾的普遍性寓於特殊性之中：「由於特殊的事物和普遍的事物是相互連結的，由於每一個事物內部不但包含了矛盾的特殊性，而且包含了矛盾的普遍性。普遍性即存在於特殊性之中，所以當我們研究一定事物的時候，就應當發現這兩方面及其互相聯繫。」[31]劉康正確地指出毛澤東的「普遍性」概念源於現代性背景下馬克思主義的普遍論，但在尋求現代性不同選擇時，毛澤東拒絕

29　Liu　Kang,　"The　Problematics of Mao and Althusser: Alternative Modernity and Cultural Revolution," *Rethinking Marxism*, Vol. 8, No. 3（1995）: 19.

30　Liu Kang, *Globalization and Cultural Trends in China*, Honolulu: University of Hawaii Press, 2004, p. 78.

31　Mao Tse-Tung, *Selected Works of Mao Tse-Tung*, Vol. I. Peking: Foreign Language Press, 1965, p. 329.

了以普遍性名義而存在的帶有歐洲中心論色彩的起源。馬克思主義
的啟示性在於說明了資本主義現代性是可以超越的，現代性的「不
同選擇」是可能的，它在思維方式上指導我們對各具特色的歷史和
文化所共有的普遍性做出歷史的、具體的考察。毛澤東進而在關注
矛盾複雜過程的基礎上，實踐了在現代性整體矛盾框架中的「不同
選擇」，矛盾的特殊性和不平衡性成為中國現代性「不同選擇」可
能出現的客觀條件，最終在對矛盾相互轉化的討論中得出如何發動
「有革命的革命」、如何抓主要矛盾的答案：當上層建築阻礙經濟
發展時，政治、文化上的革命成為主要的、決定的東西，發動上層
建築領域內的階級鬥爭即文化革命，成為歷史的必然。[32]它雖然發
生在中國，致力於解決一國一黨的問題，卻不失其普遍性意義：毛
澤東的文化革命已成為20世紀後期社會思想的重要組成部分，他的
「第三世界」全球主義的革命遺產仍是全球化歷史進程的有機構
成：「將毛澤東思想僅僅歸結為一種具體的地方性的、『中國式』
的實踐，則剝奪了它作為一種全球性的、普遍主義的吸引力。」[33]革
命與現代化的矛盾深埋於革命時代，在改革開放與新時代中逐漸凸
顯，更在後疫情時代和新近的臺海危機中受到深度檢驗，中國現代
性「不同選擇」始終在危機中保存著堅韌的生命力。總之，「革命
中國」不是可以輕易「告別」的迷思，它仍需被嚴肅地批判和反思。
這一點區分了劉康─齊澤克、劉康─巴迪歐以及齊澤克─巴迪歐的

---

32 Liu　Kang,　"The　Problematics of Mao and Althusser: Alternative
Modernity and Cultural Revolution," *Rethinking Marxism*, Vol. 8, No.
3(1995）:16.

33 Liu Kang, "Maosim: Revolutionary Globalism for the Third World
Revisited," *Comparative Literature Studies*, Vol. 52, No. 1 (2015）:
25-26.

理論工作，也將劉康與中國的「後馬克思主義者」（如李澤厚、劉再復）區別開來。

對今日中國而言，革命仍是歷史性的、結構性的情感、思想和實踐性力量，對此我們不必因絕望而遁入虛無。「革命中國」不是左翼憂鬱症的「病灶」或「解藥」，它不應被齊澤克的「憤世嫉俗」或巴迪歐的「道德義憤」導向虛無，這些過剩的激情終究與「中國」無關且無益。我們應銘記魯迅的箴言「絕望之為虛妄，正與希望相同（Despair, like hope, is but vanity）」[34]（譯自Petöfi Sándor的Song of Hope），正是他為中國的審美現代性方案提供了「否定的美學」。齊澤克與巴迪歐製造的「革命中國」迷思作為一種（反）現代性理論話語，旅行至中國後，已然成為中國現代性「不同選擇」進程中的理論症候，需要一種症候式的解讀來理解其自身的矛盾性。

商品化、學科化、去政治：中國再造的激進理論

齊澤克的理論開始進入中國是在世紀之交，巴迪歐的大名得聞於中國則是2006年。在對「激進理論」的批量化「進口」與「再造」中，中國學者在大學的哲學、文學、政治學等科系中獲得教職。張頤武直覺般地將「齊澤克在西方學院」與「中國製造在西方市場」對舉，指出上世紀90年代以來齊澤克與「中國」在全球的遭遇是接近的，都是以「他者」、「邊緣」的身分進入並改變「主流」、「中心」，讓遭遇的對象從震驚不適到產生迷戀，它們作為「全球商品」，已經成為全球資本主義維持自身想像的基礎：「齊澤克是全球資本

---

34 Lu Xun, *Selected Works*（Vol.1）, trans. Yang xianyi and Gladys Yang, Beijing: Foreign Languages Press, 1980, p. 327.

主義理論的『中國』，而『中國』則是全球資本主義時代現實的『齊澤克』。」[35]顯然在全球化的語境中，齊澤克與「中國」的想像性關聯讓他在中國的流行遠超西方學院。劉康認為是當下中國對政治腐敗、官員無能、性壓抑等方面的不滿培育了政治笑話的市場，類似於周立波、韓寒的走紅，齊澤克的「醜聞風格」與中國的這種時尚完全同步。[36]按照齊澤克的說法，如果今日中國是革命之惡的廢墟，那麼在廢墟上翩翩起舞的正是齊澤克本人。

在大量再造的基礎上，中國同行們將「激進理論」學科化，轉化為自己所屬學科內的理論「知識」。研究齊澤克、巴迪歐等人對中國西方哲學或政治哲學學科而言可謂「專業對口」，感興趣的還有文藝學與外國文學學科。在1949年以來中國的學科建制中，「中國文學」的大類之下設立的一個二級學科叫「文藝學」，它是以文藝理論話語為研究對象的科學。上世紀80年代以來，文藝學逐步走出蘇聯式教條主義馬克思主義文藝理論的制式，漸漸偏重西方詩學研究，研究對象與外語系的「外國文藝理論思潮」研究無異，已經接近於英語世界的「批評理論」方向。兩個文學類學科都需要用最新的西方批判理論和典範性的批評實踐作為教學、研討的內容，於是齊澤克、巴迪歐等人的概念、命題或其龐大理論工作的某個角落都成為受到爭搶的學位論文選題。齊澤克的意識形態理論、文化批評，巴迪歐的「非美學」（inaesthetic）、事件哲學，馬舍雷（Pierre Macherey）的文學生產理論，朗西埃的美感論、歧義論，阿甘本的

---

35 Zhang Yiwu, "Žižek's China, China's Žižek," *Positions: East Asian Cultural Critique*, Vol. 19, Issue 3（2011）: 737.

36 Liu Kang, "Poeticizing Revolution: Zizek's Misreading of Mao and China," *Positions: East Asian Cultural Critique*, Vol. 19, Issue 3(2011): 645.

「赤裸生命」、「例外狀態」等等,至今仍在被不斷「再造」,成為學科建設的理論儲備。

　　齊澤克在中國的走紅絕不意味著左翼思想的某種復興;恰恰相反,被知識化的「激進理論」只適用於學術研討會、論文答辯、文藝沙龍和小報,左翼思想似乎又宿命般歸於「永恆失敗的傳統」。2007年齊澤克第一次來他「最喜歡」的中國交流,與中國同行稱兄道弟,同志情深狀。記者、學者、聽眾們沒有人哪怕一次提及他對中國的批評,只關心他對中國的「印象」。羅貴祥認為中國的主流媒體和博客對齊澤克的下流笑話更感興趣,暗示了人們更愛的是去政治化的齊澤克:「也許中國人想要的是一個『沒有齊澤克的齊澤克』——希望剝離一個激進思想家的過度與激進的渴望也就是說,一個沒有批評理論支撐的下流笑話。」[37]當然,聰明的客人總能入鄉隨俗,禮貌地稱讚主人的優點。交流的結果必然是「共贏」:齊澤克對中國和世界的影響擴大,中國同行得到與研究對象面對面的經驗進而聲望日隆,媒體發現了一個親近中國的學術圈流量奇葩,官方則展示了中國道路對全世界的吸引力。

　　另一個關於齊澤克與中國的笑話來自網路。2019年英國Propeller TV播出了齊澤克的演講,演講多次涉及中國問題。他指出中國1980年後發生了人類歷史上最偉大的經濟騰飛,但成功的原因卻引人深思:「左派痛恨兩件事:一方面,野蠻生長的資本主義的競爭性市場,另一方面,幾乎控制一切的強大的權威主義國家。中國人以極為成功的方式將這兩個『最壞之物』結合起來。」[38]齊澤

37　Kwai-Cheung Lo, "Sinicizing Žižek？The Ideology of Inherent Self-Negation in Contemporary China," *Positions: East Asia Cultures Critique*, Vol. 19, Issue 3（2011）: 745.

38　See https://www.acfun.cn/v/ac10116084?ivk_sa=1024320u(2022-8-31）

克清楚地表達了對中國的資本主義化和權威主義政治的反諷。諷刺的是，在中國視頻網站（網易視頻、新浪視頻、Acfun站、抖音等）傳播的版本中，翻譯後的字幕為：「左派痛恨兩件事：一方面，是巨大充滿競爭的資本市場，另一方面，是強有力的政權宏觀調控。中國人用極為智慧，極為成功的方式，結合了這兩樣你們『最恨』的東西。」[39]「權威主義國家」不見了，變為中國人更能理解的「宏觀調控」，「最壞」則變為「你們『最恨』」，也就是讓聽講座的西方觀眾「羨慕、嫉妒、恨」。更具吸引力的是標題：「哲學界大拿（按：網路用語，指大老）齊澤克：看看現在的中國，唱衰社會主義的都出來走兩步」或「斯洛文尼亞哲學家齊澤克：中國特色社會主義市場經濟真牛」。[40]在翻譯的創造性轉化中，嘲諷變成了「點讚」。這段對中國制度的直接批評多次重複出現在齊澤克的演講和著作中，對比它的最新版本我們將更能體味「再造」或「閹割」齊澤克的喜劇性。在新作《天上大亂》中，齊澤克老調重彈：「20世紀的左派是在反對現代性的兩個趨向的基礎上被界定的：好鬥的個人主義和動力異化的資本統治，以及權威主義─官僚主義的國家權力。我們得知今日中國恰恰是這兩個因素在最極端形式上的結合──一個強大的權威主義國家，瘋狂的資本主義動力──這是今日社會主義最有效的形式……但這是我想要的嗎？」[41]毋庸置疑，他想論說的是共產主義的夢想如何以「中國」的方式被永久地終結。

---

39 See https://open.163.com/newview/movie/free?pid=REEAA8P0Q&mid =undefined(2022-8-31）

40 See   https://video.sina.cn/news/2019-04-10/detail-ihvhiqax1541534.d. html(2022-8-31）

41 Slavoj Žižek, *Heaven in Disorder*, New York and London: OR Books, 2021, p.212.

這個齊澤克與中國的笑話非但不可笑，甚至有些不祥。

　　劉康對上齊澤克、巴迪歐的論戰本身也被相應地轉化為一則「中國故事」。2012年3月10日上海交通大學人文藝術研究院舉辦「馬克思主義當代發展」學術研討會，來自中國多所著名高校、出版社和學術期刊的專家參會。研討會特別對劉康、張頤武與齊澤克在 *Positions* 上的論戰文章進行研討：「學者們認為，齊澤克作為西方重要的思想家，在其研究過程中特別關注到了中國的傳統與現實，尤其是中國的毛澤東思想和馬克思主義傳統。劉康教授、張頤武教授與齊澤克的對話，是中西當代學者在『中國崛起』的語境下，從各自的理論立場出發，所進行的理論交鋒和對話，具有重要的現實意義和理論意義。」[42]我們不難從這篇會議紀要中讀出中國學者的關切點：首先是齊澤克「西方重要思想家」的身分讓他對中國的關注充滿意義，此處齊澤克對中國的傳統與現實、毛澤東思想與中國馬克思主義的具體評價顯然沒有「特別關注」本身來得重要。接著是雙方對話的語境被限定為「中國崛起」，但正如我們已經表明的，齊澤克顯然並不認同這個可與全球資本主義的最終勝利畫等號的「中國崛起」。

　　透過齊澤克的中國故事，我們不難發現中國「熱愛」齊澤克的根源：一個被西方（美國）的學術制度所認可的「全球哲學家」，這個自帶光環的身分是他一切評論（尤其是對中國）獲得關注的前提。試想一下，一個未在美國學術界暴得大名的斯洛文尼亞哲學家，能否在中國獲得齊澤克式的歡迎？根據劉康的觀察，美國在冷戰後成為全球最大的學術集散地和「思想的自由市場」（free market of

---

42　王帥，〈馬克思主義當代發展研討會在上海交大召開〉，《探索與爭鳴》2012年第5期。

ideas），世界各國學界無不從美國「進口」或「轉口」大量的理論方法，中國對「齊澤克」的引進也並不例外。齊澤克的中國旅行被劉康描述為一段神奇歷險：來自東歐前社會主義國家的創傷後遺症患者，以表演性的理論操作重溫共產主義的舊夢，成功美國化後轉戰中國市場，再次被中國同行改造為去激進化的「激進理論」，一如他所批判的「沒有革命的革命」。這裡不存在左翼的激情或憂鬱，所展現的只是西方「軟實力」在中國的勝利。套用齊澤克的說法，也許當他選擇使用摻雜斯拉夫口音的英語開始他的理論表演，而全世界竟不以為意時，已然證明了全球資本主義的全面勝利。

在現代性的框架下，西方理論成為現代性、普世性思維的同義詞，「中國」往往是西方現代文明「自我」得以確立的「他者」。循此思路，就會把西方理論在中國的接受和轉換理解為（西方）普適性真理在中國具體運用的過程。齊澤克的中國故事是中國再造激進理論的一個注腳，它本身已說明劉康相關批評的有效性：商品化、學科化、去政治的「中國再造」迴避的不正是齊澤克「詩化革命」的後果，那個被異化為「實在界」的、永不可知的「黑暗中國」？劉康在論爭中的工作就是對「詩化革命」這個理論／意識形態操作的還原和批判，也是對中國現代性不同選擇之複雜性、矛盾性的嚴肅分析。齊澤克們仍在生產「革命中國」的迷思，這些迷思加強著西方對中國的固有印象，也對中國自我的身分認同帶來困難，走出迷思意味著真正對話的開始。可以說，「中國」的獨特性，它的存在本身就是對各種本質論、普世論和真理觀的理論預設的質疑，它歷史性地作為世界的真實而存在，絕非不可理解之物。

劉欣，杭州師範大學人文學院副教授。主要學術興趣為中國80年代批評理論、法國理論。

尋找生命的基礎：

讀江緒林的一本遺作

王 棟

　　我才三十多歲，不覺間死亡已在身邊幾次掠過。送別的逝者有前輩，也有同齡人，但江緒林博士的死亡（2016年）是我最震驚的，這些年裡總不免想起。

　　我與緒林兄相交甚少，甚至從未謀面，但近十年間他總是不斷出現在我視野中。初識緒林約在2010年，彼時我是一個喜歡在人人網發讀書筆記的本科生，儘管讀的半通不通，但頗有些賣弄的虛榮。忽一日，緒林兄在我某篇經濟學讀書筆記下誠懇提問，讓我既吃驚、自矜又覺得問題過難何必如此認真。我敷衍回覆了一下，心說這哥們真是一個怪人。後來才知道，緒林兄竟是華東師範大學政治學系的教師，先後求學於中國人民大學、北京大學和香港浸會大學。我的心態也變成了這個人真謙虛！網絡的認識、交往與遺忘一樣自然。我之後與緒林兄只有零星的交集，如他轉發我寫的弗里德曼《自由選擇》的讀書筆記。我求學人大和北大後也間或聽聞了他的一些事跡。

　　不過我想，更多人對緒林兄的印象應來自他在豆瓣上留下的真摯書評。這些書評橫跨政治學、神學、法學、哲學和社會學諸領域，其中的精深誠樸讀來總讓人受益頗多又不免自慚形穢。我們都曾或多或少受益於這些筆記，毫不誇張地說，它們是一代網友所共用的

知識。正是這樣一位謙和誠懇而又不乏矛盾的讀書人，忽然傳出了自殺的死訊，其中的震驚真的令人難以言說。網上對於自殺原因各有解釋，我想沒有人能真正回答這個問題。

一、共同書寫的《厚度》

　　2022年緒林兄的遺作《生命的厚度》出版，我同許多人一樣也想讀讀本書。稍微知曉緒林兄的人都明白他的勤奮，不會驚訝他的遺稿有兩百萬字，所以大抵會訝異《生命的厚度》（下稱《厚度》）不足二十萬字。我想這體現了編者的理念與技巧，一方面選取「能夠呈現他更好的東西」，另一方面將龐雜的讀書筆記匯集到待出的《西方經典閱讀筆記》中。這種處理方法是較為中道的。

　　《厚度》由緒林兄的華師大同事崇明老師、邱立波老師、肖海鷗編輯以及諸多緒林兄的學生搜羅編輯而成。故不同於一般作品，《厚度》不僅是作者本身的書寫，也是編者的集體書寫。（本書的目錄與「豆瓣」上最初的顯示有所不同，部分展現了編輯過程。）本書主體為六個部分，其中四部分是江緒林的作品，即「輯一 正義與自由」「輯二 愛與信」「輯三 逝去的凝視」以及「輯外」。

　　《厚度》首尾分別是崇明的代序〈暗夜微光〉和劉擎的悼詞〈追憶與啟迪〉。作為友人、同事、學者和編輯，崇明筆下融貫了江緒林的生平、思考與學術，真切、深入而全面地展現了江緒林的思索與掙扎。讓讀者不禁思索我們還能從《厚度》中讀出更深或更新的內容嗎？同樣，劉擎的悼詞融合了真切的理解和銘心的反思，既為我們提供了一把理解《厚度》的鑰匙，也使我們明白自己的淺薄與無力。我們能通過《厚度》獲得更真實深入甚或稍微切近的理解嗎？我們能有不同的路徑來想像、探索、甚或實現其他現實性嗎？

二、成熟的學者：對羅爾斯的系統思考

懷著這些困惑，我翻開了《厚度》。「輯一正義與自由」（共五篇）顧名思義，展現了對正義和自由問題的核心思考。前三篇文章〈解釋和嚴密化：作為理性選擇模型的羅爾斯契約論證〉（下稱〈解釋〉）〈正義的康德式詮釋——評周保松《自由人的平等政治》〉和〈為什麼是正義？〉（未刊稿）實際上是對羅爾斯正義理論的反思和完善。

〈解釋〉一文帶給我極大的震驚，相較於緒林兄筆記中總會出現的晦澀、凝滯、痛苦、沉重乃至囈語，〈解釋〉一文清晰、流暢、準確、嚴密甚至冷峻。與這種分析路徑相稱的是，〈解釋〉2009年發表於《中國社會科學》，顯示出極高的問題意識、學術積累以及學理素養。〈解釋〉寫作諳熟，一方面提供了準確全面的正義論學術史，另一方面展示了跨學科的深刻訓練。緒林獲得過政治學、宗教學和哲學的專業學位，〈解釋〉一文卻反映極為精深的經濟學知識。他對理性選擇範式的使用並非學理泛論，而是對宏觀經濟學和微觀經濟學的整全理解，顯示出遠超一般政治學者的數學訓練。

時至今日，本文的分析路徑、概念界分（如財產權，〈為什麼是正義？〉中的「作為生產手段的私人財產權」承繼了相關思考）和理論修正（如設計分配規則改為合作規則）仍顯示出極高的學術價值。當然部分理論或可商榷，江緒林認為差異原則的確立，是因為羅爾斯將原初狀態下的理性行為者的風險偏好設計為極度厭惡風險，但羅爾斯並不完全依賴人在原初狀態下會反對冒險的假設，而是將差異原則視作商談者謹慎的成果。

對〈解釋〉學術價值的評價，實際上涉及對江緒林更深入的理解。面對科層制的學術體制，系主任劉擎認為〈解釋〉是江緒林的

代表作，希望緒林兄以本文晉升副教授。而江緒林拒絕了該方案，只因他認為文章「過於草率」，「也可能是錯的」。這是一種何等嚴苛的自我要求！在筆者看來，羅爾斯是當代正義理論和自由理論的祭酒，研究者眾，但中國大陸主要採取政治倫理和分析哲學的研究路徑。考慮到經濟學研究的門檻和中國大陸經濟學界功利主義的主流立場，以理性選擇模式分析甚至完善羅爾斯，即使在今日也頗為創新。而緒林兄說「這篇文章不能代表我的水準啊」。（第291頁）這實在令人感慨。此種學術稟賦和學術訓練也體現在輯外的維特根斯坦箚記，以及尤爾根·哈貝馬斯和薩繆爾·謝夫勒的兩篇譯文中。

也是在〈解釋〉中，江緒林部分顯現了自己對「基礎」的敏感、偏好、追求與質疑。他首先強調羅爾斯的正義原則不僅依靠「虛擬契約處境下的理性選擇」，還依靠「康德的先驗倫理學路徑」；（第28頁）進而質疑，契約理論無法整合先驗倫理的基礎和理性選擇的基礎。對「基礎」的這種懷疑在對周保松的書評中進一步顯現。周保松試圖通過「個人自主—客觀善」的契合論來應對自由主義是虛無主義的指責，而緒林兄認為該辯護路徑反而恰好呈現了「自由主義所面臨的虛無主義深淵」（頁57）。

相較之下，〈為什麼是正義？〉的正義論分析更具歷史性。文章關注自由話語向正義（分配正義）話語的變遷，認為變遷源於「國家對經濟的干預或國家與社會的融合」（頁70），並注意到康德意義上的道德個體忽略了社會，進而試圖補足羅爾斯理論中缺席的社會理念。江緒林強調現代社會是「一個被給予的、人處身其中的事實」（頁75），脆弱性（vulnerability）和相互依賴是新的人性核心特徵。私人自律（private autonomy）也不再奠基於自然法及其私人所有權之上，而是依賴福利概念。不過，緒林兄在文尾堅稱，儘管

社會為個體自律施加了條件和規範限制，但複雜社會理念不需要以犧牲個體自律為代價。總體上〈為什麼是正義？〉展現了新的脆弱人性被拋入結構性張力中，揭示了一個囊括個人與社會的更不堅實的基礎，對正義理論提出了更基礎性的挑戰。顯然，至少在對羅爾斯正義理論的探求中，江緒林沒有找到自己的基礎，這也部分解釋了他後來的古典和神學轉向。

　　本輯最後兩文是〈什麼是意識形態?〉和〈捍衛自由〉。前者展現了江緒林對政治光譜的諳熟，他對社會主義和馬克思主義關係的處理很見功力，對女權主義（如性統治、性暴力和性從屬）、後現代主義（無深度）以及中國當代意識形態（如思想與學術的分化）的分析也頗為精彩。即使是書寫教材，江緒林也表現了鮮明的學術立場。如他沒有介紹環保主義顯然是因為他堅持古典的人物二分理論。該文也提醒我們，江緒林在進入古典學術和神學傳統之前，對現代文明觀念有足夠深入準確的把握。〈捍衛自由〉則展現了一種更為廣闊的公共寫作，顯示出很好的公共參與能力。

三、徬徨在希望與絕望之間

　　「輯二　愛與信」有五篇文章和四篇箚記。其中〈重回《理想國》──逾越政治〉一文凝練了一個頗具規範性的命題：「**只有在最好的政治秩序也不是最好的生活方式的時候，政治秩序才是最好的。**」（頁131）逾越政治則意味著「權力僅僅是工具或奴僕」，「為恰當的政制安排準備了理性基礎」。（頁132）該文展現了一個我們更為熟悉的江緒林：諳熟古典傳統，相信並信賴絕對美善，對實際政治進行探索性的實踐與思考（委身於逾越政治的領域）。之後是本書的同名文章〈生命的厚度〉，實際上有所刪節。（可能其他文

章也有該問題。）這恰如我們對江緒林的理解，只是整體的部分與在場的缺席。〈厚度〉的整體立場是，期待當代學人在追求和實踐啟蒙的同時，獲得更為豐富的思想資源和生命厚度。

再之後是一些更為私人性的文章，包括給周保松的信和對《走進生命的學問》的書評。江緒林推崇周保松，除了學術和思想原因之外，一個顯見的原因大概是對周保松「愛與正義」生活的渴慕。只需稍稍知曉緒林兄的生存、求學和工作環境（爺爺被鎮壓，奶奶帶緒林的父親改嫁；五歲母親病故，十二歲父親去世，四位姐姐兩位自殺；自己長期貧困，死亡前陷於沉寂），這種渴慕就顯得再正常不過了。這種渴慕並非嫉妒，而是一種言說不盡的沉思和祝福。畢竟，江緒林觸摸過「在罪錯中受難的大地」。（〈其實我不熱衷政治，只是今夜還是很悲傷〉）此外，正如我一直所見的那樣，江緒林在學術上顯示了遠超世俗的真誠，他在〈在等待之中〉對北京大學的李猛教授進行了極為直接乃至鋒利的質疑，儘管這種質疑出於深深的期冀。

「輯三 逝去的凝視」編輯了江緒林2012年12月到2015年12月的微博，與「輯二」的四篇箚記可視為一體。相較豆瓣筆記對經典著作的深切思考，微博與箚記中的無盡主題是緒林對自己靈魂與欲望的殘酷審判，全篇盡是欠缺、殘破、孤獨、罪錯、怨恨、脆弱、碎片、隱痛、歉疚、玷污、低俗、暴力、遲鈍、平庸、不潔、錯失、裂痕以及死蔭等文字。這些文字總讓我想起奧古斯丁和盧梭的懺悔錄。就該思想傳統而言，死亡並非必然。不過，當現實性降臨時，觀者或許會賦以必然性。對於最後的結局，我無法、無需也不應作出解釋。不過，江緒林至少展現了奧古斯丁和阿奎那的部分分歧，是謙卑的服從意志，還是認為上帝也受到理性的規定？我想，真正的自由主義者總是難以託付自我的，因為自我可能是自由主義最可

信的基礎了。《厚度》力圖呈現一個更為全面豐富的江緒林。他是飽受命運打擊的「小鎮做題家」，憑個人努力和姐姐的支持獲得了中國最好的高等教育。他也是一位極具天賦、極為優秀的學者，儘管這種天賦只是偶露崢嶸，甚至被他部分棄置。他對世俗規則的知曉並非我們以為的那樣膚淺，他對現代世界和世俗世界的運行與本質有遠超一般人的理解。他有眾多的朋友，儘管他從未全然敞開。他喜歡音樂、美食與電影，也四處旅行，不過這些無關拯救。縱然家人和自我遭遇諸多不幸，但江緒林仍保持了對正義的信念、追求和實踐。不過，遺憾的是，他在追求正義和真實的道路上沒有找到真正可信的基礎。儘管他有遠比我們強大的靈魂，但再強大的靈魂也無法經受命運的無盡罪愆與自我的無窮審視，畢竟靠近真實和真理都是危險的。頗具隱喻的是，與正義理論遭受歷史性挑戰相同，學者個體也無法逃脫境況的不斷困擾。

王棟，深圳大學法學院特聘研究員，研究興趣為英國法律史。近來有《大憲章》系列論文刊於《世界歷史》、《法律科學》、《北大法律評論》、《清華法治論衡》等刊。

下社區

雲也退

　　幾個小孩和牽著他們手的大人，從兩個速食店之間的通道上走出來。「您好，打聽一下啊，」我朝其中一個大人走去，這個人停了步，「請問╳╳區活動中心是在這裡嗎？」在我問話的時候，小孩把其他大人都牽走了。

　　「好像是……那裡吧？大概那個方向？……你再問下別人吧。」

　　這大人也走了。我站在那裡，人語聲、電動小火車的隆隆聲、抓娃娃機搖桿的哐哐響聲、超市自動門開關的叮咚聲、飯店門口的問詢聲、背後街面上的車聲，織成了一片嗡鳴，傳入我的耳朵裡。要在這裡找到一處文化講座的場所——或許還能附帶個圖書館？——那可得好好珍惜。

　　講座的主講人是我，是這個區的社區活動中心請我來的。這是今年寒假後，我們的閱讀促進機構的一件大工作。我們的機構旨在把讀書的樂趣和氣氛盡可能傳達——按現在的說法叫「下沉」——到普通人層面，我是常任主講人，責無旁貸要下社區。但是這個「社區」長這樣，真出乎我的意外。剛才，汽車司機說聲「就在這一片裡面，你問問人吧」，就結掉了這一單行程，我只得下車往前去，每見到一次在商圈裡遊弋的長幼二人組，我都默想：他們是來聽我講座的嗎？是？不是？

　　但時間充裕，我好歹找到了那裡：活動中心的大門口被闢為打針、排隊和領禮品的場地，我在雜七雜八的易拉寶、櫥窗、桌椅、大桶的油、一籃一籃的雞蛋、一箱箱的紙巾的夾道迎接下走上了通往二層的樓道，透過木格子窗，我看到場地內坐了幾個人了，有大人有孩子。正朝裡走時，我便聽到一個媽媽叮囑孩子的話，格外清晰：

　　「等下表現好一點。」

　　「表現好」，這三個字總是讓我反感。「你上課表現好的話」，「週末能不能玩，看你這周的表現了」……在一種無意識的控制下，每個教書育雛的人，都在用「表現」敦促目標群體。「表現好」是什麼意思？那意味著，你只要做出「好」的樣子來，讓人能看在眼裡——你不必真專注，不必真勤奮，不必真快樂，你只需要做出專注、勤奮、快樂的樣子，就可以了。

　　一個「表現好」的孩子可以獲得預期的獎勵，於是孩子就會為此去聽課，去學習，去做老師家長要他們做的事情。我講東西是要提問的，我希望孩子能夠回應，能參與對話，然而，如果孩子只是為了「表現好」而回應呢？那這樣的回應和參與還有多少意義？

　　最近這幾個月來，我常常想起一個人：邁克爾‧J. 桑德爾，就是那位以「公正」課享譽四方的哈佛大學教授。數年前他訪華時，我去做了個小專訪，記得當時他說他很幸運，作為一個名牌大學的教授，能上那樣的公開課，課程內容能掛到互聯網上，產生巨大的社會效應，得以受邀請飛往各國講學，從而在更大的範圍內（他的原話）「對公共辯論有所貢獻，幫助公眾瞭解現實政治」。

　　說「幸運」是自謙，能被哈佛聘用的人，怎會沒有幾分真才實學呢？但有一點他的確是幸運的：他說自己作為一個美國猶太人，生在明尼蘇達，十三歲時移居洛杉磯，一直受益於家裡的猶太式教

育，那是一種有宗教性的教育，而宗教提供了「一個道德質詢的框架」，使他們從小就習慣於提出純問題，做純思考和純議論。參與討論，不用考慮為了表現給誰看，學東西也不用考慮為了獲得什麼利益。

在「公正」主題的著作行世後，桑德爾又寫了另一本書《金錢不能買什麼》，其中有一個議論曾讓我印象深刻：有些學校試點一個閱讀促進計畫，假使一個孩子讀一本書，就能得到一美元獎勵，然而這種做法不僅滋生了一種憑讀書來賺錢的期待，甚至會剝奪掉這個孩子的讀書行為的價值。

在我們看來，要是一美元能激勵一個孩子讀本書（實際上只需「表現」出讀書的樣子），那就是值得的。然而，桑德爾卻認為這會在一個人身上「剝奪讀書行為的價值」。價值是抽象概念，「剝奪價值」的行為也不體現出任何實際後果，而桑德爾相信它會因為被標價而受損，他看出這種懸賞反映出了有害的功利主義。

除非專注於讀書學習本身的價值，否則，你不會覺得「表現好」這種提法是無可容忍的。在我眼裡，若非桑德爾這一股高高的清流般的存在，我們習以為常的事情是永不會被打問號的。一般情況下，家長看到孩子拿起一本書讀，激勵見了效，就謝天謝地，根本不會考慮價值這種玄虛的問題。他們一邊說著「你學習不是為了我，是為了你自己」，一邊說「如果你今天表現好的話……」，根本不覺得這些話之間有怎樣尖銳的矛盾。

「等下表現好一點，我就會給你怎樣的獎勵」——來到這裡參加下午的活動的家長和孩子們，彼此之間是否都發生過這樣的對話？我一邊在心中想像，一邊觀察走進活動室的人。大孩子們有三四個，都披著沉甸甸的羽絨服，形象低沉，一個媽媽用胳膊肘捅一下她的兒子，那男孩就坐下，他戴著黑框眼鏡，無表情地看東看西。

他媽媽在他耳邊喝了一聲，她自己的眼睛，透過一副大一號的黑框眼鏡，始終盯著手裡的小螢幕。

假如你自己都對聽講沒有興趣，你又如何能讓你的孩子沉潛心思去聽講呢？父母實際上把「學習」二字用作支開孩子、讓他們獨自待著而不妨礙自己的藉口；他們抖著大腿，捧著自己的電子寶貝，隨時顯出一副理所當然的享受的樣子。學習，無需與人交流，只要寫出正確答案，得到分數——也許，這樣安安靜靜、與世無爭的學習換來的獎品，也是跟這個無所不能的螢幕直接有關的。

我接上電源，打出投屏封面，封面上是主題：發現詩意。

這也是一個清流一般的高冷主題，而且很諷刺：在一個堆著花生油、大米、雞蛋、抽紙的大門的二樓，談論如何發現生活裡的詩意。我的信心有限，也覺得二十多個聽眾裡已有不耐煩的跡象。而且，我是從一些非常個人化的思考說起的，可能挑戰聽眾的認知。

我展示了「詩」字，然後問，「詩」為什麼是言字旁，加一個「寺」？寺廟為何會與詩有關？

沒有回應。字就是這麼寫這麼用的，何必去深究？——諒必人們都是這樣的心聲。我說，我自己也不明白，但把這個"why"放在心裡。後來有一天，在一本講對聯的書中，我看到了這麼一副對子：

寸土為寺，寺旁言詩，詩云：明月送僧歸古寺。

雙木為林，林下示禁，禁曰：斧斤以時入山林。

「你們覺得這幅對子美嗎？」我說，「我覺得它很美，描繪了真正有詩意的畫面，而且它彷彿從斜刺裡殺出，回答了我的疑問：為什麼『詩』是『言+寺』。」

接著我說起聯中的妙處：「斤」是「斧」的一半，對應著「月」是「明」的一半，斧和斤都是金屬工具，但斧的刃平行於斧柄，斤

的刃則是垂直；我說起"斧斤以時入山林"顯示了古人珍惜樹木資源的先進意識。「詩」字很古老，可它本身的詩意，也是後人憑智慧去發現和道出的，而我們這些當代人，又能從這詩意中接近古人的心靈。

近一年來，我在各個向聽眾講話的場合裡就嘗試這種做法。我提出一個"why"的問題，在意料之中的無回應後，給出自己的想法——僅僅是想法而不是答案，答案是用來終結問題的，而想法會引發更多的想法、靈感、對話。我想讓聽眾感受這個過程，而不僅僅是得到知識。

這是我所理解的「猶太方法」。人人都知道猶太人很聰明，知道在所謂猶太人的國家——以色列，人均的年讀書量為64本，在世上各國中居首，更有一堆諾貝爾獎得主和一群大資本家的名字為這個「讀書多=聰明」的神話加持。但是很少有人理解，讀得多不代表會讀，更不意味著會發現問題。不會讀書的人坐擁書城也枉然，會讀書的人，對一兩頁的內容，哪怕對於一個詞，一個字或字母，都可以琢磨良久，進而自己創出新的想法；不會發現問題的人，至多只能開列一堆「知識點」，可是問題就擺在那裡，在任何一個地方，看到任何一幕，乃至一物、一人、一字，你都可以在腦子裡冒出一個"why"、"why not"、"what if"，等等。

桑德爾好像從未公開談過自己是如何學習和思考的。我只能猜想，他所受的教育培養了他發現問題的熱情。猶太教育會使人天然地愛說"why"，因為它的核心文本——那個被稱為「舊約」的聖經，包含了太多微妙難辨的內容，它的故事講述、歷史敘事和律令設定等等，結合了特殊的語言風格，讓人自然地生發疑問和思考。舉一個我最喜歡的例子：《約拿書》中說，上帝吩咐先知約拿去大城尼尼微，宣告那裡的人犯罪了，要被毀滅，約拿拒絕從命，各種逃脫

辦法，上帝就海枯石爛地追擊和折磨他，折磨到約拿屈服，上帝卻收回了成命，告訴他不必去了。

約拿忿怒地問，你怎麼能這樣呢？上帝的回答像一句謎題：你看這尼尼微，城裡不能分辨左右手的尚且有十二萬人，我豈能不愛惜他們呢？

故事沒有結論，因此可以做無窮盡的回味和討論。假如人能在兒時反覆接觸到這樣的「神話」，並能得到討論的機會，則他有很大的機會形成推敲一切的習慣。對蒙童和少年而言，讀書不啻於挑戰和規訓他們的本性，甚至有很多人有生理障礙，難以適應閱讀文字，所以他們需要若干個被觸發、被點燃的機會，他們需要真正地獲得思考、提問、質疑的樂趣。這比完成功課、獲得分數、達到指標重要得多。桑德爾點燃了許多人；或許你會說「國情」不一樣，他那套思考太奢侈，無助於當下的實際，但我認為，人的心智成長，真正需要的正是那些無助於實際效用的「高級」思考。

在我講「詩意」的中途，穿羽絨服的孩子離場了，後邊跟著他媽媽。還有別的離場者，但也有些人聽著聽著點起頭。「下沉」的體驗讓我看到自己依然缺少能引起對話的能力，我提出的問題，在聽眾中得不到什麼反應。到最後，仍有八個孩子在場，我想再嘗試一下激發他們的反應，於是說，「有哪位孩子願意念一首自己喜歡的詩？」

我本想強調一下是你自己「喜歡」的詩，而不是「你能背下來」的詩，可是話到嘴邊，我止住了沒說，因為我明白，能夠讓孩子們開口，在大人面前「表現」一下，就已經很不錯了。果然，孩子們大多面露畏葸，顯然不願回應我的邀請，或是等待媽媽們的批准；那幾位媽媽也就小聲地督促：你不是會念那首什麼什麼嗎？你念念呀，快。

有個一二年級模樣的男孩念了一首古詩，滿足了他媽媽外露的期待。看得出來男孩是緊張的，不很情願的，他被周圍五六個人同時看著，讓我也有些尷尬。這時，男孩身後斜角處坐著的一個女孩開口了：「噢，我想讀一首。」

她比男孩更小，說要讀李白的〈古朗月行〉，這也是各種詩詞啟蒙複讀機裡的保留曲目，捂熟了一個個二三歲兒童的耳朵。但是，我發現這女孩全神貫注，目光直視，而且身邊竟無督促她的大人。和男孩的情況相反，她的專注，她的一字一頓，使周圍的人不看她，而看著我。我忽覺十分感動，像是見到了一個久違之人，因為違得太久，我都以為這樣的人不存在了。女孩讀完後繼續看著我，我問她：你覺得，李白為什麼會把月亮「誤做白玉盤」呢？

她想了想說：因為月亮又白又圓。

我又問：你覺得我們還可以把這樣的月亮比作什麼嗎？

她又想了想，低頭看看衣服，說：紐扣。

我又說：除了又白又圓，月亮還是明亮的，所以……

活動室的吊頂上嵌入了一排光源。她立刻抬頭望了望，說：燈。

「你知道嗎，元代有一位詩人，他把夜空中的圓月亮比作什麼，你想得到嗎？」我開始講了，「一面飛在空中的鏡子。他是這麼寫的：『一輪飛鏡誰磨？照徹乾坤，印透山河。』為什麼他會說『飛鏡誰磨』，你想知道嗎？」

這位詩人叫張養浩，他寫的一首元曲〈折桂令·中秋〉裡有這個句子。我希望，自己已經把熱情傳遞給了眼前和周圍的人：我說，古人磨一面鏡，需要用到另一面光亮的鏡子，才能把這一面磨光磨亮的。在一個中秋的晚上，張養浩看到地上濕潤的草木反射著銀白的月光，他覺得那是磨鏡子磨下來的粉屑，可他抬頭一看，空中只有一面鏡子。他忽然想到：那麼這面鏡子是誰磨亮的呢？

這面鏡子必須靠另一面鏡子來磨亮，而那另一面鏡子則需要又一面鏡子來磨亮，之前就還需要第三面，再之前，第四面，再再之前，第五面⋯⋯以此上溯，必然存在一面「原鏡」，是從無到有地創生的。這就是為什麼，兩千多年前的希伯來民族，要為世界的存在給出一個源頭性的解釋，他們說，上帝從無到有地創造了世上的一切，從日月到山川，從動植物到人類，因為他們發現非如此不能解釋世界的來歷。希伯來人還有一個非常美妙的議論，說上帝在造人之後還造出了一樣東西，是什麼？一把鉗子。為什麼這麼講？因為為了製造一把鉗子，必須利用另一把鉗子。所以勢必存在從無到有的第一把「原鉗」。

我沒有說這些，擔心要解說的東西一下子增多，把聽眾都鬧懵了。但是，我告訴女孩，張養浩寫出這個句子，不是因為他多麼熱愛月亮，故而想要表達這種熱愛，而是因為他發現了一個有趣的問題。當你能夠推究一件事物的由來和去向，是和非，去試著解釋和想像它的種種，你就不會感到無事可做，你的頭腦與心智也就永遠不會缺少詩意的潤澤。

那些在入學後迅速暗淡了光彩的眼睛，印證了免疫力的下降，恐怕難免要走上麻木地活著這一條路。在《人的大地》裡，安東尼・聖埃克蘇佩里在感歎了那些失去光澤的孩子的眼睛後以一句話結尾：「唯經智慧的吹拂，泥胎才能變成人。」

雲也退，作家和書評人，文化主講人，著有《自由與愛之地：入以色列記》、《勇敢的人死於傷心：與文學為伴的生活冒險》，譯有薩義德《開端》等。

致讀者

　　本期《思想》的專輯是「華人左翼論辨」，由編委王智明兄主持。他邀集了台灣、大陸、香港、馬來西亞，以及新加坡和北美的多篇文章，展現各地思考「左翼」的現況。他用「莫忘同路人」來期許華人左翼在今天應有的一種態度，一方面強調各地左翼有著類似的關懷，需要相互呼應；另一方面也說明了當革命左翼已經潰散，昔日附麗於革命黨的「同路人」，如今必須尋找自己的獨立左翼定位。必須承認，這件工作面對的障礙重重。

　　在這個專輯的文章之中，傅大為的〈國際左翼與反戰〉以及劉文、丘琦欣的〈離散華裔左翼與中國民族主義情結〉，由於涉及了台灣的敏感問題，可能在島內會引起最多的爭議。劉、丘兩位的文章，對台灣的左獨提出了嚴峻的挑戰，不過以台灣當下的政治思考之單面化，「左獨」大概很難回應這麼認真而複雜的問題。

　　傅大為先生前些時候曾與另外三位學者發起反戰運動，受到了強烈的抨擊。他在本期的這篇文章，除了進一步釐清他的觀點之外，也對某些批評者提出了尖銳的質疑。其實，「反戰」跟「反反戰」如果局限在「如何應對中共的軍事攻擊」前提之下，由於反戰者並無一人主張投降，這種爭論只是在尋找內部敵人而已。這時候，兩邊共有的一種更基本的價值：和平主義，以及和平主義所要求的包容、忍耐、慈悲、寬恕、愛心等價值，都被迫置諸腦後。不錯，戰爭與和平並不會由人心和德性來決定。但是在到達戰爭或和平的臨界點之前，兩岸互寄善意的知識人的首要責任，不是在反戰或者主

戰，更不是在隔岸觀火，而是應該多鼓吹**和平的價值、和平主義的各種德性**，正視俄羅斯與烏克蘭、哈瑪斯與以色列所鑄成的人間煉獄，為了避免給兩岸帶來苦難、毀滅以及死亡，呼籲和平處理兩岸問題。如果左翼相信魯迅，相信「我們自己想活，也希望別人都活」，左翼就必定是和平主義者。和平主義很可能無法解決任何問題，但是它應該是面對任何問題時的基本態度。

本期發表田方萌教授的〈民國史學三派與政治：重訪首屆中研院人文學科院士評選〉長文。中央研究院第一屆人文學門院士選舉，特別是歷史學門，在當年就引起過爭議，後來的研究者也頗多，聚訟紛紜不斷。當年的院士如今均已作古，如今我們讀田方萌君這篇文章，值得注意的倒不是當年史學三派各自的政治立場如何作祟，影響了院士評選的結果，而是在民國時期的史料學派（自由派）、人文學派（保守派），與史觀學派（左派）的分歧與爭鬥火花四濺，這些立場都有真實、豐富的思想內容，而三派史學家在國難之中也都留下了接近不朽的學術著作。好事者只談三派爭鬥，有心人卻正視這三派所代表的思想、文化意義都是真實、可貴的。在今天，我們能領略這一點嗎？

《思想》49期出版之後，將迎來第50期。對一份刊物來說50是戔戔之數，並不值得強調。不過在我們的感覺上，50期多少有一點里程碑的意義，我們想藉機會盤點、展望一下這份刊物走過的路和未來的方向。今年的5月4號正好是聯經出版公司成立的50週年。《思想》靠聯經公司的鼎力支持而維繫至今，我們願意以第50期與聯經公司同慶。

編者
2024年1月

《思想》徵稿啓事

1. 《思想》旨在透過論述與對話，呈現、梳理與檢討這個時代的思想狀況，針對廣義的文化創造、學術生產、社會動向以及其他各類精神活動，建立自我認識，開拓前瞻的視野。

2. 《思想》的園地開放，面對各地以中文閱讀與寫作的知識分子，並盼望在各個華人社群之間建立交往，因此議題和稿源並無地區的限制。

3. 《思想》歡迎各類主題與文體，專論、評論、報導、書評、回應或者隨筆均可，但請言之有物，並於行文時盡量便利讀者的閱讀與理解。

4. 《思想》的文章以明曉精簡為佳，以不超過1萬字為宜，以1萬5千字為極限。文章中請盡量減少外文、引註或其他非必要的妝點，但說明或討論性質的註釋不在此限。

5. 惠賜文稿，由《思想》編委會決定是否刊登。一旦發表，敬致薄酬。

6. 來稿請寄：reflexion.linking@gmail.com，或郵遞221新北市汐止區大同路一段369號1樓聯經出版公司《思想》編輯部收。

思想49
華人左翼思辨

2024年3月初版　　　　　　　　　　　　　　　　定價：新臺幣360元

有著作權·翻印必究
Printed in Taiwan.

編　　著	思想編委會		
叢書主編	沙　淑　芬		
校　　對	劉　佳　奇		
封面設計	蔡　婕　岑		

出　版　者	聯經出版事業股份有限公司		副總編輯	陳　逸　華	
地　　　址	新北市汐止區大同路一段369號1樓		總編輯	涂　豐　恩	
叢書主編電話	(02)86925588轉5310		總經理	陳　芝　宇	
台北聯經書房	台北市新生南路三段94號		社　長	羅　國　俊	
電　　　話	(02)23620308		發行人	林　載　爵	
郵政劃撥帳戶第0100559-3號					
郵撥電話	(02)23620308				
印　刷　者	世和印製企業有限公司				
總　經　銷	聯合發行股份有限公司				
發　行　所	新北市新店區寶橋路235巷6弄6號2樓				
電　　　話	(02)29178022				

行政院新聞局出版事業登記證局版臺業字第0130號

本書如有缺頁，破損，倒裝請寄回台北聯經書房更換。　　ISBN　978-957-08-7272-9 (平裝)
聯經網址：www.linkingbooks.com.tw
電子信箱：linking@udngroup.com

國家圖書館出版品預行編目資料

華人左翼思辨/思想編委會編著 . 初版 . 新北市 .
聯經 . 2024年3月 . 356面 . 14.8×21公分（思想：49）
ISBN　978-957-08-7272-9（平裝）

1.CST：左派　2.CST：中國政治思想　3.CST：文集

570.7　　　　　　　　　　　　　　　113000408